PIEMME POCKET

Elena Mora intervista

MARIA RITA PARSI

MANUALE ANTI-ANSIA PER GENITORI

Illustrazioni di Guido Manuli

PIEMME POCKET

A questo libro hanno grandemente collaborato gli psicologi e psicoterapeuti Angela Gangeri e Filippo Zagarella e la psicologa e psicoterapeuta Laura Orobona che sentitamente ringraziamo per aver condiviso la fatica anti-ansia di questo lavoro.

15033 Casale Monferrato (Al) - Via Del Carmine, 5
Tel. 0142/3361 - Fax 0142/74223
www.edizpiemme.it

Stampa: Grafica Veneta Srl - Via Padova, 2 - Trebaseleghe (PD)

Ai miei maestri con gratitudine
perché riconoscere è riconoscersi

Chi ha incontrato dei buoni maestri, ha la fortuna d'aver fatto la strada in buona compagnia e di affrontare la solitudine, i distacchi, i cambiamenti, ciò che è dolore e ciò che reca gioia e rende possibili certe quotidiane felicità, con la forza della speranza, con il cuore aperto ai consigli, con la mente attenta al sapere.

M.R.P.

Sergio Angeletti
Iole Baldano Verde
Marcello Bernardi
Fabrizio Di Giulio
Umberto Galimberti
Ronald Laing
Mario Lodi
Francesca Morino Abbele
Franco Marolla
Silvia Vegetti Finzi

«Ogni bimbo è un essere nuovo,
un profeta potenziale,
un Nuovo Principe dello spirito,
una nuova farfalla di luce
caduta nelle tenebre esteriori.
Chi siamo noi
per poter decidere
che, per lui, non vi sono speranze?»

(Ronald D. Laing)

«È proprio la generalizzata ignoranza
delle conseguenze dei traumi infantili
che minaccia oggi il mondo.»

(Alice Miller)

Introduzione

Lavoro da anni con Maria Rita per una rubrica dedicata ai bambini su un settimanale.

Sono rimasta incuriosita e incantata dalla sua inesauribile energia, dalla sua creatività, dalla sua intelligenza, tese a fare dei bambini, della loro tutela e valorizzazione (quale valorizzazione del "bambino interiore" che è in ciascun adulto) l'ultima non utopica rivoluzione possibile.

Abbiamo risposto ai lettori, trattato temi di attualità, ma anche accolto le richieste di aiuto di colleghi e amici alle prese con il difficile e bellissimo "mestiere" di genitore.

Da questo lavoro in comune nasce questo libro: dal trattare con la stessa intelligenza, con la stessa disponibilità, grandi temi e piccolissimi problemi di ogni giorno. All'interno, però, della quotidiana meraviglia di fronte al miracolo di un bimbo: vederlo mettere a frutto i suoi talenti, superare le difficoltà, diventare adulto, altro da noi; aiutarlo in questo è l'unico investimento che, veramente, valga la pena e la fatica.

Questa intervista-fiume è il risultato di questi anni di confronto, di ascolto attento dei segnali che i genitori, un po' affranti un po' ansiosi, ci mandavano. Sperando che possa divertire e interessare: infine, essere utile.

Elena Mora

Avvertenza

I genitori, nella stragrande maggioranza dei casi, amano i figli e vorrebbero ascoltarli, aiutarli, educarli, ma spesso non hanno né gli strumenti, né le competenze, né le alleanze per farlo. Per rendere valida un'educazione, pertanto, ci vuole certamente l'amore, ma insieme bisogna provvedere alla propria formazione di genitori e di educatori, alla "formazione dei formatori".

Prima di leggere queste istruzioni, si consiglia a genitori, insegnanti, educatori, parenti affettuosi, parenti lontani, animatori, adulti tutti, competenti e non, che sono in contatto con l'infanzia, la preadolescenza di tanti ragazzini, di ricordare che ciascuno di loro è stato un neonato, poi un bambino, poi un preadolescente, poi un adolescente. E che le radici della sua condizione psicofisica di adulto sono radicate in quel terreno d'anima e in quel tempo.

In questo libro, ci siamo preoccupati di prospettare anche una possibile piccola biblioteca ad uso dei genitori e degli educatori. Speriamo di aver fatto bene e soprattutto di aver stimolato in chi legge la voglia di approfondire ancora. Infatti, come sostiene la psicoterapeuta Alice Miller, sono i genitori ignari quelli che possono fare maggiori danni. I genitori consapevoli, se possono, li evitano!

Istruzioni per l'uso

Questo libro è diviso in **tre parti** e la **prima**, a sua volta, contiene due capitoli, ovvero:

- *Una giornata da genitore*, per illustrare alcuni percorsi affettivi ed educativi del rapporto quotidiano tra genitori e figli;
- *Un genitore per tutte le stagioni*, per illustrare più ampiamente e allargare l'indagine e la riflessione su tali percorsi in ogni stagione dell'anno.

La **seconda parte**, poi, è costituita da cinque storie di bambini, raccontate dai loro genitori in difficoltà alla psicoterapeuta. Anche in questo caso, il percorso affettivo, educativo, psicologico viene presentato in modo diretto, chiaro, semplice attraverso l'esposizione di esperienze che certamente sono comuni a molti genitori.

La **parte finale** contiene la presentazione del *Manifesto del Movimento Bambino*, ovvero una proposta a "tutto tondo" per attuare, nella pratica, un cambiamento che riguarda tutti, i genitori, gli insegnanti, gli educatori, gli adulti responsabili, la società tutta.

Concludere il libro con questa "**articolata proposta di trasformazione**" è un atto di fiducia e di speranza. Un atto dovuto ai bambini come "**persone in crescita**"; un atto dovuto al **bambino dentro di noi** e ai **bambini intorno a noi**.

PRIMA PARTE

VITA DA GENITORE

1.
UNA GIORNATA DA GENITORE

Mattina

Quando non si vuole alzare

Il genitore immune da questa esperienza "scagli la prima pietra". Ogni mattina è la stessa storia: non si vuole alzare. Prima proviamo con le coccole. Poi con le minacce. A questo punto lo solleviamo di peso dal letto e lo trasciniamo in bagno. In una lotta continua contro il tempo che passa, la rabbia che cresce e il ritardo che si accumula. Come mai alcuni bambini fanno tante storie per andare a scuola la mattina?

La pigrizia del bambino(*) al mattino va valutata prendendo in considerazione diversi aspetti. Innanzitutto, è importante capire se il fatto che non voglia alzarsi sia legato a fattori biologici. Vale a dire: è stanco perché ha un sonno disturbato? Oppure: dorme il giusto numero di ore? Svolge attività troppo faticose durante il giorno? (Oppure: è trasportato qua e là come un pacco postale a motivo dei disagi lavorativi o personali dei genitori?) Ha bisogno di tempi di recupero più lunghi? Vede troppa televisione la sera?

(*) Si precisa che i termini "bambino" o "bambini" si intendono sempre riferiti anche alle bambine.

È bene analizzare questi elementi perché, spesso, piccoli accorgimenti permettono di risolvere il problema.

E se, controllando tutte queste ipotesi, il rifiuto di alzarsi non fosse legato a fattori fisici?

Allora potrebbe trattarsi non di stanchezza ma proprio di un rifiuto nei confronti della scuola. Pertanto alcune difficoltà potrebbero essere legate al "distacco" dall'ambiente familiare e altre proprio all'inserimento scolastico. Ad esempio, è importante verificare se quel rifiuto non sia una conseguenza indiretta del desiderio del bambino di non allontanarsi da casa e di rimanere accanto ai genitori. I piccoli, a volte, quando c'è un conflitto in famiglia, un trasloco, una malattia, l'allontanamento di un punto di riferimento affettivo, la nascita di un fratellino, un nuovo lavoro dei genitori, la perdita di un congiunto, ecc., hanno paura di allontanarsi dall'ambiente familiare perché temono che, in loro assenza, possa accadere qualcosa che essi non possono controllare. Insomma, che cambi qualcosa e non in modo positivo o a loro favorevole. Un'altra difficoltà a uscire dal "guscio-casa" potrebbe, poi, essere dovuta al rapporto madre figlio: l'una desidera che il figlio non smetta mai di essere il suo cucciolo bisognoso di protezione; l'altro asseconda il desiderio materno rallentando quanto più possibile l'inizio dell'autonomia.

Infine, non dimentichiamo che dietro le resistenze mattutine del bambino può esserci anche una vera e propria avversione nei confronti della scuola. Quelle resistenze, in tal caso, assumono il significato di "protesta": ad esempio verso i genitori, da cui il bambino si sente "parcheggiato" a scuola e dai quali reclama più attenzione.

Ma non solo: anche verso l'insegnante che, in quanto figura adulta e autorevole, alternativa a quella genitoriale, non è, magari, accettata dal bambino. In aggiunta a tutti questi elementi, potrebbe esserci anche un ulteriore significato nel comportamento dello scolaro che si ribella: e se stesse cercando di comunicarci la sua intolleranza verso un'organizzazione scolastica che a volte è poco rispettosa dei ritmi e dei reali bisogni dei più piccoli? Insomma, i motivi possono essere tanti: ogni ipotesi, quindi, va vagliata, per trovare un'adeguata soluzione.

Qual è, allora, l'atteggiamento da tenere?

Ricapitolando, le motivazioni alla base dei capricci del mattino, come abbiamo visto, possono essere moltissime: desiderio di rimanere accanto alla madre; difficoltà nell'elaborare e tollerare la separazione dalla figura materna; un conflitto edipico non risolto; un periodo particolare di ansia che rende disturbato il sonno; la volontà di rimanere "a guardia" della famiglia; un principio di depressione indice

di una sofferenza inespressa da parte del bambino; avversione per il sistema scolastico e le figure di riferimento educativo e affettivo a esso connesse. Ma la proposta per affrontare il problema rimane la stessa: approfondire le ragioni che determinano il comportamento riluttante di nostro figlio per aiutarlo a superare le sue difficoltà. Capire che cos'è che lo rende inquieto, che cosa lo preoccupa. Prendere in esame anche l'ipotesi che la scuola alla quale è iscritto non sia quella adatta. Rassicurarlo se la sua ansia nasce da conflitti all'interno della famiglia. Sdrammatizzare la situazione, se è possibile, ma mai ricorrere ad atteggiamenti che rendano la scuola oggetto di ogni sorta di baratto: «Se ci vai ti compro la bicicletta, ti do il doppio della paghetta, ti permetto di giocare con la play station o ti compro ogni giorno un giocattolo», oppure: «Se non ci vai ti tolgo il computer, non ti faccio più andare in piscina, non ti faccio la festa di compleanno, ecc.» e, peggio ancora: «Se non ci vai non ti voglio più bene!». La scuola rappresenta per il bambino "il mondo" che c'è al di fuori dell'ambiente familiare. Per avventurarsi in quel mondo e per allontanarsi da mamma e papà, il bambino ha bisogno di sicurezza e serenità. Facciamo in modo, quindi, che nostro figlio ritrovi quella serenità, quella sicurezza necessarie per affrontare tutte le "esplorazioni" fondamentali per la sua crescita.

Ma ci sono anche bambini che stanno male fisicamente, sino a vomitare...

In alcuni casi, i bambini, oltre a fare i capricci, stanno fisicamente male, ma non si possono liquidare i disturbi che lamentano con un semplice "non gli piace quella scuola".

La fobia scolare (perché è così che si chiama il rifiuto scolastico nei casi in cui entrino in gioco i disturbi psicosomatici) nasconde, infatti, la paura di qualcosa di diverso dalla scuola in sé: la scuola è solo un modo di dare un senso, una collocazione precisa a un'angoscia per la quale il bambino non sa trovare spiegazioni. Questa difficoltà a elaborare mentalmente il disagio determina sintomi fisici che, pur non avendo nessuna origine organica, si manifestano in tutta la loro gravità. Aiutando il bambino a risolvere il conflitto, questi sintomi regrediscono o scompaiono perché, con l'aiuto dell'adulto che è in "empatia" con lui, egli trova "le parole per dirlo".

Se alla base del comportamento del bambino c'è il desiderio di non crescere, di rimanere accanto alla madre, di continuare a essere "piccolino", che cosa si può fare?

La prima cosa da fare è sicuramente credere al bambino dimostrandogli che capiamo il suo disagio, che non lo consideriamo "un bugiardo che fa finta di stare male". Tenerlo a casa per qualche tempo contribuirà a rassicurarlo su questo aspetto. L'ideale sarebbe creare un clima di grande serenità (e di complicità se è necessario) in cui il bambino possa essere aiutato a parlare delle sue paure. Ma sarà altrettanto importante che soprattutto la mamma rifletta un po' sul suo rapporto con il bambino e sull'eventualità che anche lei, forse, "sotto sotto", voglia che il suo piccolo non cresca. Ad esempio, l'esistenza di un partner poco presente, sia fisicamente che psicologicamente, porta a considerare il proprio figlio come una sorta di partner sostitutivo. Come dire: "anche se lui è così assente, in fondo io ho te...". Il bambino, in questo caso, interpreta la richiesta materna e le va incontro esaudendola. Il sintomo infantile diventa quindi uno strumento attraverso il quale l'equilibrio familiare viene preservato. Analogamente, sarà opportuno riflettere se la "fobia scolare" del bambino si manifesti in situazioni di depressione, più o meno grave, della madre, del padre o, comunque, di figure di riferimento affettivo importanti per il bambino e per la sua vita di relazione.

Al contrario, per i bambini diventa molto più semplice rendersi autonomi e sentirsi sicuri se i genitori non li investono della responsabilità di riempire i loro vuoti affettivi ed emotivi. In ogni caso, anche quando la "fobia scolare" sia, almeno in parte, regredita, è importante mantenere quel clima di serenità, di ascolto e di attenzione che ha contribuito alla regressione del sintomo. La quale, spesso, avviene spontaneamente non appena il bambino si sia rassicurato rispetto alle sue angosce di separazione.

Teniamo sempre presente che la scuola rappresenta il primo impatto del bambino con il mondo esterno, con il dovere, la socializzazione e il confronto con gli altri. Un'avventura che se da un lato lo attrae e lo affascina, dall'altro lo spaventa terribilmente perché è legata alla separazione dall'ambiente familiare.

Ecco perché, in questo suo primo "viaggio nel mondo", egli deve sapere di poter contare su un ambiente sereno, su una base "sicura" da poter lasciare alle sue spalle. Solo in questo modo, potrà avere il "coraggio" necessario per superare ogni successiva esplorazione e per affrontare le difficoltà del "bosco della vita".

UN PICCOLO AIUTO

Secondo la psicoterapeuta Silvia Vegetti Finzi, se il bambino si ammala di "mal di scuola", soprattutto in presenza di disturbi psicosomatici, è giusto che stia a casa per un po' di tempo per curare la sua "malattia", permettendogli, così, un breve periodo di "convalescenza".
Vedendo che la mamma e il papà si preoccupano più della sua sofferenza che della scuola, il bambino si rassicura rispetto al fatto che i genitori tengano a lui come persona e non a lui in quanto scolaro che "deve dare" soddisfazione ai genitori con la sua bravura e/o svolgendo compiti e doveri. Così, se il bambino comprende e "sente" quanto egli sia importante per la mamma e per il papà, si convince di poter realmente contare sul loro aiuto quando si trova in difficoltà.

IN SINTESI

1. Ripercorriamo la nostra infanzia e adolescenza per verificare l'eventuale presenza di esperienze dirette o indirette (ad esempio di fratelli o sorelle...) legate al rifiuto della scuola.

2. Individuiamo le possibili motivazioni, personali o riferite ad altri membri della famiglia, che stavano dietro quei rifiuti.

3. Indaghiamo se nella nostra famiglia c'erano adulti che, ad esempio per problemi depressivi, faticavano ad alzarsi.

4. Ricerchiamo le possibili motivazioni personali che, oggi, stanno dietro al rifiuto di alzarsi di nostro figlio.

5. Ricordiamo che dietro il comportamento del bambino possono esserci sia disagi legati alla crescita (fase edipica, inizio della scuola...), sia situazioni che in qualche modo l'hanno turbato. Queste ultime possono essere legate tanto a esperienze personali (paure, maltrattamenti, abusi, sofferenze per atti di intimidazione, conflitti con gli insegnanti, ecc.) quanto a problematiche esistenti all'interno della famiglia (nascita di un fratellino, traslochi, conflitti coniugali, depressione di genitori, malattie, morte di una persona cara...).

PER SAPERNE DI PIÙ

FRANÇOISE DOLTO, *Come allevare un bambino felice e farne un adulto maturo*, Oscar Mondadori, Milano 1994.

SILVIA VEGETTI FINZI, *A piccoli passi. La psicologia dei bambini dall'attesa ai 5 anni*, Mondadori, Milano 1994.

–, *Se la scuola diventa un problema*, in *I bambini sono cambiati*, Oscar Saggi Mondadori, Milano 1996.

JOHN BOWLBY, *Una base sicura*, Raffaello Cortina Editore, Milano 1989.

COLETTE CHILAND, *Il bambino, la famiglia, la scuola*, Cerp, Trento, Milano 1995.

Quando non si vuole lavare

«Lavarsi le mani quando torna a casa è un optional*... Le sue unghie sono perennemente nere... Vorrebbe lavarsi la faccia come un gattino bagnandosi le punte delle dita e passandosele poi sul viso... Per non parlare, poi, del bagno: una vera e propria tragedia...»*

Molti genitori combattono quotidianamente la "guerra" della pulizia da cui, però, escono nella maggior parte dei casi sconfitti. A meno che, buttando all'aria i migliori propositi educativi, non si finisca per usare la forza. Ma, ci chiedono tutti unanimemente, perché i bambini fanno tante storie per lavarsi?

L'avversione nei confronti delle normali operazioni di pulizia può instaurarsi proprio in quell'epoca dello sviluppo (intorno ai due-tre anni) in cui i bambini risultano oppositivi dicendo «No» alle richieste provenienti dal mondo adulto.

In questo periodo, i bambini usano la negazione per affermare se stessi, per esplorare le reazioni del mondo circostante. In aggiunta a ciò, come abbiamo sottolineato in altre occasioni, bisogna ricordare che i prodotti del corpo rappresentano, almeno per il bambino di questa età, beni d'immenso valore da cui è difficile separarsi: sotto questo punto di vista le unghie nere sono sue e guai a chi gliele tocca!

Talvolta gli adulti reagiscono con un atteggiamento altrettanto oppositivo (ad esempio "Io sono più forte") che, ahimè, non fa che caricare di forti significati emotivi il neutro rito del bagno, trasformando un atteggiamento evolutivo in una vera e propria avversione a lavarsi.

È chiaro, poi, che tali difficoltà evolutive vanno contestualizzate. È sempre consigliabile, ad esempio, analizzare se il rifiuto del bambino si verifichi con tutti o solo in presenza di una specifica persona (la madre, il padre o entrambi) e, quindi, se non ci siano differenze di carattere relazionale.

Sarà altresì importante stabilire se il rifiuto del bambino non sia in realtà legato alla paura dell'acqua o collegato alle "manovre" di pulizia (ad esempio: l'essere toccato, la memoria di occhi che bruciano al contatto col sapone, le mani fredde e frettolose di chi abitualmente lo lava...).

Che cosa possiamo fare per meglio comprendere e contenere questo rifiuto del lavarsi?

Ritornare alla propria infanzia potrebbe rivelarsi utile in questi casi, sia per capire meglio i "capricci" di nostro figlio, sia per rispondere ad essi con una modalità maggiormente comprensiva.

Importante potrebbe essere, anche, riflettere su chi in famiglia ha (o ha avuto) la stessa idiosincrasia nei confronti di bagni e docce.

Se poi ci accorgessimo che il bambino fa le bizze solo con noi (madre o padre che sia), è evidente allora che sta cercando di mandarci un messaggio diretto. In tal caso, prima ancora di capire di che tipo di messaggio si tratti, è bene delegare altre persone a quel compito, per evitare che una normale operazione di pulizia si trasformi in una sorta di braccio di ferro.

In ogni caso, le maniere forti possono essere, come al solito, controproducenti. Trasformare, invece, il bagno di pulizia in un gioco simpatico non è difficile.

Dedicare un po' di tempo a riempire la vasca con tanti pupazzetti galleggianti; fare il bagno insieme; giocare con il bambino immergendo nell'acqua prima le mani, poi dei giocattoli, o delle spugne, o dei piccoli saponi, ecc., per arrivare, un po' alla volta, a immergersi completamente; sono tipici esempi di come la creatività, la disponibilità di un genitore possano arricchire in mille modi diversi il rapporto con l'acqua.

Quando non si vuole vestire

Al mattino, uno degli "scogli" più ardui, una delle operazioni più difficili è la "vestizione" dei nostri piccoli principi e principesse. Perché i bambini si comportano così?

Le lamentele più frequenti riguardano soprattutto la lentezza con cui i bambini si vestono: un tempo infinito, allungato, allargato, che farebbe perdere la pazienza anche al più tollerante dei genitori. Ma non solo: anche i capricci sul tipo di abito da indossare, sulle specifiche preferenze (puntualmente diverse da quelle della mamma o inconciliabili per questioni meteorologiche o di altro tipo) occupano posti alti nella graduatoria delle "grane" mattutine. Ma, è lecito chiedersi, come mai i bambini "fanno tante storie"? Dietro questi continui "boicottaggi" possono esserci diverse ragioni. Un primo significato da evidenziare è quello relativo alla separazione dall'ambiente familiare. Anche il vestirsi, infatti, così come la colazione o il lavarsi, costituisce in fondo un momento di passaggio rispetto all'uscita di casa. Un'uscita che coincide non con una passeggiata qualunque, ma con il momento in cui il bambino deve affrontare la scuola e, conseguentemente, il distacco dalle principali figure di riferimento.

In questo senso, gli abiti rappresentano oggetti transizionali al pari dei peluche cui il piccolo si accompagna prima di dormire. Il vestirsi, cioè, con la lentezza che contraddistingue di solito questa operazione, serve ai più piccoli per allungare il tempo che li divide dal distacco da casa. Un distacco che è più sopportabile se, ad esempio, "a farmi compagnia è quella maglietta su cui è disegnato il personaggio dei cartoni preferito". Anche se siamo in pieno inverno e le maniche corte non sono adatte!

Molti genitori ci chiedono spesso come mai i loro bambini, pur avendo raggiunto un'età in cui, se non si può parlare di una vera e propria autonomia, potrebbero svolgere da soli alcune operazioni semplici come il vestirsi, continuano a chiedere: «Mamma, vestimi tu...».

Dietro a queste richieste, c'è un desiderio di contenimento: è come se il bambino ci chiedesse di prenderci cura di lui, proprio ed esattamente come quando era piccolino.

Questo significa che il modo migliore per rispondere ai capricci e alle bizze legati alle "operazioni" di vestizione è sempre l'ascolto e la comprensione delle ragioni profonde che stanno dietro a quei comportamenti infantili tanto irritanti.

Già, perché il capriccio non è mai solo e soltanto un capriccio! Nella maggior parte dei casi, esso deve essere letto come un "messaggio in codice" che il bambino manda all'adulto per segnalargli un suo bisogno, un disagio momentaneo, una richiesta o una protesta per qualcosa che non riesce a tollerare.

Rispondere a tali proteste infantili con altre proteste (le nostre) serve soltanto a inasprire un "braccio di ferro" tanto inutile quanto dannoso. Ci accorgeremo, invece, che dicendo, ovviamente in maniera sentita e non solo strategica, «Ok, ho capito, stamattina hai voglia di coccole» oppure: «Non ti va proprio di andare a scuola, vero?», molti angoli si smusseranno.

Quando la mattina si incolla alla TV

I genitori spesso combattono strenuamente contro la pigrizia dei loro bambini che, ahimè, di alzarsi per andare a scuola, proprio non ne vogliono sapere. Ma una volta conquistata "la posizione eretta", i problemi non sono per nulla finiti. Altri ostacoli, infatti, si frappongono tra noi e l'agognata uscita da casa; fra tutti quello più gettonato è la TV.

Sono infatti tanti i bambini che, al mattino, si attardano davanti alla TV per guardare i cartoni animati preferiti: ancora mezzi addormentati, fissano con uno sguardo traso-

gnato il video, mentre il cucchiaio pieno di cornflakes *ondeggia paurosamente tra la bocca e la tazza colma di latte. Nulla sembra scuoterli, né le urla della mamma, né le minacce del papà. Ma perché si comportano così?*

A proposito delle difficoltà dei bambini ad alzarsi al mattino, abbiamo già sottolineato che la loro riluttanza può essere spiegata anche come una difficoltà a separarsi dalla famiglia, dalla propria casa, dalla mamma e/o dal papà. È in questo contesto che si inserisce la televisione: non è forse diventata per milioni di bambini una sorta di tata? Ecco, quindi, che, probabilmente, per molti bambini quel quarto d'ora con i cartoni preferiti rappresenta un modo per esorcizzare e "digerire" l'imminente separazione dall'ambiente familiare. Un po' come l'orsacchiotto di peluche li aiuta ad affrontare le "misteriose incognite" del mondo della notte.

Che cosa fare allora?

La prima cosa da tenere presente è che se nel mondo degli adulti la coerenza è un valore imprescindibile, in quello dei bambini lo è ancor di più. Se possediamo la TV in sala da pranzo o in cucina, se abbiamo l'abitudine di guardarla mentre pranziamo o ceniamo, perché il bambino dovrebbe rinunciarvi in un momento (prima di andare a scuola) tanto dolente per lui?

È importante, quindi, stabilire delle regole ben precise che circoscrivano gli spazi dedicati alla TV. Chiaramente, questo non deve apparire ai nostri figli come una punizione: al contrario bisogna fornir loro delle valide alternative che possano allettarlo almeno al pari della TV.

Un primo passo è ripristinare il rito della colazione insieme, vale a dire che noi adulti per primi dovremmo sederci a tavola con i bambini, evitando di lasciarli soli in balìa di una tazza di latte e un assiepamento di merendine. Chiediamoci, poi, chi in famiglia ha un rapporto privilegiato con la TV. Se, ad esempio, il papà ha l'abitudine di guardare la TV fino a tardi la sera, utilizzandola a mo' di "ninna nanna", se c'è qualcuno in casa che, non appena rientra, ancora con il cappotto addosso, accende la TV, è inutile arrabbiarsi con i bambini. Sarebbe meglio riflettere sulla propria "teledipendenza"!

Quando piange, strilla e fa i capricci

Capricci, strilli e lacrime: questo è quanto i genitori devono affrontare anche con bambini non piccolissimi. A volte si tratta di comportamenti sporadici, altre di un vero e proprio "stile comunicativo", quasi fosse l'unico modo conosciuto dal bambino per mettersi in relazione con i suoi genitori anche quando essi non siano genitori disattenti e non trascurino il bambino. Come leggere, allora, un comportamento di questo tipo?

Non sempre i capricci nascono dal fatto che il bambino si senta poco amato, considerato, protetto. Può accadere, infatti, che il piccolo abbia un buon grado di ascolto e considerazione, ma che ciò avvenga in una maniera che non corrisponde ai suoi bisogni. L'attenzione dei genitori nei suoi confronti, infatti, può andare in una direzione diversa da quella a lui necessaria. Certo è che il lamento, il capriccio servono ad attirare l'attenzione. Sono modi di esprimere paure, bisogni e il timore di sentirsi "incompreso", anche se l'ambiente affettivo che lo circonda lo sommerge di attenzioni e regali.

C'è, poi, un altro aspetto che va considerato e riguarda la sensazione che il bambino può avere, per varie ragioni, di sentirsi emotivamente pieno al punto tale che "esplodere", esprimendo, attraverso il pianto, la rabbia, le lamentele, i capricci, tutto quello che non riesce a contenere è, per lui, liberatorio.

Comunque al di là del protrarsi di una reale situazione di difficoltà emotiva, in alcuni casi è possibile che il capriccio divenga una modalità comunicativa consolidata nel tempo. Vale a dire che il bambino ha imparato che, usando "il linguaggio del capriccio", ottiene quello che vuole più in fretta o più facilmente che in altri modi.

In che modo i genitori, involontariamente, contribuiscono a instaurare o rafforzare questo comportamento?

Può capitare che i genitori, a volte inconsciamente e per svariati motivi, cerchino di opporsi al crescere del figlio frenando il suo "diventare grande". Oppure che si trovino a dovere combattere con i sensi di colpa. Già, perché è facile che nostro figlio ci faccia sentire in colpa quando lo lasciamo troppo da solo, quando il lavoro ci impedisce di dedicarci a lui come vorremmo. I bambini, infatti, sono abilissimi nel captare i vuoti di consistenza, di contenimento, le fragilità dei genitori e il fatto che essi temano di scontentare il figlio, di ferirlo, di renderlo infelice o, semplicemente, di arrecargli una frustrazione.

Come si può affrontare, quindi, "un'escalation" di capricci?

Innanzitutto è importante capire se il capriccio rappresenti per il bambino una "strategia" per ottenere in fretta vantaggi materiali.

E, comunque, è bene non svilire né sottovalutare le sue lamentele. Al contrario, sarà importante ascoltarlo, cercando di fare in modo che esprima chiaramente i motivi che stanno alla radice delle sue proteste per poi studiare con lui delle possibili soluzioni. Potremo così offrirgli dei suggerimenti per affrontare e risolvere il problema che è alla base del "frignare".

Quali sono, invece, gli errori da evitare?

È sbagliato sottovalutare il problema, liquidandolo come un normale comportamento "tipico" di quel bambino. Ancora più errato sarebbe, poi, cedere immediatamente, soltanto perché si è troppo stanchi per reagire, per interrompere un piagnucolio fastidioso e a volte intollerabile. In questo modo, infatti, non si farebbe che rafforzare il meccanismo alla base di quel codice: il bambino capirebbe immediatamente che, se si lagna, riesce a ottenere subito ciò che vuole. Questo, tra l'altro, gli impedirebbe di sentire l'emozione che accompagna la sua richiesta, la frustrazione, pur sempre effettiva, che accompagna il tempo dell'attesa necessario a ottenere (se sarà possibile) ciò che egli chiede.

Si tratta di passaggi indispensabili al crescere di un bambino, non sperimentando i quali egli sarà, poi, meno capace e/o addirittura incapace di sopportare le difficoltà, i dubbi, le perdite, le frustrazioni che caratterizzano tante esperienze della vita. Laddove "tutto e subito" non esiste, e si richiede, invece, resistenza, tolleranza, pazienza, abilità, strategie nuove, creatività, ecc., per riuscire a raggiungere i propri obiettivi. Tutto ciò, naturalmente, nel rispetto dei tempi del bambino, delle varie tappe evolutive della sua crescita e non utilizzando "l'attesa" come strumento per un addestramento strategico che prepari "militarmente" il bambino alle lotte della vita. È importante, dunque, non sottovalutare i capricci del bambino: da una parte, infatti, si rischierebbe di non approfondire le cause che li sottendono, lasciando inalterato e inespresso un disagio; dall'altra ci troveremmo, senza saperlo, a istigare il bambino a comportarsi proprio nel modo che vorremmo evitare.

Offriamo quindi ascolto e attenzione invece di regali e immediata soddisfazione di richieste. Se poi la situazione dovesse "cronicizzarsi", è importante chiedere l'aiuto e il supporto di un esperto.

IN SINTESI

1. Ricordiamo i nostri capricci da bambini o da preadolescenti (o le nostre "ribellioni" da adolescenti!).
2. Valutiamo se quei capricci erano, per noi, una modalità relazionale e comunicativa per metterci in contatto con gli altri membri della famiglia o con l'ambiente circostante.

3. Ricordiamo che i capricci hanno lo scopo di attirare l'attenzione. È un modo per manifestare le paure, i bisogni, il sentirsi "incompreso" del bambino, anche se l'ambiente affettivo che lo circonda lo sommerge di attenzioni e regali.

4. Valutiamo se i capricci del bambino sono una risposta inconscia a nostri atteggiamenti, sentimenti, desideri, e, magari, inconsapevoli paure.
Ad esempio, chiediamoci se ci pesa ammettere che sta crescendo e che, pertanto, si staccherà gradatamente da noi e/o valutiamo l'entità di eventuali sensi di colpa derivanti dal fatto che non ci occupiamo come vorremmo di nostro figlio.

5. Non sottovalutiamo le lamentele e non ricorriamo alle "maniere forti" (punizioni, percosse, minacce, svergognamenti davanti agli altri); non cerchiamo di piegare il bambino come se il suo capriccio fosse un atto di "lesa maestà" nei nostri confronti.
Non sfidiamo il bambino per sentirci più forti ma, anzi, sdrammatizziamo le tensioni.
Ascoltiamo nostro figlio e permettiamogli di esprimere i motivi che stanno alla radice del capriccio. Troviamo insieme a lui delle soluzioni alternative dedicandogli tempo, attenzione, cura e creatività.

PER SAPERNE DI PIÙ

ALICE MILLER, *Il bambino inascoltato*, Bollati Boringhieri, Torino 1989.

ALBA MARCOLI, *Il bambino arrabbiato. Favole per capire le rabbie infantili*, Mondadori, Milano 1996.

ASHA PHILLIPS, *I no che aiutano a crescere*, Feltrinelli, Milano 1999.

Quando non vuole che la mamma e il papà lo lascino all'asilo

Ogni mattina, davanti all'asilo, è un vero e proprio dramma: pianti, urla, e suppliche: «Ti prego, non te ne andare…». A malincuore, lo lasciamo nelle mani della maestra, ma, dentro di noi, c'è una tristezza infinita. E una lacrima, a volte, coglie di sorpresa anche noi adulti, mentre si fa strada la tentazione di tornare indietro e abbracciarlo.
Ma è proprio vero che ai bambini fa bene andare all'asilo anche in tenerissima età?

Ha stupito un po' tutti (e non poco!) lo studio di alcuni ricercatori inglesi, secondo i quali i bambini che lasciano precocemente (intorno ai 12 mesi) il caldo abbraccio materno, per essere affidati a *nursery* o asili infantili, crescono più autonomi e forti dal punto di vista emotivo.

In effetti, un anno è veramente poco per richiedere al bambino un allontanamento, sia pure breve, dall'ambiente familiare.

Il livello di sviluppo affettivo ed emotivo di un bambino di quell'età, infatti, non gli permette ancora di elaborare la separazione dalla madre. Tutt'al più può tollerare la presenza compensatoria di una figura di riferimento affettivo come la nonna o una tata da sempre a lui nota. Altre richieste potrebbero essere troppo impegnative per un bambino tanto piccolo.

E dopo i 12 mesi?

Se fino a un anno e mezzo è bene che il bambino non subisca bruschi allontanamenti dall'ambiente familiare, successivamente bisogna incoraggiare le sue esplorazioni.

Infatti, quando il piccolo ha raggiunto un sufficiente grado di maturazione per affrontare le prime separazioni, l'atteggiamento iperprotettivo dei genitori può danneggiarlo e ostacolare la sua evoluzione. In quest'epoca è molto frequente che il bambino pianga nel momento del distacco dai genitori. Certo, non si deve rimanere insensibili a quelle lacrime, ma aiutare gradualmente il bambino a staccarsi da noi. Ad esempio, almeno per i primi tempi, ci si può trattenere con lui all'asilo, per dargli il modo di inserirsi nel nuovo ambiente avendo accanto la figura rassicurante della madre o del padre. Il compito delle figure di riferimento rimane, anche in questo caso, quello di rassicurare il bambino e di aiutarlo, con l'amore e le coccole, ad allontanare paure e ansie.

Le prime separazioni, come afferma la psicoterapeuta infantile Silvia Vegetti Finzi, «sono molto influenzate da come gli stessi genitori vivono l'uscita del bambino dalla famiglia: se mostrano fiducia sia nelle sue capacità di affrontare questo passaggio, sia nel nuovo ambiente che lo accoglierà, anche lui si sentirà a sua volta più fiducioso e tranquillo».

Solo nel caso in cui, anche con il trascorrere delle settimane, l'avversione del bambino non dovesse cessare, è consigliabile indagare per verificare se, ad esempio, quel determinato asilo sia idoneo o meno a soddisfare le sue esigenze emotive e affettive o se ci siano altre motivazioni di ordine psicologico che non rendono il bambino pronto a sopportare il distacco dall'ambiente familiare.

Secondo Marcello Bernardi, pediatra esperto in problematiche infantili, mandare un bambino all'asilo prima dei 18 mesi può rappresentare una richiesta eccessiva. In tale fase evolutiva, infatti, il bambino è ancora troppo piccolo per affrontare una separazione dall'ambiente familiare e dalla madre perché essi soltanto rappresentano il suo ambiente affettivo preferenziale.

Non dimentichiamoci, infatti, che a partire dall'ottavo mese di vita, il bambino, in presenza di persone a lui più o meno sconosciute, ha una reazione di angoscia profonda. Ciò significa che l'"uscita" dall'ambiente familiare deve avvenire quando il piccolo ha avuto modo di superare la sua paura dell'estraneo e di costruire dentro di sé un'immagine stabile della figura materna che possa, poi, tenergli compagnia in sua assenza. È solo quando ciò si verifica che il bambino può cominciare ad apprezzare il rapporto con i coetanei. Vale a dire intorno ai 18-24 mesi, quando, cioè, la socializzazione diventa fondamentale per la sua crescita.

IN SINTESI

1. Chiediamo ai nostri genitori cosa ricordano dei "nostri" primi distacchi. Rifiutavamo anche noi di andare all'asilo?

2. Valutiamo, anche con l'aiuto di persone competenti, se nostro figlio ha l'età giusta e il sufficiente grado di maturità per affrontare i primi distacchi.

3. Chiediamoci se la sua difficoltà a distaccarsi da noi non sia dovuta anche alla nostra difficoltà a distaccarci da lui.

4. Evitiamo di utilizzare le punizioni, le minacce o le promesse di regali per farlo rimanere all'asilo.

5. Di fronte al permanere dell'avversione del bambino all'essere lasciato a scuola con gli altri, indaghiamo a fondo le motivazioni che stanno dietro al suo comportamento.

PER SAPERNE DI PIÙ

Andrea Canevaro, *Una scuola uno sfondo*, Nicola Milano Editore, Bologna 1988.

Giovanni Bollea, *Compendio di psichiatria dell'età evolutiva*, Bulzoni, Roma 1980.

Betty Maamody, *Per amore di un figlio*, Sperling & Kupfer, Milano 1989.

Piero De Giorgi, *La crisi del ruolo dei genitori*, Kappa, Roma 1994.

Judith Viorst, *Distacchi*, Frassinelli, Milano 1995.

Quando si vuole iscriverlo alla stessa scuola del fratellino

Chi ha più di un figlio si ritrova, a volte, a dover decidere se iscrivere i bambini alla stessa scuola o no. Il fatto che due fratelli frequentino lo stesso istituto comporta indubbi vantaggi pratici: risparmio di tempo sia per accompagnarli la mattina sia per andarli a riprendere; maggiore facilità nel mantenere i rapporti con gli insegnanti, una maggiore serenità nel saperli vicini nel caso uno avesse bisogno dell'altro... Ma quella vicinanza può anche costituire un problema, soprattutto quando i due bambini vengono sottoposti a un continuo confronto fra loro. Allora, che cosa fare?

Sono molti i genitori che, forse ricordando la propria infanzia, i frequenti commenti di insegnanti e presidi («...tu sei il fratello di o la sorella di...») o le raccomandazioni di mamma e papà («...stai attento a tuo fratello..., non tornare a casa senza tua sorella...»), ci hanno posto questo quesito.

Ci sono indubbi vantaggi sia nel non frequentare la stessa scuola, con la possibilità di raccontarsi e confrontare al rientro a casa le esperienze vissute in contesti diversi; sia nell'avere il conforto di sapere che il proprio fratello è soltanto due classi più in là della propria, nella stessa scuola. È importante, quindi, valutare ogni singola situazione e, in particolare, il rapporto specifico che esiste tra fratelli, il clima emotivo, affettivo ed educativo nel quale vivono in casa e le fasi evolutive che essi attraversano.

Pertanto, la decisione di inserire due fratelli nella stessa scuola dovrebbe tener conto soprattutto della qualità del rapporto tra loro e, chiaramente, della personalità dei bambini. Alcuni, ad esempio, hanno bisogno di vivere una propria esperienza individuale, per crescere e maturare "*all alone*", come cowboys tutti soli che vanno all'esplorazione e alla conquista di nuove frontiere. Di qui l'importanza di una specifica collocazione di spazi e amici propri. Ci sono, infatti, bambini talmente antagonisti tra loro e con sentimenti di rivalità fraterna così forti che la condivisione di spazi extrafamiliari è per loro molto difficile. Essi hanno bisogno di misurarsi in situazioni diverse, lontano da possibili paragoni e confronti. In questi casi, il fatto di avere spazi propri, soprattutto nell'ambito dei processi di socializzazione, li aiuta molto. È così, infatti, che essi sentono che esiste un "territorio" in cui sono "unici".

Come fare, poi, una volta presa la decisione, per alleggerire l'eventuale clima di conflitto?

È noto che tra fratelli, soprattutto tra quelli molto vicini in età, possano esserci dei sentimenti di manifesta rivalità. Ma è altrettanto vero che il ruolo dell'ambiente familiare ed educativo è fondamentale nello smussare angoli e spegnere conflitti e antagonismi. Se la nascita di un fratellino contribuisce a rendere "più pesante" il clima familiare, sia per problemi di carattere economico, sia per una effettiva diminuzione degli spazi di attenzione che i genitori possono dedicare al primogenito, è più che normale che tra il maggiore e il minore si stabiliscano sentimenti di rivalità. I bambini, poi, sviluppano il senso della fraternità, dell'amore reciproco, del dialogo a seconda del clima che trovano a casa, degli esempi che hanno intorno a loro. Genitori che per primi si mostrano ai figli competitivi, conflittuali, sempre tesi a dimostrare, ad esempio, chi tra loro e/o tra le loro rispettive famiglie di origine è più capace, ricco, potente, affermato, ecc. (e/o che mettono a confronto le diverse caratteristiche dei figli con fare critico e/o che sono costantemente in rivalità con le famiglie degli amici e dei vicini) contribuiscono a enfatizzare la normale gelosia e competizione tra fratelli.

Al contrario, se i bambini vivono in un clima di reciprocità, di tolleranza, di comprensione, di accettazione dei differenti modi di essere, essi riusciranno a elaborare il dolore e/o le frustrazioni derivanti dalla consapevolezza di dover condividere non solo tutti gli spazi (a casa, a scuola, nel sociale e nei luoghi e nelle situazioni nei quali capiterà di dover stare e/o essere accolti in compagnia dei fratelli), ma anche, e soprattutto, l'affetto dei genitori. Il quale affetto, peraltro, essendo espressione d'amore, dovrebbe potersi moltiplicare e aggiungere, e mai essere vissuto dai bambini come frantumazione e sottrazione a causa della presenza dei fratelli. Pertanto, la possibilità di vivere l'affetto come qualcosa che si moltiplica, si dilata e cresce, proprio nel moltiplicarsi e stendersi delle relazioni affettive, può consentire ai bambini di individuare, nei fratelli, ulteriori e confortanti punti di riferimento affettivo, alleati e complici nei confronti dell'autorità genitoriale e degli adulti.

Che cosa fare allora?

È importante non alimentare quelle situazioni che innescano conflitti e rivalità tra fratelli. A scuola, ad esempio, anche gli insegnanti dovrebbero stare attenti a commenti del tipo: «Tuo fratello è (o era) un asso in matematica...». Oppure, a casa, bisognerebbe fare in modo che il più piccolo non diventi soltanto un peso per il maggiore («Prenditi cura di..., stai attento a...»). In generale, quindi, se i bambini che manifestano evidenti rivalità fraterne già all'interno del nucleo familiare vivono, in rapporto alla coppia genitoriale, ai nonni, ai punti di riferimento affettivi ed educativi, delle relazioni ambivalenti, disturbate o frustranti, è opportuno evitare di collocarli nella stessa scuola. È però importante aiutarli a "orientare" ed "elaborare" le rivalità tra loro, mettendo in evidenza l'individualità e la peculiarità di ciascuno di essi e collaborando anche con gli insegnanti, per far comprendere che misurarsi è utile e aiuta a crescere. Oppure affrontando con loro, sostenendoli con affetto, incoraggiamenti e consigli, quei vissuti di frustrazione che necessariamente accompagnano la crescita di ciascuno e che derivano dal fatto di dover condividere gli spazi, le amicizie, i riferimenti affettivi, educativi e scolastici con fratelli e sorelle. Infatti, l'alleanza, la presenza dei genitori, il sostegno, il loro contributo di forza e di esperienza possono aiutare i bambini ad accettare le inevitabili gerarchie tra fratelli create dal tempo.

UN PICCOLO AIUTO

Per tranquillizzarsi

Secondo Marcello Bernardi, uno dei maggiori esperti italiani di problematiche infantili e adolescenziali, la condizione normale esistente tra fratelli e sorelle è quella dell'ambivalenza: essi, nello stesso tempo, si odiano e si amano.

Vero è, poi, che proprio in famiglie fortemente penalizzate dalla presenza di una coppia genitoriale inadeguata e/o non presente e/o in conflitto e/o indifferente e/o malata, ecc. i fratelli, assai spesso, costituiscono la vera risorsa umana, gli affetti più forti, saldi, radicati poiché nati dall'alleanza di fronte al comune dolore di essere "orfani di genitori viventi".

IN SINTESI

1. Ripensiamo alle rivalità fraterne che abbiamo vissuto all'interno della nostra famiglia di origine (che tipo di rapporto avevamo con i nostri fratelli e che rapporto abbiamo oggi?).

2. Osserviamo con attenzione il rapporto esistente tra i nostri figli e cerchiamo di comprendere le caratteristiche comportamentali di ciascuno di loro.

3. Rispettiamo sempre e in ogni caso la loro individualità.

4. Facciamo in modo che le decisioni in merito alla scuola da condividere o no contemplino anche il loro parere.

5. Facciamo in modo, se già frequentano la stessa scuola, di non alimentare eventuali rivalità e di evitare che anche gli insegnanti lo facciano avendo cura di dialogare e collaborare con loro.

PER SAPERNE DI PIÙ

MARCELLO BERNARDI, *Lettere ai genitori sul mestiere di crescere i figli*, Salani Editore, Firenze 1998.

GIOVANNI BOLLEA, *I membri della famiglia*, in *Le madri non sbagliano mai*, Universale Economica Feltrinelli, Milano 1995.

IVAN BATTISTA, *Orfani di genitori viventi*, Pieraldo, Roma 1999.

Quando si arrabbia perché i compagni lo prendono in giro

«Mamma, mi prendono in giro..., mi chiamano Dumbo per via delle orecchie...». Oppure: «Non voglio più andare a scuola: tutti i compagni mi dicono cicciabomba...».
Molti genitori hanno sentito lamentele del genere. Ma poi, oltre a manifestare la loro indignazione per la "perfidia" dei ragazzini, a volte non hanno saputo davvero che cosa dire e come intervenire.
In che modo si possono rassicurare i bambini se capita loro un fatto del genere?

La cosa più importante, in questi casi, è non solo consolare i bambini minimizzando gli episodi incresciosi e cercando di fare loro scaricare la tensione accumulata (magari suggerendo un divertente esercizio di "autoironia", ovvero l'imparare a "prendersi in giro" prima e meglio di come potrebbero farlo gli altri), ma, soprattutto, osservare come essi reagiscono agli apprezzamenti dei coetanei; dove finiscono il loro dispiacere e la frustrazione del momento e dove cominciano, invece, disagi più profondi, insicurezze legate anche alla valutazione di sé che, nel corso dell'infanzia, il bambino ha avuto modo di formarsi e, dunque, di sviluppare quale “autostima”. Se è vero, infatti, che la bellezza è legata a canoni estetici, il “sentirsi belli”, invece, è dovuto, anche e soprattutto, alla percezione interiore che si ha di se stessi. “Essere belli” è anche “sentirsi belli” in quanto amati, apprezzati, benvoluti. Gradevoli perché graditi, amabili perché amati.

Ci sono adulti, cresciuti in equilibrio e serenità, che, quando erano bambini, sono stati riconosciuti, accettati, allevati con amore e che, pertanto, sono in armonia con se stessi, si accettano e si vogliono bene.

Costoro vivono l’aspetto estetico come una componente della loro personalità complessiva. Si sentono bene “con se stessi” e perciò hanno fascino e successo con gli altri anche se non sono “canonicamente” belli.

Viceversa, c’è chi, pur essendo oggettivamente piacevole dal punto di vista estetico, ha continue preoccupazioni riguardo al suo aspetto. Si guarda con occhio molto critico e vorrebbe raggiungere la “perfezione” di una statua per essere certo di poter piacere. E, alla fine, neppure ciò basta! Questo comportamento, che mira a far coincidere “perfezione fisica” con accettarsi e/o essere accettati e/o, addirittura, con l’essere ritenuti “buoni” in quanto belli (quasi che “perfetti” esteticamente coincidesse con “perfetti” caratterialmente ed eticamente!), è legato all’autostima che si forma fin dai primi anni di vita in relazione all’affetto, alla considerazione, all’attenzione, al contenimento, all’ammirazione, alle gratificazioni che il bambino riceve dalle persone che si prendono cura di lui.

Potremmo definire l’autostima una sorta di “bellezza interiore”, una percezione positiva, una fiducia in sé che viene dal profondo e che, cosa ancor più importante, non è demolibile dall’esterno.

Ciò significa che, se un bambino ha un buon livello di autostima, che deriva dal fatto che fin dai primi anni di vita si è sempre sentito amato, accettato e riconosciuto dalle figure di riferimento affettivo (la madre, anzitutto!), le prese in giro dei coetanei potranno sì ferirlo, ma non intaccheranno la percezione positiva "di fondo" che egli ha di sé.

Pertanto egli sarà in grado di reagire senza essere preda di complessi d'inferiorità.

Quale peso hanno i comportamenti dei genitori in merito a questi complessi?

Assai spesso è proprio il genitore ipercritico verso se stesso a desiderare un figlio "perfetto". Egli infatti pretende, proiettando le sue insoddisfazioni sul figlio, che il suo bambino diventi un "bambino capolavoro", per esorcizzare quei vissuti di inadeguatezza che lo opprimono. In questo caso, è facile che il bambino deluda quelle aspettative e che non possa essere, suo malgrado, all'altezza dei "desideri" genitoriali. In conseguenza di ciò, è molto probabile che il bambino si trovi a essere oggetto di atteggiamenti, spesso inconsapevoli, di rifiuto da parte del genitore che sente di dover rinunciare a un "riscatto" per interposta persona. E la sua autostima? Sarà fragile, vulnerabile. Pronta a crollare di fronte a ogni attacco.

Quali sono le conseguenze più gravi che può avere un atteggiamento di timore di "non essere belli" e/o addirittura "perfetti"?

Un simile comportamento, già nella preadolescenza, può essere l'anticamera di un disturbo di tipo psicologico per il quale il soggetto ha una percezione distorta di sé, del proprio corpo o ravvedendo in esso difetti inesistenti, o trasformando difetti impercettibili in inestetismi ingigantiti a dismisura. Egli si sente brutto e, qualsiasi miglioramento apporti al suo aspetto, continua a percepirsi come esteticamente spiacevole. Tale condizione ha le sue radici in una "bruttezza" che viene "da dentro", è solo interiore, e nasconde un profondo disagio dell'anima. Si tratta di rabbie profondissime, di paure, di ribellioni, di dubbi, di un'aggressività distruttiva che la persona in crescita non riesce a esprimere e che, anzi, temendo rifiuti e punizioni, rimuove e/o comprime. È così che ogni ferita dell'anima si trasforma in una ferita "simbolicamente" inferta al volto e al corpo: una ferita visibile solo a chi li guarda con gli occhi della propria anima addolorata, quasi il volto e il corpo fossero come il "ritratto di Dorian Gray", ovvero come il quadro del celebre romanzo di Oscar Wilde, sul quale il male interiore del personaggio lasciava quotidianamente le sue tracce fino a trasformare il dipinto in un mostruoso ritratto, orribile a vedersi poiché orribile era il vissuto interiore del suo proprietario.

Come fare per non sbagliare?

Gli adulti dovrebbero evitare di proiettare le proprie frustrazioni sui bambini. Al contrario, bisognerebbe rinforzare quotidianamente la loro autostima, prendersi cura di loro e rimandargli, appunto come uno specchio, un'immagine di sé reale e positiva.

Inoltre, la percezione estetica che i bambini hanno di se stessi è estremamente influenzata dal modo di vedere dell'ambiente in cui vivono. Se ai piccoli vengono imposti modelli estetici stereotipati e rigidi (occhi azzurri, capelli biondi, tratti minuti e regolari, magrezza...); se essi vengono educati all'equivalenza "bello-buono"; se non gli si trasmette il rispetto per la diversità, saranno portati a percepire in modo negativo tutto ciò che non è in linea con i modelli appresi in famiglia o nell'ambiente sociale e culturale che li circonda.

Educhiamoli, pertanto, al senso del bello in generale, quindi, all'amore per la natura, per le opere d'arte, per la cultura e, ancora, all'amore per i valori, per i sentimenti, per la qualità dei rapporti e della vita. E lasciamo, poi, che essi stessi possano formarsi personali categorie estetiche. Certamente, saranno capaci di vedere ciò che di bello c'è non solo fuori ma, soprattutto, dentro se stessi e gli altri.

E se il bambino ha effettivamente un aspetto sgradevole, se è brutto in modo evidente e ciò non è rapportabile soltanto a un vissuto "interiorizzato" di bruttezza?

Quel che è stato detto finora rimane perfettamente valido. Anche un "Elephant man" amato da sua madre e dalla sua famiglia, rispettato, curato, accudito è pur sempre detentore e portatore di una "buona" stima, di una buona percezione di se stesso. Pertanto, anche di fronte ad aggressioni, più o meno evitabili, o a ridicolizzazioni da parte dei coetanei o di adulti frustrati, cinici, irrisolti, quel bambino saprà reagire e, anzi, conquistarsi uno spazio "speciale" e tutto suo facendo valere tutte le altre sue qualità.

Ricordo sempre un mio compagno di scuola delle medie di nome Ermanno, basso di statura, molto gracile, con le orecchie decisamente a sventola. Era talmente simpatico, pronto a rispondere con una battuta divertente a ogni ironia o allusione al suo aspetto esteriore, facendole così cadere nel vuoto, da essere non solo amatissimo da compagni, compagne e insegnanti, ma anche conteso come "fidanzatino". Ermanno aveva, inoltre, la capacità di ascoltare e di farsi ascoltare; era semplice, spontaneo, raccontava ciò che provava, esprimeva le sue emozioni, dichiarava i suoi bisogni e i suoi desideri.

Non c'è compagno di scuola che io ricordi meglio di lui: ho le sue battute stampate nella mente e nel cuore perché era unico, speciale, adorabile. Ermanno era veramente brutto, ma nessun Adone poteva battere le sue qualità umane e spegnere il suo fascino fatto di simpatia. Ah, dimenticavo: suo padre e sua madre, una coppia molto unita, della quale Ermanno era il penultimo figlio di sei, lo trattavano con affetto, rispetto, considerazione.

IN SINTESI

1. Analizziamo i nostri comportamenti nei confronti dell'aspetto estetico delle persone.

2. Chiediamoci anche se non proiettiamo sui bambini aspirazioni e preoccupazioni personali relative all'aspetto e/o alla prestanza fisica e/o alla bellezza.
Domandiamoci se, durante l'infanzia e l'adolescenza, anche noi non abbiamo avuto problemi simili o se nella nostra famiglia d'origine l'aspetto estetico aveva un'importanza fondamentale, al punto di condizionare le relazioni affettive.

3. Osserviamo come i nostri figli reagiscono agli apprezzamenti dei coetanei. Se tali reazioni vanno oltre un breve malumore, per una critica o per uno scherzo, facciamo attenzione e rinforziamo la loro autostima con affetto e attenzione.

4. Se ci accorgiamo che nostro figlio presenta già vissuti di inadeguatezza o insicurezza relativa alla propria immagine esteriore o delle autentiche "fisse" in merito al proprio aspetto (ad esempio, se domanda in continuazione: «Sono bello/a? Sono magro/a? Come sto? Ho i capelli troppo ricci? Le mie gambe sono troppo grasse?»), cerchiamo di intervenire immediatamente partendo, anzitutto, dall'osservazione di come noi, in casa, ci comportiamo nei confronti dell'estetica, prendendo in esame i nostri possibili eccessi in merito all'aspetto fisico o alla bellezza.
Cerchiamo di individuare, dietro il desiderio di piacere esteticamente a tutti e di essere accettati soprattutto per il proprio aspetto, quali sono le paure che il bambino nasconde.

5. Non cerchiamo di proteggere nostro figlio da ogni delusione.

Ricordiamo che la migliore difesa da dispiaceri e da sconforti è sempre costituita dall'affetto e dal contenimento che egli, fin da piccolo, riceve all'interno dell'ambiente familiare.

6. Quanto alla frustrazione e alle critiche ricordiamo che esse sono inevitabili, rinforzano e permettono anche di reagire e allenare il nostro carattere.

PER SAPERNE DI PIÙ

PIERPAOLO DONATI - PAOLA DI NICOLA, *Lineamenti di sociologia della famiglia*, Carocci, Roma 1989.

VALENTINA D'URSO (a cura di), *Imbarazzo, vergogna e altri affanni*, Raffaello Cortina Editore, Milano 1993.

Quando a scuola ci sono episodi di bullismo

Il bullismo esiste. E allarma tutti, insegnanti, genitori e bambini. Come dobbiamo interpretare questo fenomeno?

Non si tratta delle solite bizze fra bambini, ma ci si trova di fronte a tentativi di emarginazione ai danni dei più deboli che, a volte, sconfinano in vere forme di violenza. Umiliazioni, vessazioni, forme varie di ricatti, tentativi di estorsione che possono portare la vittima alla depressione, al calo dell'autostima, a un tale stato di sofferenza psichica da indurla alla fuga, all'abbandono scolastico.

Si tratta, nella maggior parte dei casi, di episodi che sfuggono al controllo adulto, soprattutto perché chi ne è vittima, temendo ritorsioni e vendette, difficilmente si confida con l'insegnante o i genitori.

Ma questi bambini sono veramente dei mostri? O forse è più corretto domandarsi come possono arrivare a simili comportamenti violenti?

In vicende del genere la vittima non è solo chi subisce la violenza, ma anche chi la commette. Già, perché se da una parte abbiamo bambini che diventano i bersagli preferiti di soprusi e vessazioni magari perché vivono in ambienti affettivi scarsamente attenti alle loro esigenze e sono più fragili, più remissivi, si ribellano meno facilmente alla prepotenza altrui, dall'altra i "carnefici" sono di solito ragazzini che, negli anni fondamentali della crescita, si sono nutriti di brutalità e violenza. E non necessariamente perché sono stati esposti a forme quotidiane di violenza intrafamiliare: non è solo questa la modalità attraverso cui avviene il "contagio" alla violenza.

La violenza si apprende anche per indifferenza, per mancanza di tutela, perché i bambini sono esposti a esempi di brutalità e crudeltà socialmente espressi o veicolati, senza debito controllo, dai mezzi di comunicazione di massa; o perché noi adulti dimentichiamo di trasmettere valori positivi ai ragazzi. Ma non è mai troppo tardi per correggere il tiro! Un team di adulti, composto non solo da genitori, ma anche da chiunque abbia a che fare con il mondo dell'infanzia, può, con l'amore, con l'ascolto, con il dialogo costante, con l'esempio personale aiutare i bambini a comprendere valori quali il rispetto dell'altro, e impedire così che innocenti giochi infantili degenerino in meccanismi violenti e negativi che fanno parte del mondo degli adulti.

IN SINTESI

1. Ricordiamo che i bambini più "a rischio" di aggressioni a scuola o nel sociale sono quelli insicuri, spaventati, cresciuti in ambienti affettivi poco attenti alle loro esigenze e che non considerano le autorità genitoriali o scolastiche delle autorità con le quali fare alleanza e verso le quali nutrire fiducia.

2. Creiamo perciò, attorno a nostro figlio, un clima di fiducia e contenimento affinché possa rivolgersi a noi ogni volta che è in difficoltà.

3. Facciamo molta attenzione ad alcuni campanelli d'allarme che potrebbero segnalarci i problemi inespressi di nostro figlio: rifiuto scolastico, scarso rendimento, assenze ripetute, sintomi psicosomatici (i cosiddetti equivalenti depressivi: disturbi del sonno e del comportamento alimentare...).
Possono essere le avvisaglie di un malessere dovuto ad abusi che il bambino subisce, alla paura che egli ha e che non rivela e che, col tempo, può aggravarsi.

4. Ricordiamo che, assai spesso, anche gli "aggressori" sono stati vittime di aggressioni e violenze e che un "bullo" è spesso un ragazzino spaventato che ha scelto la violenza per difendersi dalla paura.

5. Creiamo una rete di punti di riferimento alleandoci con gli insegnanti, con gli altri genitori e manteniamo un dialogo costante anche con i compagni di scuola e gli amici dei nostri figli.

PER SAPERNE DI PIÙ

DAN OLWEUS, *Bullismo a scuola. Ragazzi oppressi, ragazzi che opprimono*, Giunti, Firenze 1993-1996.

LUIGI CANCRINI, *Bambini diversi a scuola*, Bollati Boringhieri, Torino 1991-1993.

LUIGI CANCRINI - E. GUIDA, *L'intervento psicologico nella scuola. Utilizzazione delle risorse di un sistema complesso*, N.I.S., Roma 1988-1992.

Quando a scuola ci sono episodi di razzismo

La nostra società sta diventando sempre più una società multirazziale. Nelle scuole la percentuale di bambini di colore, religione e nazionalità differenti aumenta di anno in anno. Se all'apparenza ci stiamo abituando al confronto con realtà tanto diverse dalle nostre, il problema dell'intolleranza razziale, presente anche tra i banchi di scuola, è tutt'altro che infrequente. I pregiudizi, spesso, hanno come conseguenza il fatto che i bambini provenienti da altri Paesi o culture, nello sforzo di farsi accettare, tendono a omologarsi agli altri, non solo "dilapidando" il loro patrimonio culturale, ma anche impedendo, in questo modo, che altri bambini possano entrare in contatto con quell'immensa ricchezza. Come si può evitare che una potenziale risorsa si trasformi, invece, in un "handicap", determinando espressioni di intolleranza e aggressività?

Giornali e telegiornali riportano con preoccupante frequenza episodi di intolleranza razziale nei confronti di bambini colpevoli solo di avere un diverso colore della pelle o di professare una diversa religione. Ma i bambini non nascono con atteggiamenti razzisti. I bambini, da soli, non darebbero peso alle differenze di classe, razza o religione, o al colore della pelle.

Gli atteggiamenti discriminatori dei bambini sono sempre appresi dagli adulti, assorbiti dall'ambiente sociale e culturale in cui stanno crescendo.

Se gli adulti non sono disponibili, aperti, tolleranti, se non danno ai bambini la possibilità di aprirsi e conoscere altre culture, altri modi di vivere, di pensare, di pregare, di esprimersi i bambini saranno, a loro volta, non disponibili ad accogliere il nuovo e tutto ciò che è diverso; discrimineranno, quindi, i loro coetanei senza poter stabilire con loro alleanze e amicizie.

Perché in molti adulti tutto ciò che è diverso innesca una così forte ostilità?

La cosa importante, in questi casi, è cercare di comprendere quale sia l'origine profonda di un atteggiamento razzista. Spesso il razzismo di certi adulti ha origine nell'atteggiamento di discriminazione che essi stessi hanno patito quando erano bambini.

Si tratta di persone che sono state umiliate, ridicolizzate, emarginate. Ma non solo: in queste persone il danno subìto non ha ingenerato una maggiore consapevolezza di sé, non ha determinato sentimenti di rispetto nei confronti di se stessi e di altre persone che possono essere state oggetto dello stesso trattamento, ma, al contrario, ha creato vissuti di rabbiosa delusione e sentimenti di inferiorità e di rivalsa. Ma anche l'ambiente in cui si è cresciuti può avere una sua importanza.

Spesso, chi nutre una profonda avversione nei confronti del "diverso" è stato educato in un ambiente culturale e sociale in cui ha appreso a discriminare e allontanare, come se fossero pericolose, le persone "diverse" da sé o non appartenenti al proprio ambiente.

Anche le persone che hanno vissuto la diversità come minaccia, come pericolo di annullamento e disintegrazione possono, poi, essere "a rischio" dal punto di vista della tolleranza. Ad esempio, coloro i quali sono cresciuti in comunità ristrette, lontani dalla propria terra d'origine, possono dare vita, come risposta a situazioni discriminanti e di isolamento, ad atteggiamenti di chiusura e ostilità di eguale e perfino maggiore intensità rispetto alla discriminazione patita. Di solito, infatti, chi "odia" qualunque persona possa essere definita "diversa" (per il colore della pelle, per una scelta di religione o di comportamento, per una identità sessuale che si discosti da quella eterosessuale, ecc.) ha dentro di sé una grande fragilità, un'insicurezza che lo fa sentire minacciato, ha paura di mettere in discussione se stesso, la propria identità e ha il continuo bisogno di controllare i propri spazi e di difenderli da possibili "invasori".

Che atteggiamento tenere e come spiegare ai nostri figli ciò che accade attorno a loro?

Bisogna, anzitutto, indagare sui nostri personali vissuti in merito alla "diversità" e domandarci, ad esempio, che cosa proviamo di fronte a una persona diversa da noi per cultura, educazione, abitudini, razza, censo, convinzioni politiche, religiose, morali. Se ci sentiamo spaventati, allarmati, desiderosi di allontanare la presenza di chi non è "come noi"; se siamo portati a non ascoltare le sue parole, a non accettare i suoi vissuti, la sua cultura, le sue esperienze, anche noi corriamo il rischio di alimentare differenze, conflitti e trasmetteremo integralmente questo nostro disagio ai bambini che dobbiamo informare e formare.

Quindi, l'importante è "educare se stessi", porsi in discussione, aprire il proprio cuore e la propria mente a ciò che è diverso da noi e, per fare questo, cercare l'alleanza di figure di riferimento di mediazione culturale che possano, con la loro sensibilità ed esperienza, aiutarci a elaborare e modificare i nostri pregiudizi.

In tal senso e come "nodo di raccordo" tra famiglia e società, la scuola può fare molto. In questo particolare momento storico, infatti, è importante che la scuola sia un veicolo di cultura ed educazione attento ad adeguarsi ai profondi mutamenti sociali che stanno avvenendo intorno a noi. È importante che la scuola si trasformi in un centro culturale polivalente, aperto al territorio e attivo ben oltre l'orario delle lezioni quale spazio di creatività, socializzazione, integrazione. Fortunatamente, in molte scuole è già così e ci sono insegnanti che cercano di valorizzare le culture delle quali i bambini stranieri sono portatori, per farle conoscere e consentire lo scambio e l'integrazione con quella di cui sono espressione i nostri bambini.

IN SINTESI

1. Ricordiamo che i bambini non nascono con atteggiamenti razzisti: gli atteggiamenti discriminatori sono sempre indotti dagli adulti, assorbiti dall'ambiente sociale e culturale nel quale i bambini stanno crescendo.

2. Indaghiamo sui nostri personali vissuti in merito alla "diversità".

3. Chiediamoci se quando eravamo bambini abbiamo subìto atteggiamenti di discriminazione, se ci siamo sentiti ridicolizzati o emarginati.

4. Analizziamo, se così fosse, quanto tale esperienza condiziona oggi l'educazione dei nostri figli e ricordiamo che la nostra società si avvia a essere "totalmente" multirazziale.

DA FARE INSIEME

Leggiamo insieme libri importanti e significativi contro il razzismo come *La capanna dello Zio Tom* e *Il razzismo spiegato a mia figlia,* oppure proponiamo film e documentari contro il razzismo e ogni forma di discriminazione delle diversità.

PER SAPERNE DI PIÙ

Duccio Demetrio - Graziella Favaro, *Bambini stranieri a scuola*, La Nuova Italia, Firenze 1992.

Giovanni Giovannini (a cura di), *Allievi in classe, stranieri in città*, Franco Angeli, Milano 1993.

Mariangela Giusti, *Una scuola, tante culture*, Fatatrac, Firenze 1993.

Tahar Ben Jelloun, *Il razzismo spiegato a mia figlia*, Bompiani, Milano 1997.

Quando è un piccolo diavolo

Fino a che punto è lecito non preoccuparsi quando un bambino "non sta fermo un minuto", è intelligente ma si distrae, non riesce a concentrarsi un attimo, interviene sempre fuori luogo?

Questo tipo di comportamento, che è quello che più spesso preoccupa insegnanti e genitori, si manifesta fra i due e i quattro anni. Chiariamo subito che si tratta di un fenomeno del tutto normale in un bambino di 2-3 anni. In questa epoca dello sviluppo, infatti, i bambini cominciano a camminare, il che determina un'urgenza di conoscere, esplorare talmente dirompente che è difficile farli stare fermi. In aggiunta a ciò, a questa età la loro capacità di concentrazione è ancora molto limitata. Se si manifesta in età scolare (5-7 anni), l'instabilità comportamentale, che spesso fa preoccupare genitori e insegnanti, può essere la reazione del bambino a una situazione di stress, di ansia, alle nuove esigenze scolastiche, un modo di reagire a eventi che lo hanno turbato. Il corpo è, per i bambini, il canale principale di espressione di disagio e tensione psicologica. L'iperattività, quindi, può essere una reazione a una situazione familiare complessa (la nascita di un fratellino, la morte di un nonno o di una persona cara, un periodo di particolare tensione all'interno della famiglia). Ma attenzione: l'irrequietezza reattiva di quelle che vengono definite "piccole pesti" va tenuta distinta da un'altra forma di instabilità i cui sintomi, per quanto simili, rimandano a un disturbo un po' più serio: il "deficit dell'attenzione".

Come si possono distinguere?

Nel caso di un "deficit dell'attenzione", la difficoltà a concentrarsi e l'irrequietezza si assommano a difficoltà motorie di vario tipo, a ritardi nell'apprendimento, anche in età scolare avanzata, a disturbi del controllo sfinterico e a segni neurologici che possono essere evidenziati mediante elettroencefalogramma.

Che cosa può scatenare un atteggiamento di "instabilità comportamentale"?

Un bambino ipercinetico è un bambino che, in fondo, con il suo comportamento di movimento continuo o con l'attitudine a danneggiare gli oggetti, cerca di scappare da qualcosa che lo spaventa, da un pericolo simbolico o reale ben presente nella sua mente. Il suo mettersi continuamente in situazioni di pericolo, il suo costante agitarsi, quasi a fuggire da un luogo all'altro, senza tregua, deve essere interpretato, pertanto, come una richiesta di attenzione e/o come una modalità che egli adopera sia per scaricarsi sia per "distrarre" e/o attrarre adulti troppo impegnati dai loro conflitti personali o dai loro problemi di vita e di lavoro e/o per segnalare loro un disagio profondo.

Ma non solo: i suoi atteggiamenti distruttivi, spesso, hanno la funzione di scaricare sugli oggetti sentimenti di rabbia molto forti che non trovano altra via di espressione; di rendere manifesti, quasi il bambino fosse in veste di "interprete", le tensioni, gli odi, i conflitti che egli sente in famiglia e che, assai spesso, gli adulti stessi non sono capaci di esprimere in modo diretto o che esprimono in maniera ambivalente, confusa, distruttiva, violenta. Come dire che il bambino ipercinetico è un po' "la cartina di tornasole" della "instabilità comportamentale familiare". Perciò, prima di dire che un bambino è "una peste", bisognerebbe vedere se e quanto sia stato contagiato dalla "peste emotiva" che regna nella sua famiglia o nell'ambiente educativo, sociale, culturale in cui vive. O se, infine, tutto questo suo "muoversi" non sia una "strategia" per scuotere, ad esempio, un genitore fortemente depresso e/o malato e/o indifferente.

Come affrontare una "piccola peste"?

Quando a comportarsi da vero e proprio diavoletto è un bambino di 2-3 anni, bisogna avere pazienza, lasciarlo esprimere, evitare di sgridarlo o inibirlo. Un atteggiamento duro, autoritario non farebbe altro che stabilizzare questo tipo di comportamento, rischiando di accentuarlo e/o di prolungarlo anche in epoche successive dello sviluppo.

Quando, invece, a manifestare i sintomi di una instabilità, tanto motoria quanto psichica, sia un bambino di età maggiore, è bene approfondire accuratamente che cosa nasconda quel comportamento e quali siano le cause che lo hanno provocato.

Cerchiamo di capire se nostro figlio stia attraversando un periodo particolarmente difficile, se quella sia una modalità specifica di metabolizzare l'ansia o un tentativo di superare una difficoltà che non sa affrontare altrimenti. In tutti questi casi, è bene innanzitutto tranquillizzarlo, evitando punizioni o rimproveri, ma cercando, se è possibile, di instaurare con lui un dialogo aperto attraverso il quale possa confidarci ciò che lo preoccupa.

Quando, invece, è bene consultare un esperto?

Quando accanto alla instabilità comportamentale si presentano altri sintomi, come, ad esempio, difficoltà ad addormentarsi, rifiuto del cibo o, al contrario, richiesta continua di qualcosa da mangiare, scatti di aggressività non motivata, ecc., è importante chiedere l'aiuto e il consiglio di un esperto per valutare con maggiore attenzione la situazione.

IN SINTESI

1. Lasciamo che i bambini si esprimano fisicamente, tramite l'esplorazione dell'ambiente circostante, evitando di sgridarli o inibirli.

2. Ricordiamo, con l'aiuto dei nostri genitori, quando anche noi eravamo delle "piccole pesti".

3. Cogliamo il valore di messaggio ("ho bisogno di aiuto...") che, in alcuni casi (stress dovuto a problemi emotivi, disagi, incomprensioni...), l'irrequietezza reiterata ed estrema può esprimere.

4. Verifichiamo l'eventuale collegamento che esiste tra l'irrequietezza dei bambini e un nostro momento di particolare disagio (depressione, conflitti all'interno della famiglia...).

5. Non sottovalutiamo l'irrequietezza, soprattutto quando si accompagna ad altri sintomi, nei bambini dai 7-8 anni in su: in tal caso, rivolgiamoci a un esperto.

PER SAPERNE DI PIÙ

JEANNE VAN DER BROUCK, *Manuale ad uso dei bambini che hanno genitori difficili*, Raffaello Cortina Editore, Milano 1993.

ANNE MARIE VENNER, *Giochiamo col corpo*, Franco Angeli, Milano 1994.

Quando morde

Alcuni comportamenti infantili particolarmente aggressivi, come il graffiare, il mordere o il tirare i capelli, suscitano preoccupazione nei genitori: "Mio figlio è un violento?" si chiedono perplessi. Quale spiegazione è possibile dare a certi atti? Sono da considerarsi assolutamente normali?

L'aggressività di questi comportamenti è spesso un modo attraverso il quale i bambini manifestano il proprio dissenso rispetto ad atteggiamenti adulti che non "digeriscono". Senza tralasciare, poi, che dietro quegli "attacchi" c'è spesso un grande desiderio di amore, attenzione, ascolto. Tutte richieste che vanno accolte prima di passare al "contrattacco".

Ma come mai un bambino arriva al punto di mordere a sangue un amichetto, il fratellino, la mamma o il papà?

Tra i 15 e i 30 mesi, l'aggressività infantile, espressa soprattutto con morsi e calci, è molto frequente e, quasi sempre, è dovuta alla ancora goffa capacità dei bambini di tenere a bada le pulsioni, di gestire e distinguere le emozioni negative da quelle positive. Un ruolo determinante, poi, ha anche la valutazione "adulta" che, spesso, si fa di tali gesti. Per noi, un morso determina dolore: lo consideriamo, quindi, una manifestazione di cattiveria e, proiettivamente, attribuiamo tali sentimenti al bambino che morde. In realtà, nelle intenzioni del piccolo non c'è quasi mai questa specifica connotazione. Nello stesso tempo, poi, come afferma anche lo psicologo dell'infanzia Harry Ifergan, non siamo forse noi stessi che spesso includiamo nelle coccole "tenere morsicature" e affermazioni del tipo "ti mangerei di baci"? Difficile che i bambini piccoli possano comprendere il sottile confine che separa il "come se" dal "vero"! Al contrario, è molto probabile che essi, in qualche modo, cerchino di imitarci, riproducendo, in forma forse troppo realistica, i nostri gesti. Infine, non dimentichiamo che, intorno ai 2 anni, l'oralità ha un ruolo preponderante nella vita del bambino. Vale a dire che tutte le conoscenze, le esplorazioni infantili trovano nella bocca "lo strumento" preferito di verifica. Così, portare alla bocca le cose, serve per conoscerle, per assaggiarle, perimetrarle, sondarne la consistenza.

Questo significa che bisogna lasciarli fare?

Nei bambini di età compresa tra i 12 mesi e i 3 anni, gli atteggiamenti aggressivi rientrano ampiamente nella normalità, mentre possono assumere una connotazione diversa, più preoccupante, nell'età della latenza (intorno ai 7-8 anni) e nella preadolescenza. Infatti, intorno ai 4-5 anni gli impulsi aggressivi cominciano a essere espressi soprattutto a livello verbale oppure trovano una loro via di scarico nell'immaginario. Questo significa che la progressiva stabilizzazione della capacità di elaborare e di esprimere a livello simbolico l'aggressività e la frustrazione devono farci valutare con molta attenzione comportamenti aggressivi e violenti, con frequenti passaggi all'atto, presenti in bambini di età superiore ai 6-7 anni. Se i morsi continuano a far parte dell'approccio tipico del bambino, è importante chiarire che cosa ci sia dietro quel suo atteggiamento. Un atteggiamento che può costituire tanto una reazione a situazioni conflittuali che turbano o hanno turbato il bambino, quanto una prima manifestazione di problemi psicologici più complessi che richiedono il sostegno di un esperto che indirizzi nel modo migliore il nostro intervento.

Di fronte all'irruenza e all'oppositività dei primi anni di vita (in quell'età in cui abbiamo definito normali ed "evolutivi" gli atteggiamenti aggressivi del bambino), basterà invece guidare e incanalare l'aggressività del bambino, intervenendo in modo fermo solo quando vengano superati certi limiti, e impegnandolo in giochi (anche il fare a pugni con il cuscino, per esempio, o morderlo, giocare al gioco del leone che morde o del cagnolino alle prese con l'osso, ecc.) o attività attraverso cui possa liberare la tensione in eccesso. Non dimentichiamo, infatti, che i bambini spesso desiderano, sia pure inconsciamente, che l'adulto circoscriva il loro agire e li limiti quando è necessario.

IN SINTESI

1. Ricordiamo che mordere è un'esperienza primaria di grande importanza legata anzitutto alla fase della dentizione e che il mordere è una modalità conoscitiva (i bambini inizialmente portano tutto, cibo, giocattoli, oggetti, parti del proprio corpo e di quello altrui in bocca per "saggiarne" la consistenza e sperimentarne le forme).

2. Individuiamo chi in famiglia usa espressioni del tipo "ti mangerei". Certi "orchi" anche affettuosi spingono il bambino a imitarli.

3. Cerchiamo di capire se il comportamento di nostro figlio è semplicemente un atteggiamento evolutivo o se dietro il suo mordere vi sia la manifestazione di una tensione legata a difficoltà di relazione con gli altri.

4. Verifichiamo se il comportamento di nostro figlio sia generalizzato o se i suoi morsi siano riservati a qualche persona in particolare della famiglia (mamma, papà, fratello più piccolo, compagni di gioco…).

5. Non esitiamo, se questo comportamento persiste anche dopo i 4-5 anni, a indagare le cause profonde di quella modalità comunicativa, consultando un esperto.

PER SAPERNE DI PIÙ

HARRY IFERGAN - ETIENNE RICA, *Ma che gli frulla per la testa. Cosa pensano i bambini da 0 a 6 anni*, Piemme, Casale M. 1999.

MASAL PAS BAGDADI, *Ti cuocio, ti mangio, ti brucio e poi ti faccio morire*, Rizzoli, Milano 1992.

Quando si mangia le unghie

Mangiarsi le unghie. Una delle abitudini più combattute dai genitori, dura da contrastare e che "resiste" a ogni tipo di "antidoto": smalti amarissimi, polverine, minacce di punizioni, promesse di regali. Come fare a ottenere che i bambini abbandonino questa fastidiosa attitudine?

L'onicofagia, l'abitudine a rosicchiarsi le unghie, così come il succhiare il pollice o l'amatissimo "ciuccio" sempre in bocca stanno a indicare, di solito, un permanere di bisogni orali o la presenza di impulsi aggressivi che non trovano altra via di espressione. La prima cosa da sottolineare è che esiste una relazione molto forte tra oralità e legame affettivo. Infatti, la prima forma di comunicazione tra madre e bambino è mediata dall'alimentazione. Tra le braccia protettive della madre, circondato (si spera!) da affetto e calore corporeo, il neonato guarda il volto della madre fissandola negli occhi ogni volta che si stacca e, poi, di nuovo si attacca al seno materno o al biberon.

Un dialogo di muto, reciproco amore; un flusso silenzioso e forte, una corrente d'affetto che va a rinforzare, nel neonato, la soddisfazione e la pienezza già connesse all'alimentarsi. Nel crescere, poi, il seno materno viene via via sostituito dal ciuccio e da altri surrogati orali. I quali verranno, in successivi passaggi, eliminati fino al ridimensionamento dell'attenzione centrata sulla zona orale e al suo "spostamento" su altre zone erogene. Nell'adulto insoddisfatto e dipendente, i "surrogati" possono assumere la forma di abitudini deleterie quali il tabagismo o l'attitudine a bere e/o a mangiare esageratamente. Insomma, una fissazione alla fase orale dello sviluppo che alimenta e fa da supporto a comportamenti psicologici "a rischio".

Comunque tutti noi, in un modo o in un altro, in misura diversa, rimaniamo intimamente legati a quella fase dello sviluppo psicoaffettivo che è la fase orale. Così, anche nel bambino (o nell'adulto) che si rosicchia le unghie possiamo individuare la matrice di un analogo disagio.

Spesso, infatti, analizzando l'anamnesi di questi bambini (o facendo l'anamnesi a questi adulti) si scopre che essi hanno avuto problemi nell'allattamento o perché non sono stati allattati e/o perché sono stati staccati precocemente dal seno o perché, comunque, non hanno avuto la possibilità di elaborare la perdita del seno materno. A questo proposito, mi viene in mente un bambino che, alla nascita del fratellino, insisteva affinché sua madre lo allattasse così come faceva con il piccolino. Oltre alla naturale gelosia per il nuovo arrivato, quel bambino rivendicava il diritto che, in passato, gli era stato negato: subito dopo la nascita, infatti, era stato allattato da persone diverse, occasionali, ma non da sua madre, rimasta in ospedale per oltre un mese a causa di un'emorragia post parto. Ciò che a questo bambino era mancato, chiaramente, non era il cibo in sé, ma il rapporto con la madre, il contatto corporeo con lei che gli era venuto meno nelle primissime fasi della sua vita.

Insomma, "mangiarsi le unghie" è un po' come esprimere la nostalgia per quel rapporto simbiotico, esclusivo, essenziale con la madre autoalimentando noi stessi con qualcosa che appartiene al nostro stesso corpo: le unghie, appunto. Per dire che ci manca un rapporto corporeo più stretto e che vorremmo ricrearlo?

In un certo qual modo sì, ma non solo. Mangiarsi le unghie ha a che fare anche con la rabbia, l'aggressività. Una rabbia inespressa che il bambino tende a rivolgersi contro, aggredendo, appunto, una parte del suo corpo. Possono rientrare in questa categoria anche atti autolesionistici come, ad esempio, lo strapparsi i capelli (tricotillomania).

Perché?

I bambini spesso hanno dentro un mix di sentimenti positivi e negativi: basti pensare alla "fase edipica" nella quale il maschietto è combattuto tra l'amore per la mamma, il desiderio di mettere fuori gioco il papà per non avere più rivali e la paura che questi desideri "proibiti" determinino ritorsioni o, addirittura, si realizzino. Lo stesso dicasi per la bambina nei confronti della madre, allorquando ella desidera "sposare il papà" per insediarsi al suo posto, pur se è combattuta tra questo desiderio e il profondo amore e legame che sente per la madre stessa.

Ecco, quindi, che i bambini si rosicchiano le unghie, spesso fino al punto di sanguinare, poiché non riescono ad accettare e, soprattutto, a gestire la loro ambivalenza. E, ancora, capita ai bambini di provare odio, avversione o antipatia verso la mamma perché magari non ha soddisfatto una loro richiesta o nei confronti del papà perché li ha rimproverati. Sentendosi in colpa per questi "vissuti negativi", i bambini si autopuniscono aggredendo il loro corpo. La repressione dell'aggressività si può vedere, simbolicamente, anche nell'atto di eliminare una parte del corpo, le "unghie-artigli", che, ad esempio negli animali, hanno una funzione aggressiva e difensiva. Eliminarle significa, quindi, allontanare la possibilità di far del male agli altri. Del resto ci sono poi molte altre situazioni di ansia, stress, paura, confusione dalle quali i bambini si possono sentire minacciati (in famiglia, a scuola, nel sociale) e che li fanno ricorrere volentieri alla "regressiva consolazione" di contattare la bocca.

Che cosa si può fare per affrontare il problema?

Innanzitutto bandendo minacce e castighi. A che serve, infatti, rimproverare il bambino per impulsi che sono per lui assolutamente ingovernabili? Con un comportamento del genere si rischia di aumentare la sua ansia (dal momento che quel rosicchiare è proprio un modo per scaricare la tensione, una minaccia potrà solo aumentare quell'ansia), e spingerlo, quindi, a rosicchiare ancor di più! Del resto, molti genitori avranno direttamente sperimentato l'assoluta inutilità di polverine e smalti amari. Anche questi, infatti, sono espedienti che non fanno altro che aumentare l'ansia e il senso di colpa o di inadeguatezza del bambino. E, in quanto tali, contribuiscono a "fissare" il suo comportamento. Bisognerebbe, allora, chiedersi che cosa c'è dietro il sintomo del bambino e andare incontro alle sue reali richieste. Magari aiutandolo a esprimere i sentimenti che stanno dietro il "rosicchiare" ovvero la rabbia, l'aggressività, le tensioni, le gelosie, il desiderio di essere coccolato come un bimbo piccolo. Ma anche trovando insieme modalità alternative per scaricare la tensione. Il bambino, in contesti protetti come il gioco, percependo la sua aggressività come meno distruttiva, può, infatti, sentirsi più libero di “arrabbiarsi” e di esprimere senza timore tutti i suoi sentimenti negativi. Valgono, anche in questo caso, i consueti suggerimenti: sport e giochi all’aria aperta, attività suggerite dai genitori o svolte con loro. E, poi, tutto ciò che aiuti il bambino a spostare il meccanismo distruttivo da se stesso (le sue unghie) a qualcosa di esterno, con l’aiuto, il sostegno, la protezione, il contenimento di adulti dei quali si fida: educatori, animatori, psicoterapeuti, psicologi e, naturalmente, genitori capaci, esperti, contenitivi. (Ad esempio: tirare pugni a un cuscino; correre per un parco in compagnia lanciando urla fortissime, insomma, “giocare a chi urla più forte” per sfogare la rabbia o la tensione; bucare con la matita, oppure tagliuzzare o appallottolare dei fogli di carta sui quali prima si possono disegnare o scrivere le cose, le situazioni che fanno arrabbiare il bambino.)

IN SINTESI

1. Ricordiamo che certe “abitudini” di solito stanno a indicare o un permanere di bisogni orali (rassicurazioni centrate sulla bocca, ripetizione regressiva di movimenti sospesi tra suggere e mordere) o la presenza di impulsi aggressivi che non trovano altre vie di espressione.

2. Verifichiamo se nostro figlio ha avuto problemi inerenti all’allattamento.

3. Chiediamoci se e fino a che punto anche noi abbiamo ancora bisogni orali irrisolti (fumiamo, mangiamo in eccesso, beviamo molto…).

4. Teniamo presente il ruolo che l’aggressività inespressa riveste nell’onicofagia.

5. Evitiamo punizioni, polverine amare o promesse di doni: cerchiamo invece di coinvolgere il bambino in attività piacevoli che possano aiutarlo a scaricare la tensione.

PER SAPERNE DI PIÙ

JOHN BOWLBY, *Attaccamento e perdita: l'attaccamento alla madre*, vol. 1, Bollati Boringhieri, Torino 1989-1992.

–, *La separazione dalla madre*, vol. 2, Bollati Boringhieri, Torino 1978-1992.

–, *La perdita della madre*, vol. 3, Bollati Boringhieri, Torino 1992.

–, *Una base sicura,* Raffaello Cortina Editore, Milano 1988-1993.

Quando soffre di tic

Ammicca. Fa l'occhiolino in continuazione. Oppure emette strani suoni gutturali. O fa schioccare dita e lingua. Allora ci preoccupiamo. Si tratta di un "tic"? Ma che cos'è esattamente un tic e quando si manifesta?

I tic rientrano nella categoria dei disturbi delle condotte motorie. Si manifestano sotto forma di movimenti rapidi e coordinati che interessano tanto la mimica facciale quanto la gestualità del corpo, ripetendosi con un'intensità legata, nella maggior parte dei casi, al livello di tensione del bambino e indipendentemente dalla sua volontà.

I più frequenti sono: sbattere le palpebre, spostare gli occhi, sollevare le spalle, scuotere la testa, aggrottare le sopracciglia, riprodurre curiosi suoni attraverso rapidi movimenti della lingua. Anche se all'inizio il tic può costituire una semplice reazione a una situazione momentanea di ansia (una malattia, un conflitto all'interno dell'ambiente familiare o un conflitto edipico legato alla crescita, una separazione da luoghi o persone cari, disagi a scuola, situazioni di emarginazione, conflitti nell'ambiente sociale intorno al bambino, ecc.), in bambini con una particolare propensione alla scarica motoria (cioè con l'attitudine a liberare la tensione attraverso la manipolazione del corpo o l'instabilità comportamentale), il tic può assumere la connotazione di una forma specifica di reazione agli eventi, profondamente ancorata al corpo. In tal caso, il tic è una via privilegiata di scarico delle tensioni.

C'è un'età specifica per l'insorgenza dei tic? E, soprattutto, che significato hanno?

Generalmente i tic si manifestano tra i primi cinque anni di età e la pubertà e si instaurano poco alla volta. All'inizio, come dicevamo poc'anzi, possono costituire una reazione a una situazione conflittuale vissuta dal piccolo, a un momento di particolare tensione emotiva che non trova altre vie di espressione.

Successivamente, anche in seguito all'influenza dell'ambiente circostante, possono permanere anche in assenza del conflitto da cui si sono originati e diventare una via di scarica preferenziale delle tensioni emotive. Accade, quindi, o che il tic si stabilizzi nel bambino, aumentando di frequenza e intensità in momenti di stress particolarmente intensi, o che compaia e scompaia in relazione alla presenza e assenza di una condizione di tensione emotiva.

Ricorda Piergiorgio Foglio Bonda, psicoterapeuta, che, tra i fattori che scatenano i tic, grande rilevanza ha l'insoddisfazione affettiva del bambino, assai spesso di origine familiare e legata a precoci e reiterati abbandoni o a iperprotezione o a eccesso di severità da parte dei genitori o di figure affettive ed educative di riferimento o a rivalità fraterne o a complessi d'inferiorità e gelosia. Egli sottolinea altresì che l'insoddisfazione affettiva può essere rinforzata da altri fattori concomitanti legati allo sviluppo psicosessuale del bambino: ad esempio una forte impulsività repressa (aggressiva o sessuale), come la rabbia collegata alla nascita di un fratellino o la repressione di attività masturbatorie. Possono, inoltre, essere presenti nel bambino particolari sentimenti di colpa o un elevato livello di ansia. C'è da dire, infine, che in alcuni casi specifici, malgrado i tic siano quasi sempre inconsapevoli, può capitare che il bambino li esibisca "volontariamente" per attirare l'attenzione dei genitori.

L'atteggiamento dei genitori e, in generale, dell'ambiente che circonda il bambino alle prime manifestazioni dei tic, ha una grande importanza per la loro evoluzione. È chiaro, infatti, che se il tic si associa a una situazione di tensione o ansia eccessiva, ad atteggiamenti aggressivi, proibitivi o ridicolizzanti da parte dei genitori o degli adulti, tali minacce, punizioni o rimproveri non possono far altro che innalzare ulteriormente il livello d'ansia, stabilizzando i tic o aumentandone l'intensità e la frequenza. Conseguentemente, nelle prime fasi di manifestazione dei tic, è bene non sottolinearlo avendo cura, nel contempo, di aiutare il bambino a scaricare la tensione eccessiva nel gioco o in altre attività corporee e a tranquillizzarlo circa le sue richieste affettive e di attenzione.

E se i tic sono ormai persistenti?

In tal caso potrebbe essere utile una breve terapia psicomotoria attraverso cui il bambino possa imparare a rilassarsi e a liberare la tensione in eccesso. L'intervento psicoterapeutico poi potrebbe rivelarsi necessario nei casi in cui i tic si associano ad altri disturbi (instabilità psicomotoria, onicofagia, comportamenti autolesionistici, ecc.) o a fattori psicodinamici e psicosociali legati alle tappe evolutive della crescita del bambino.

IN SINTESI

1. Ricordiamo chi nella nostra famiglia di origine o tra i parenti soffriva di tic e ricordiamo i nostri tic (se ne abbiamo avuti!).

2. Ricordiamo che i tic rappresentano un modo di reagire agli eventi stressanti ancorato al corpo.

3. Ricordiamo che promesse e rimproveri "fissano" i tic, i quali diventano, così, una via privilegiata di scarico delle tensioni attraverso il corpo.

4. Osserviamo in quali occasioni i tic dei bambini si manifestano in modo particolare e in presenza di chi.

5. Ricorriamo, se è necessario, a una breve terapia psicomotoria attraverso la quale il bambino possa imparare a rilassarsi e a liberare la tensione in eccesso.

PER SAPERNE DI PIÙ

FRANÇOISE DOLTO, *Parlandone è più facile*, Emme Edizioni, Milano 1982.

–, *Quando c'è un bambino*, Emme Edizioni, Milano 1979.

PIERGIORGIO FOGLIO BONDA, *I disturbi psicologici dello sviluppo infantile*, Franco Angeli, Milano 1993.

Quando balbetta

La balbuzie rappresenta uno dei motivi di consultazione pediatrica più frequente, soprattutto se il suo esordio si colloca nel periodo scolastico. Alcuni bambini balbettano in modo ricorrente, altri lo fanno solo quando sono emozionati, altri ancora mostrano questa difficoltà nel parlare solo in un certo periodo della loro infanzia. Che cos'è veramente la balbuzie?

La balbuzie rientra nella categoria dei disturbi del linguaggio. Compare tra i 5 e i 7 anni e non va confusa né con la balbuzie detta "fisiologica", legata – come ricorda Umberto Galimberti – alle difficoltà che insorgono, nei primissimi anni di vita, con l'apprendimento del linguaggio, né con la balbuzie "evolutiva" che caratterizza il periodo intorno ai 3-4 anni, nel quale "il materiale da esprimere" supera le reali possibilità espressive del bambino (vedi l'impetuosità discorsiva di alcuni bambini). Generalmente si distingue tra due forme diverse di balbuzie che, di solito, troviamo associate. Può esserci, infatti, o una ripetizione convulsiva di una sillaba, nella maggior parte dei casi posta all'inizio di una frase («Da... da... dammi la bambola...») oppure l'impossibilità di emettere qualsiasi suono a causa di uno spasmo muscolare che per qualche secondo o minuto blocca l'intera frase. La difficoltà del bambino balbuziente sembra essere soprattutto quella di trasformare in parole ciò che egli sta pensando. È questo il motivo per cui, nelle situazioni di stress (un po' come succede all'adulto che dice: «Non riesco a parlare…, non trovo le parole…»), l'impaccio diventa molto più forte.

Perché un bambino comincia a balbettare?

Molto spesso, la balbuzie compare all'improvviso, nell'infanzia o nell'adolescenza, in seguito a uno shock affettivo o emotivo. In seguito, può trasformarsi in un disturbo stabile, ma ciò è dovuto soprattutto alle influenze ambientali (scherno, tentativi ripetuti di correzione, attenzione eccessiva al balbettio...). Così come in altri disturbi infantili, all'origine della balbuzie ci sono spesso situazioni di forte conflittualità: elevati livelli di ansia, esprimere o non esprimere l'aggressività, dire o non dire certe cose, ribellarsi o non ribellarsi a situazioni che creano disagio. Tanto più quando rientrano nella sfera somatica. Il sintomo, infatti, rappresenta, quasi sempre, il tentativo del bambino di risolvere un dilemma troppo grande per la sua capacità di elaborare la sofferenza psicologica.

Il bambino affetto da balbuzie, poi, produce, assai spesso e soprattutto negli altri bambini, reazioni di scherno e ilarità. Ciò accresce notevolmente il suo disagio e lo spinge a moltiplicare gli sforzi per superare la difficoltà nel parlare. Tutto questo sortisce l'effetto contrario e accentua, anziché attenuare, il suo bloccarsi sulle parole. Una forma transitoria di balbuzie è stata inoltre riscontrata nei bambini bilingue, cioè in quei bambini che, avendo genitori di differenti nazionalità o vivendo in un Paese straniero, parlano due lingue. Esiste, infine, una forma di balbuzie che il bambino assorbe, via via che cresce, dall'ambiente in cui vive, come una sorta di codice linguistico. Questo accade quando uno dei genitori è, a sua volta, balbuziente e il bambino tende a imitarlo.

Che significato può avere la balbuzie, e come dobbiamo comportarci con un bambino balbuziente?

Nella maggior parte dei casi, la balbuzie costituisce una modalità attraverso la quale il bambino esprime una forte tensione che non trova altra via di sbocco, oppure cela la presenza di desideri, impulsi, paure che creano nel piccolo una situazione fortemente conflittuale. Non a caso, i bambini che soffrono di questo disturbo sono di solito molto timidi, sensibili, introversi, con grosse difficoltà a esprimere manifestamente conflitti e impulsi. Tale particolare ci suggerisce, quindi, che la maniera migliore per aiutare il bambino è metterlo in condizione di esprimere la tensione in eccesso. La terapia psicologica frequentemente usata in questi casi (accanto alla logoterapia) è quella ludica in cui, per l'appunto, il bambino viene aiutato attraverso il gioco a scaricare l'aggressività. Nel caso in cui la balbuzie rappresenti un temporaneo episodio regressivo, dovuto a momenti di particolare difficoltà del bambino (la nascita di un fratellino, l'inizio della scuola, un trasloco...), si corre il rischio di "fissare" il disturbo, facendolo diventare molto più grave di quanto non sia realmente. L'influenza ambientale, in tal senso, è determinante: solo rasserenando l'ambiente in cui vive il bambino ed evitando di focalizzare l'attenzione sul sintomo, infatti, sarà possibile ottenere una sua rapida e spontanea remissione. L'intervento di uno specialista, invece, sarà necessario se il disturbo dovesse permanere anche oltre la scomparsa della causa che l'aveva determinato.

IN SINTESI

1. Andiamo indietro nel tempo: verifichiamo se da bambini o adolescenti c'è capitato, anche per brevi periodi, di balbettare o se c'era qualcuno in famiglia che balbettava.

2. Ricordiamo quali sentimenti provavamo, nel caso di una nostra personale esperienza del balbettare, per il nostro (o altrui) problema.

3. Evitiamo in ogni caso, come in altre situazioni, di concentrare l'attenzione sul disturbo di nostro figlio trasformando questa attenzione in un'applicazione e/o in una sottolineatura del "problema".

4. Alleiamoci con gli insegnanti affinché il bambino sia tutelato, quanto più è possibile, da derisioni o rimproveri.

5. Se il problema dovesse persistere, prendiamo in considerazione l'eventualità di consultare un esperto. Mettiamoci personalmente in discussione indagando quali problemi abbiamo o quali problemi ci sono in famiglia che creano tensioni.

PER SAPERNE DI PIÙ

SILVIA VEGETTI FINZI - ANNA MARIA BATTISTIN, *I bambini sono cambiati*, Mondadori, Milano 1996.

ALBA MARCOLI, *Il capretto balbuziente*, in *Il bambino arrabbiato, favole per capire le rabbie infantili*, Mondadori, Milano 1996.

Quando il linguaggio ci preoccupa

I problemi legati al linguaggio rappresentano uno dei motivi di consultazione medico-psicologica più frequenti. Un bambino che parla poco (vale a dire che anche dopo i 3 anni ha un vocabolario molto limitato) o che parla male (cioè ha difetti di pronuncia marcati) balza subito all'attenzione generando ansie e preoccupazioni genitoriali. Ma, al di là dell'effettiva presenza di patologie del linguaggio, spesso accade che proprio un'attenzione esagerata dell'ambiente circostante sul problema del bambino finisca per accentuare difficoltà transitorie o per complicare reali problemi di linguaggio con disagi di carattere psicoaffettivo.

Che tipo di difficoltà può incontrare il bambino?

Uno dei problemi più frequenti è il ritardo del linguaggio, caratterizzato sia dal ritardo nella comparsa della prima frase (oltre i 3 anni), sia dal prolungarsi di un linguaggio definito "da bambino piccolo", con uso persistente del verbo all'infinito, impiego scorretto del pronome personale, omissioni di parole.

È chiaro che quando questi disturbi si prolungano oltre il 3°- 4° anno di età, è importante consultare un esperto. Soprattutto per escludere la presenza di problemi fisiologici, quali, ad esempio, una patologia uditiva.

Non dimentichiamo, infatti, che un deficit uditivo anche minimo può determinare un'alterazione profonda della capacità discriminativa fonetica del linguaggio umano e quindi compromettere seriamente l'acquisizione del linguaggio stesso.

Si parla spesso di dislessia: di che cosa si tratta e come si manifesta?

La dislessia è un disturbo legato alla difficoltà di apprendimento della lettura. Essa si manifesta invertendo le lettere (ad esempio "il" anziché "li"), scambiando lettere simmetriche (ad esempio “q” al posto di “p”), troncando completamente simboli grafici. Inoltre, il bambino nel leggere frasi intere non riesce a dare il giusto ritmo e le pause necessarie al suo enunciato.

Ma questo è molto frequente nei bambini che imparano a leggere?

Certo. Le difficoltà di cui parliamo sono normali all'inizio della scolarizzazione: infatti si parla di dislessia “evolutiva” e non è possibile parlare di dislessia specifica prima dei 7-8 anni.

In questi casi, come ricorda Umberto Galimberti (*Dizionario di Psicologia*, Utet, Torino 1994), «la dislessia pur non alterando le generali capacità di apprendimento del bambino, provoca inevitabilmente una diminuzione del rendimento scolastico per le evidenti difficoltà di lettura a cui può accompagnarsi un ritardo linguistico e una certa goffaggine del comportamento derivante da disturbi emotivi conseguenti al deficit».

Quale dev'essere l'atteggiamento dell'adulto di fronte ai problemi del linguaggio del bambino?

Nel ritardo del linguaggio se sono da evitare i metodi coercitivi, le continue sollecitazioni “a parlare bene”, è altrettanto sbagliato ignorare completamente la difficoltà del bambino. Anche in questo caso una valutazione prima pediatrica e poi, eventualmente, specialistica, individuerà il percorso migliore da fare. Ogni bambino è diverso dagli altri!

Nel caso della dislessia, è importante vigilare anche sull'ambiente extrafamiliare. Un atteggiamento dell'insegnante poco rispettoso dei bisogni del bambino e della sua sensibilità può, come dicevamo prima, arricchire il suo problema di notevoli implicazioni psicologiche e complicare notevolmente la situazione.

UN PICCOLO AIUTO

Tappe evolutive nello sviluppo del linguaggio

2-3 mesi: pianto differenziato (diversi tipi di pianto a seconda di quello che esprime: fame, dolore...); inizio dei vocalizzi; lallazione (suoni non specifici in risposta a stimoli non specifici).

6-7 mesi: ecolalia, primi rudimenti di un dialogo tra madre e bambino: risponde alla parola dell'adulto con una specie di melodia omogenea continua; alternanza dei turni (prima parli tu, poi parlo io); ripetizione consonante vocale (papapa-dadada).

9-13 mesi: fa segnali per mostrare, indicare, usa l'adulto come mezzo per raggiungere un oggetto; prime parole singole (riferite a padre, madre, cibo, parole-segnale di saluto e scambio).

2 anni: il suo vocabolario può comprendere fino a 200 parole circa; combinazione di due parole e frase nucleare (ad esempio: «mamma là»).

3 anni: usa circa 800 parole; frase costituita da soggetto, verbo, oggetto, introduzione del pronome io (dopo aver usato sempre "me").

4-5 anni: dal linguaggio implicito a quello esplicito; usa circa 2000 parole; usa frasi subordinate (che, perché), il condizionale, forme interrogative, forme passive.

IN SINTESI

1. Indaghiamo immediatamente, con l'ausilio del medico, per escludere la presenza di una patologia uditiva e verifichiamo quali difficoltà relative al linguaggio, personali o di figure parentali, ci siano state nella nostra famiglia di origine e se ce ne siano, per caso, anche nella nostra attuale famiglia tali da incidere sul disturbo al linguaggio di nostro figlio.

2. Evitiamo le continue sollecitazioni "a parlare bene".

3. Non ignoriamo completamente, però, la difficoltà del bambino. Aiutiamolo, con semplicità, affetto, disinvoltura, a ripetere bene quello che sta dicendo, stimoliamolo ricorrendo ad altre forme di comunicazione: cantare una canzone, recitare.

4. Consultiamo un esperto che sappia valutare se dietro le difficoltà del bambino vi siano problemi di ordine emotivo o se invece si tratti di problematiche inerenti, in modo specifico, al linguaggio.

5. Nel caso della dislessia, vigiliamo anche sull'ambiente extrafamiliare.
Un atteggiamento dell'insegnante poco rispettoso dei bisogni del bambino può contribuire a caricare il disturbo di ulteriori implicazioni psicologiche. Ricordiamo che, con opportune terapie individuali o di gruppo, la dislessia può essere, in gran parte, recuperata.

PER SAPERNE DI PIÙ

MARISA MALAGOLI TOGLIATTI - LAURA TOFANI ROCCHIETTA, *Il gruppo classe. Scuola e teoria sistemico relazionale*, N.I.S., Roma 1990-1992.

DANIEL MARCELLI, *Psicopatologia del bambino*, Masson, Milano 1990.

UGO PIRRO, *Mio figlio non sa leggere*, Rizzoli, Milano 1996.

Pomeriggio

Quando ha un amico immaginario

Capita che i bambini, a volte, si inventino un amico. Un compagno di giochi immaginario con cui parlare, giocare, a cui confidare segreti e raccontare storie. Sentendo i piccoli parlare da soli, vedendoli coinvolti in lunghi e solitari monologhi, a volte incomprensibili, molti genitori si preoccupano. Qual è il significato di questo comportamento?

L'amico immaginario è una presenza molto frequente nella vita di un bambino. Comincia a fare la sua prima apparizione intorno ai 2-3 anni circa e, spesso, permane nel suo mondo fantasioso fino ai 7-10 anni. Questa modalità "ideativa", capace di creare una presenza benevola, affettuosa, calda, accogliente, può essere considerata come un equivalente della riflessione negli adulti. Anche agli adulti, infatti, capita a volte di ragionare tra sé e sé o di dire qualcosa a voce alta rivolgendosi alla propria immagine riflessa nello specchio. L'"amico fantasma" permette ai bimbi di ripensare alle esperienze fatte, di elaborarle, di rivisitarle, di trasformarle. Ma la funzione dell'amico immaginario va anche oltre poiché egli, a volte, permette al bambino di compensare sia le tensioni della vita quotidiana, sia quelle inerenti ad alcuni importanti momenti dello sviluppo. Spesso, infatti, l'amico immaginario interviene in periodi di stress, dopo un grande dolore e, in questo caso, ha la funzione di una sorta di "consolatore" sempre disponibile. L'invisibile compagno può assumere, di volta in volta, il ruolo e la funzione di cui il bambino sente maggiormente la necessità in quel particolare momento. Ricordo, fra tutti, un ragazzino di otto anni, il quale manteneva vivo il "fantasma buono" del suo amico immaginario al punto di dargli un nome e un cognome e, perfino, un volto da lui stesso disegnato.

A questo amico immaginario, il bambino prestava grande attenzione e cura e confidava giornalmente i problemi della famiglia. Poi, a pranzo e a cena riferiva a tutta la famiglia i suggerimenti, peraltro molto pratici e pieni di buon senso, che l'amico immaginario gli dava. Si trattava, naturalmente, di un modo indiretto di esprimere la sua opinione in merito alle tensioni familiari e di fare comprendere ai genitori quale sarebbe stato, a suo avviso, il modo migliore per farle cessare. Infatti, sua madre aveva avuto gravi problemi con una suocera invadente e possessiva, e per questo il bambino e i suoi fratelli avevano sofferto. La nonna, inoltre, non frequentava più la loro casa. Un giorno, poi, quel bambino volle che sua madre spedisse all'amico immaginario l'invito per la sua ottava festa di compleanno e chiese di invitare anche la nonna per poterle presentare quel suo "speciale" amico. Dopo la spedizione degli inviti, che la madre aveva accettato di fare nonostante l'evidente inesistenza di quel compagno di suo figlio, l'amico immaginario sparì e non tornò più. Aveva, ormai, assolto al suo compito, ovvero aveva permesso alle due donne di rincontrarsi almeno in occasione di una festa familiare.

Allora è consigliabile "far finta di niente"? Oppure è utile conoscere il dialogo che intercorre tra il bambino e l'amico?

Fermo restando che si tratta di giochi del tutto normali, è comunque utile entrare, senza essere invadenti o giudicanti, nello spazio in cui dimora l'amico immaginario, per poter, anche noi, dialogare e giocare con lui. Questo ci consentirà di conoscere in maniera profonda il nostro bambino che, attraverso la "voce" dell'amico, potrà sentirsi libero di raccontare tanto di sé, anche di quei "dolori" e di quei desideri inconfessabili che ci riguardano direttamente. Detto questo, è pur vero che l'amico immaginario può essere la reazione alla solitudine: non a caso questa produzione fantastica si riscontra con grande frequenza nei figli unici, in bambini timidi, in ragazzini che vivono in un ambiente familiare poco aperto all'esterno. Soltanto quando diventa una specifica modalità di evasione dalla realtà, è importante intervenire, per evitare che la fantasia invada la vita del bambino e, via via, gli impedisca di percepire la distinzione tra gioco e realtà.

Consigliamo inoltre ai genitori una grande cautela quando l'abitudine di parlare a un amico immaginario permanga nella fase preadolescenziale (dai 10-11 anni in su). In tal caso, infatti, quel gioco potrebbe anche indicare un disagio psicologico che conviene indagare più a fondo.

IN SINTESI

1. Ricordiamo se c'era un amico immaginario anche nella nostra infanzia o se qualcuno dei nostri fratelli ne aveva uno.

2. Osserviamo se qualcuno in famiglia ha l'abitudine di "borbottare" tra sé e sé, anche se è ormai adulto.

3. Teniamo presente che l'"amico immaginario" è per i bambini un equivalente della riflessione negli adulti, nonché un modo di compensare le tensioni, di ripensare alle esperienze fatte, di elaborarle e di sopportarle meglio, quando essi si sentono poco felici.

4. Facciamo in modo che l'utilizzo dell'"amico immaginario" non diventi un modo per il bambino di rinchiudersi in se stesso e di evitare il contatto con i coetanei e con gli adulti dai quali, forse, potrebbe non sentirsi accettato, compreso, gratificato.

5. Ricordiamo che quello dell'amico immaginario rientra nei giochi del tutto normali ma che è preferibile "tenerlo sotto controllo" quando permanga nella fase preadolescenziale (dai 10-11 anni in su) e si accompagni a sintomi di disagio psicologico.

DA FARE INSIEME

Un film da vedere insieme: *Bogus, l'amico immaginario*, regia di Norman Jewison, con Gérard Depardieu, Whoopi Goldberg.

PER SAPERNE DI PIÙ

LUIGI CANCRINI, *Dialoghi col figlio*, Editori Riuniti, Roma 1992-1993.

LUIGI CANCRINI - CECILIA LA ROSA, *Il vaso di Pandora*, Carocci, Roma 1992-1993.

TILDE GIANI GALLINO, *Marecage: il compagno immaginario nello sviluppo cognitivo*, in *Età evolutiva*, vol. 42, Bollati Boringhieri, Torino 1993.

–, *In principio era l'orsacchiotto. Gli animali di peluche e il mondo immaginario dei bambini*, Mondadori, Milano 1996.

MARIA RITA PARSI, *Trilogia della città di R.*, Mondadori, Milano 1999.

Quando vuole fare amicizia

Si sa quanto i bambini abbiano bisogno di amici. Che cosa rende così vitali e necessari questi rapporti?

Per molto tempo si è sottovalutata l'importanza dell'amicizia infantile e della relazione fra coetanei per lo sviluppo affettivo e sociale dei bambini: tutta l'attenzione era infatti concentrata sui rapporti con i genitori, sui legami interni alla famiglia, quale unico nucleo affettivo nei primi anni dell'infanzia. Invece, il bisogno di amicizia è sempre presente nel bambino, fin da piccolo, al punto che non appena comincia a muoversi autonomamente si dirige, come attratto da una calamita, verso altri bimbi come lui, coi quali cerca subito di stabilire un contatto. Ma è con l'età scolare che le relazioni esterne alla famiglia, e in particolare quelle con i coetanei, divengono indispensabili per lo sviluppo emotivo e affettivo del bambino al punto da essere, spesso, considerate un "termometro" in grado di rilevare e segnalare le eventuali situazioni di difficoltà e di disagio che il piccolo sta vivendo.

L'amico d'infanzia non è soltanto un altro bambino con cui giocare, divertirsi e non sentirsi soli. È qualcuno con cui, su un piano di parità, si possono condividere sentimenti, aspirazioni, progetti e segreti che sarebbe impossibile condividere con un adulto. Inoltre, a differenza dei vincoli familiari, i rapporti di amicizia nascono da scelte libere, che dipendono solo dal piccolo, dal suo carattere, dal suo modo di rapportarsi agli altri. Ci sono bambini che prediligono rapporti esclusivi con gli amici del cuore, altri amano assumere ruoli da leader, altri ancora preferiscono aggregarsi, quali partecipi compagnoni o attenti osservatori. L'ampia libertà di scegliere amici e modi di stare insieme rende così intense, vitali e autentiche le amicizie infantili da mantenerle vive nel tempo. L'intensità di questi nuovi legami, spontanei come i sentimenti che solo i piccoli sanno nutrire, danno conferma al bambino che può essere amato e accettato anche al di fuori della sua famiglia.

In che modo l'amicizia e le relazioni fra coetanei favoriscono lo sviluppo sociale del bambino? Che cosa favoriscono queste esperienze?

Fare amicizia, e soprattutto mantenerla, è per il bambino una "verifica del nove" delle sue capacità sociali: solo fra coetanei, infatti, può sviluppare quelle qualità che gli consentono di stabilire rapporti durevoli con gli altri, di affrontare positivamente il confronto e i conflitti che possono derivarne e di sperimentare il senso di appartenenza al "gruppo dei pari", sviluppando sentimenti di solidarietà e di collaborazione. In questi rapporti il bambino impara a comunicare con gli altri in modo diverso, più evoluto e maturo di quanto non avvenga in famiglia con i genitori. Per stabilire con i coetanei una comunicazione positiva, deve infatti imparare una dote essenziale nei rapporti: la capacità di mettersi nei panni dell'altro, uscendo dal proprio egocentrismo infantile. Se per un bambino è impossibile mettersi nei panni di un adulto, a cominciare dai genitori, e immaginare come si sentirebbe lui al loro posto, nel loro ruolo, questo passaggio cruciale diventa invece possibile con una persona simile a lui, un coetaneo. Mentre i genitori tendono a confermare al piccolo la sua posizione infantile, i coetanei propongono e attuano parità di rapporti. E questo stimola il bambino a sviluppare strategie per mantenere un rapporto amichevole, utilizzando le sue doti di tatto, sensibilità e capacità di reagire nelle situazioni conflittuali. Questo "apprendistato sociale" fra coetanei avviene per tentativi ed errori: è l'esperienza che insegna al bambino quali strategie vanno bene e quali no. Si rende conto, ad esempio, che per inserirsi in un gruppo e partecipare alle sue attività occorre una certa flessibilità. E che se non ci si mostra troppo risentiti per un rifiuto, è più probabile venire accettati. Si accorge che i bambini preferiscono fare amicizia con chi sa mostrarsi autonomo, indipendente e non eccessivamente succube rispetto ai compagni o agli insegnanti.

I rapporti con i coetanei aiutano il bambino a sviluppare, oltre al senso della propria identità sociale, anche quello del valore individuale?

È in famiglia, nel rapporto con i genitori, che il bambino costruisce quella "base sicura" da cui scaturisce la stima di sé e la fiducia nelle proprie capacità. Ma è nel confronto con i coetanei che questa fiducia trova una vera conferma sociale. Con loro il bambino, senza sentirsi schiacciato dalla superiorità degli adulti, può scoprire non solo che cosa sa fare, ma come lo sa fare e con quanta abilità.

Con le amicizie si sperimentano gioie ma anche grandi dolori. Rivalità, gelosie, tradimenti provocano ferite che fanno soffrire ogni bambino. Ma c'è chi le supera più facilmente e chi meno. Perché?

È naturale che un bambino soffra, quando si sente tradito. L'amicizia, infatti, si basa su un tacito patto di fiducia, di complicità reciproca. E quando il patto non viene mantenuto, è come essere colpiti alle spalle, proprio da una persona dalla quale si pensava di non aver nulla da temere. Tuttavia non è la leggerezza o la volubilità che spinge molti bambini a superare in fretta il loro dolore e trovare nuovi amici. È piuttosto la capacità di adattarsi a una regola fondamentale dell'amicizia: la libertà. Poiché si tratta di un patto contratto liberamente che può essere, altrettanto liberamente, sciolto.

È proprio questo che rende "vera" l'amicizia, priva di compromessi e ambiguità: la libertà di essere amici o non esserlo più, senza obblighi o costrizioni. Ma non sempre è facile per un bambino vivere in modo fluido, dinamico questa nuova libertà dei sentimenti, che insieme alla possibilità di scelta prevede anche quella del rifiuto e la capacità di accettare questo rifiuto. Spesso i bambini che soffrono di più nei primi legami di amicizia sono quelli che più di altri non tollerano il rifiuto: proprio come accadeva loro quando erano più piccoli e temevano soprattutto abbandoni da parte delle figure genitoriali, parentali, affettive. Così, anche adesso che stanno crescendo, questi bambini continuano a considerare come una regola dolorosa, crudele, a volte proprio inaccettabile, quella che prevede la possibilità che un compagno possa dire: «No, non voglio essere tuo amico», oppure «Non voglio esserlo più». Una crudeltà, poi, che questi ragazzi spesso avvertono solo se sono gli altri a compiere questo passo. Quando ne sono loro gli artefici, sembrano quasi non accorgersi del dolore che provocano col loro diniego. E si mostrano insofferenti se l'altro fa troppe storie... Rivelano così uno stato ancora egocentrico, che non consente loro di muoversi scioltamente sul terreno libero ma paritario dell'amicizia (e questo vale anche per molti adulti!). I problemi che rendono difficili i rapporti con i coetanei, anche se si manifestano solo ora, all'esterno della famiglia, hanno spesso radici proprio nella famiglia stessa. La paura del rifiuto, del tradimento, dell'abbandono è certamente molto più forte e "invasiva" per i bambini che non si sono sentiti abbastanza accettati e amati in famiglia. Di solito è proprio l'esperienza con i coetanei che li costringe a maturare: per evitare il rischio di crescere isolati, senza amici, anche loro, a poco a poco, imparano a tollerare la ferita narcisistica del rifiuto, a non avere più una sensibilità a senso unico, concentrata solo su se stessi e a tenere conto anche dei sentimenti degli altri.

In che modo i genitori possono favorire le amicizie del bambino?

Piuttosto che insistere in modo più o meno esplicito per favorire l'amicizia fra i nostri figli e quelli dei nostri amici, è meglio facilitare le occasioni di incontro con i compagni che il bambino sceglie da solo; aprire loro la nostra casa, senza temere che facciano troppo baccano o disordine.

Passare i pomeriggi insieme, a fare i compiti e poi a giocare, è il modo migliore per favorire un'intesa speciale fra bambini. E anche invitare il compagno a cena, a fermarsi a dormire, o a passare insieme il fine settimana in montagna o al mare è un'esperienza che rende felici i bambini e rinsalda la loro amicizia. Naturalmente questo può comportare qualche rinuncia per i genitori, se sono abituati a trascorrere i fine settimana da soli o con i propri amici. Ma vale la pena di modificare di tanto in tanto le proprie abitudini se si vuole davvero favorire i rapporti sociali dei propri figli, senza contare che di solito gli inviti vengono ricambiati.

Il bambino potrà a sua volta cominciare a dormire qualche volta fuori casa, frequentare altre famiglie, conoscere altri ambienti uscendo, in modo naturale e protetto, dallo stretto cerchio della vita familiare.

Quando vuole un animaletto

Quasi tutti i bambini vorrebbero allevare un animale. Può essere un gattino, un cagnolino o un cucciolo di qualsiasi tipo; la richiesta, puntualmente, arriva a tutti i genitori, la cui reazione non è quasi mai di entusiasmo. Anzi...
Che si tratti di cane, pappagallo o criceto, le proteste di molti genitori sono le stesse: «Sporca e a noi tocca pulire», «Chi lo tiene quando andiamo in vacanza?», «Tu non hai la maturità per prendertene cura», «Sei troppo piccolo, lo tratteresti come un giocattolo». Così, spesso, i bambini sono costretti a rinunciare a un animale domestico vivo e ad accontentarsi di peluche o di strani surrogati elettronici.
Quali bisogni si nascondono dietro a una richiesta così diffusa fra i bambini?

Per i bambini, occuparsi di un cucciolo di animale significa prendersi cura della parte "piccola", vulnerabile, in crescita, di se stessi. Certo, un animaletto per casa comporta una serie di "fatiche" supplementari; ma prima di scoraggiarci, proviamo a mettere in evidenza i vantaggi che il rapporto "bambino-animale" ha in sé.

L'accudimento di un animale domestico da parte del bambino, naturalmente con il coinvolgimento, il sostegno e la guida, anche rigorosa e severa, degli adulti, favorisce lo sviluppo di un atteggiamento di rispetto e considerazione nei confronti della natura e dell'ambiente e lo educa a stabilire rapporti di "cura" nei confronti degli altri. Infatti, impegnandosi a dare ai piccoli amici le attenzioni necessarie, i bambini acquistano consapevolezza dei bisogni altrui. D'altra parte, i benefici e le potenzialità curative insite in un rapporto positivo con gli animali sono stati già da tempo messi in luce dagli studiosi della *pet therapy* (terapia di sostegno che utilizza piccoli animali), che hanno individuato in essa eccellenti risorse terapeutiche per alcune patologie sia fisiche sia mentali.

Questo tipo di terapia ha una finalità duplice: da una parte migliorare la qualità della vita di relazione; dall'altra promuovere un effetto benefico su malattie di carattere organico o psichiatrico.

Ciò significa (ed è provato che sia così) che, in periodi particolarmente difficili, ad esempio quando si subisce una perdita dolorosa, la presenza di un cucciolo di cane, gatto o altro animale domestico può rappresentare un notevole supporto alle persone (siano esse adulti, anziani, adolescenti o bambini) per superare depressione e solitudine.

In particolare un animale può dare conforto al bambino che si trova ad affrontare una malattia, una momentanea o stabile separazione dai genitori oppure la separazione tra i genitori stessi, la nascita di un fratellino, un trasloco, un cambiamento importante nell'ambiente sociale e culturale, un momento di difficoltà economica nella famiglia o una crisi scolastica.

In conclusione, come possiamo comportarci per rispettare questa esigenza dei nostri figli?

Incoraggiamo i nostri bambini a prendersi cura di un piccolo animale, anche se ciò dovesse significare rinunciare, almeno in parte, a ordine e pulizia "assoluti" in casa. Spesso si è tentati di "ridurre la pena" compensando la mancanza di un cucciolo con surrogati giocattolo, con piccoli animali "virtuali", ma non è la stessa cosa: del resto, ricordiamo tutti quanto è successo con i "pulcini virtuali"...

Perciò, se proprio avere in casa un cucciolo di animale fosse troppo problematico, giungiamo a un compromesso: "adottiamo un cucciolo a distanza", ad esempio mettendoci in contatto con le associazioni che tutelano gli animali in città; o magari, chiedendo a qualcuno (nonni, zii, amici...) che abbia lo spazio sufficiente per allevarlo, di tenere presso di sé un cucciolo per il nostro bambino, consentendogli di visitarlo spesso e di prendersi cura di lui.

IN SINTESI

1. Ricordiamo che per i bambini occuparsi di un cucciolo di animale significa prendersi cura della parte "piccola", vulnerabile, in crescita, di se stessi.

2. Teniamo presente anche che l'accudimento di un animale domestico da parte del bambino permette a quest'ultimo di sviluppare e consolidare rispetto e considerazione nei confronti della natura e dell'ambiente.

3. Non dimentichiamo, poi, che i benefici e le potenzialità curative insite in un rapporto positivo con gli animali sono state già da tempo messe in luce dagli studiosi della *pet therapy* (terapia di sostegno che utilizza piccoli animali).

4. Incoraggiamo i nostri figli a prendersi cura di un piccolo animale, anche se dovesse significare rinunciare, almeno in parte, a ordine e pulizia "assoluti" in casa.

5. Ricordiamo, infine, che il contatto tra bambini e animali favorisce una crescita equilibrata e promuove benessere psichico e fisico. Non solo per i piccoli, ma anche per noi adulti.

PER SAPERNE DI PIÙ

MARCELLO BERNARDI, *Lettere ai genitori*, Salani Editore, Firenze 1998.

Quando fatica a fare i compiti a casa

Ogni anno, con la riapertura delle scuole, si ripropone il problema dei compiti a casa. E i genitori iniziano a richiamare i bambini affinché si dedichino al loro "quotidiano dovere"; ci sono, poi, i controlli serali del diario; i "salvataggi estremi" per completare, anche a tarda sera, temi, pro-

blemi e ricerche. Insomma uno stress enorme, non solo per i bambini, ma anche per gli adulti. Come si può affrontare il problema dei compiti a casa in modo costruttivo?

In alcuni Paesi europei, la scuola si è evoluta al punto da diventare un "laboratorio di apprendimento" a ciclo continuo. Ciò significa che, al di fuori delle ore scolastiche, viene data ai bambini la possibilità di utilizzare il tempo libero dedicandosi alle attività che preferiscono: giochi, lettura, sport, amici e genitori. Si tratta di scuole nelle quali non esistono compiti a scuola e a casa ma "solo" sperimentazioni quotidiane. In attesa che anche il nostro ordinamento scolastico si adegui a tali parametri, l'unico modo per uscire "indenni" dalla "battaglia" quotidiana dei compiti è osservare alcune regole, che, se da un lato non risolvono il problema, dall'altro sono utili per rendere meno faticosa questa esperienza. Vediamole insieme.

1) Organizzare il tempo extrascolastico suddividendolo equamente tra gioco, attività sportive, attività svolte con i genitori o con i coetanei. Non sarà difficile, in questo modo, dare una collocazione precisa anche al momento dei compiti. Con tale *escamotage* potranno essere equiparati a tutte le altre attività quotidiane, perdendo, almeno in parte, la loro connotazione esclusivamente negativa.

2) Mostrarsi sempre disponibili a supervisionare il lavoro pomeridiano, sia aiutando i bambini a organizzarsi per svolgerlo con compagni e amici, sia verificando insieme il lavoro fatto.

3) Cercare la collaborazione degli insegnanti e sensibilizzarli al problema, talché, assegnando i compiti, tengano conto anche (e soprattutto) di impegni ed esigenze dei bambini.

4) Evitare che i compiti tolgano spazio ad attività sportive o di socializzazione, entrambe importantissime per i ragazzi.

5) Trasformare il tempo dei compiti in uno spazio creativo di gioco, dialogo, collaborazione, e mai di conflitto.

6) Evitare che il momento dei compiti diventi un esame quotidiano del rendimento scolastico o che si trasformi in un'assillante e inevitabile forma di controllo.

7) Evitare di scaricare sul bambino, che tarda a svolgere i suoi compiti, le rabbie che abbiamo nei confronti di chi li ha prescritti o l'insofferenza per il fatto di doverlo assistere in quella noiosa attività.

8) Cerchiamo anche di stimolare il bambino a fare da sé. Incoraggiamolo fidandoci di lui, accettando anche il rischio che non faccia a dovere i compiti o che, a volte, proprio non li faccia! Responsabilizziamolo con il nostro modo di essere partecipi e insieme distaccati e non ansiosi.

9) Se non siamo in grado di aiutare il bambino che lo richiede nei suoi compiti, per mancanza di tempo, per un generico senso di inadeguatezza o altro, individuiamo un adulto competente (un insegnante a riposo, ad esempio) affinché segua il nostro bambino nello svolgimento dei compiti o organizzi un gruppo di più bambini finalizzato a questa attività.

10) Infine, cerchiamo la collaborazione degli altri genitori. Un'idea simpatica, ad esempio, potrebbe essere organizzare delle "sessioni speciali per lo svolgimento dei compiti", in cui ogni genitore, a turno, per una o più volte a settimana, aiuti il gruppo dei ragazzini.

PER SAPERNE DI PIÙ

MASSIMO PIATTELLI PALMARINI, *La voglia di studiare*, Mondadori, Milano 1991.

ISCA SALZBERGER WITTENBERG E ALTRI, *L'esperienza emotiva nel processo di insegnamento e di apprendimento*, Liguori Editore, Napoli 1993.

GIORGIO BLANDINO - BARTOLOMEA GRANIERI, *La disponibilità ad apprendere*, Raffaello Cortina Editore, Milano 1995.

GLENN DOMAN, *Come moltiplicare l'intelligenza del vostro bambino*, Armando Editore, Roma 1990.

HANS M. ENZENSBERGER, *Il mago dei numeri,* Einaudi, Torino 1997.

CHERYL TUTTLE - PENNY PAQUETTE, *Giochi con i numeri*, Red edizioni, Como 1995.

Quando naviga in Internet

Non solo fra gli adulti, ma anche tra i bambini, Internet, "la rete", diventa sempre più popolare. Molte aziende telefoniche, con allettanti campagne promozionali, hanno messo a disposizione di chiunque abbia un computer abbonamenti gratuiti, moltiplicando le possibilità di accesso. Così le autostrade telematiche stanno collegando il mondo intero ma, esattamente come nella realtà, anche questi percorsi virtuali possono essere pieni di insidie.
Consapevoli che Internet rappresenta una fonte inesauribile di potenzialità, come possiamo difenderci dai pericoli, altrettanto infiniti, che il suo uso può celare?

Gli episodi riportati negli ultimi tempi dalle cronache sono a dir poco allarmanti: siti Internet utilizzati da organizzazioni internazionali di pedofili, o "chat line" con giochi che conducono, "scherzosamente", in siti porno. Ma è lecito chiedersi se sia giusto rinunciare alle tantissime opportunità di Internet soltanto perché alcuni ne fanno un uso deviante o, addirittura, criminale? Già, perché i vantaggi che Internet offre, ad esempio alle scuole, sono innegabili. Basta pensare alle potenzialità di ricerca, studio, approfondimento rappresentate dall'essere collegati a una così vasta rete di informazioni. Pensiamo, ad esempio, all'opportunità di accedere ad archivi per raccogliere dati, ricerche o studi, alla possibilità di tenersi in contatto, via e-mail, con altri ragazzi in tutto il mondo. Una fonte conoscitiva senza confini, che mette in contatto, con estrema facilità, anche persone lontanissime fra loro, ampliando così le possibilità di amicizia e di rapporti con gli altri.

Il semiologo italiano Umberto Eco in una intervista sottolinea come «prima che esistesse la stampa, un bambino non poteva avere accesso a un manoscritto. Oggi, grazie a Internet, possiamo sapere cose che i nostri antenati impiegavano "una vita" a conoscere». E, ancora, che «oggi, per permettere ai bambini di stare al passo con i tempi e accedere a quest'aristocrazia di massa, la scuola deve insegnare loro a programmare e non soltanto a utilizzare i programmi. Infatti se si insegna a un bambino a programmare in qualche linguaggio informatico, questo esercizio logico lo renderà padrone e non schiavo del computer». E, infine, che «il linguaggio informatico può essere il più difficile del mondo ma per il bambino è come andare in bicicletta. Se usandola, per la prima volta, a cinque anni rischia di farsi male, è pur vero che avendo imparato a cadere da piccolo, poi, non cadrà più».

È giusto, quindi, demonizzare Internet? Internet è veramente un "mostro tecnologico" da evitare?

No di certo! Vero è che "la rete" è una sorta di "autostrada" virtuale su cui viaggiano informazioni, testi, foto, disegni trasmessi semplicemente attraverso libero collegamento telefonico. La facilità d'uso è estrema: tant'è che i bambini, sicuramente più bravi (e spesso meno impauriti) degli adulti di fronte alle nuove tecnologie, mostrano una competenza che rende difficile controllarli. La soluzione può risiedere nella regolamentazione di questi accessi virtuali. Una regolamentazione che gli adulti, in particolare, devono assolutamente sollecitare.

Come si può fare a proteggere i nostri figli dagli aspetti negativi di Internet?

Sono pochi, finora, gli interventi operati per proteggere i bambini da siti, informazioni e immagini riservati solo agli adulti. Anche se sono stati studiati alcuni programmi per regolare o impedire l'accesso dei bambini ad alcuni siti, si è scoperto che questi limiti diventano facilmente aggirabili da quei ragazzi che hanno acquisito una maggiore pratica telematica. Rimangono tuttavia valide alcune indicazioni antipedofilia segnalate dalla ECPAT, l'associazione italiana che combatte lo sfruttamento dei minori via Internet. Ecco i cinque consigli dell'ECPAT:

1) fare in modo che i bambini si colleghino a Internet solo quando c'è un adulto con loro e mai quando sono soli;

2) non far loro conoscere la parola chiave indispensabile per collegarsi alla rete;

3) allertare i bambini a non fornire mai, via Internet, fotografie, dati anagrafici o bancari, numeri di telefono, indirizzi di casa o della propria scuola;

4) spiegare ai ragazzini che esistono malintenzionati esperti nell'usare la disponibilità o gli interessi dei bambini per scopi illegali e pericolosi via Internet;

5) ricordare ai minori che una proposta allettante via Internet può risultare non vera, anzi spesso nasconde pericolose "trappole".

Non demonizzate i videogiochi

Recentemente, sui giornali e alla televisione, si è accesa una polemica sui videogiochi. Fanno bene? Fanno male? Tutti se lo domandano e molti me lo chiedono. La domanda più pressante che mi viene fatta è: «Lei è a favore dei videogiochi?».

Chiarisco subito che io non sono a favore dei videogiochi, ma del gioco, poiché giocare è l'arte di crescere e ogni bambino ha bisogno di giocare per imparare a comunicare con se stesso e con gli altri. Ne ha bisogno per esplorare il mondo intorno a sé e per esplorare il proprio corpo. Ne ha bisogno per esorcizzare i traumi, le paure, le fatiche, le prove del crescere; ne ha bisogno per imparare a godere e a gioire.

Un bambino che non gioca perché non vuole o non ne ha voglia è un bambino in difficoltà; un bambino chiuso nella vuota fortezza del suo disagio interiore. Invece un bambino che non gioca perché "non può" è un bambino reso schiavo dall'indifferenza o dalla violenza degli adulti: un bambino al quale, rubando il gioco, il tempo e la possibilità di giocare, è stata rubata l'infanzia intera. Sono pertanto a favore del giocare e dei giochi, soprattutto di quelli "tradizionali" in virtù dei quali il bambino può reintegrare mente, corpo e immaginario; può esprimere la propria creatività, può inventare, esplorare, edificare. Sono convinta che i videogiochi, pur costituendo oltre la metà dei giochi con i quali i bambini italiani, soprattutto dai 9 anni in su, giocano, favoriscono solo parzialmente questa integrazione tra mente, corpo, immaginario ed emozioni tanto indispensabile alla crescita dei bambini, futuri adulti. Inoltre questi videogiochi sono "a rischio". Con questo non è affatto mia intenzione "criminalizzarli", come invece da altri è stato fatto. Esistono dei videogiochi "a rischio" così come esistono dei soggetti "a rischio", ai quali questi videogiochi fanno oltremodo male. Sto parlando di quei videogiochi che bombardano letteralmente chi gioca con stimoli visivi, uditivi, con luci stroboscopiche, flash a intermittenza e anche con immagini e simboli proposti in modo coinvolgente e vorticoso, tali da creare, in chi è predisposto, le note situazioni a rischio. Infatti, ci possono essere (e ci sono, come ben dimostra il "caso" di Tokio con 700 bambini, anzi ragazzi dai 2 ai 20 anni, finiti all'ospedale con sintomi di nausea, annebbiamento della vista, bruciori agli occhi, convulsioni, ecc. dopo aver visto *Pokémon*, un popolare cartone animato televisivo confezionato proprio con quegli ingredienti!) soggetti che non sono in grado né di sopportare stress visivi, uditivi e antiemozionali così pesanti, né di contenerli, né di decodificarli.

Nell'età evolutiva, poi, questo bombardamento eccessivo, molesto, destabilizzante di stimoli uditivi, visivi, di simboli, ecc. può provocare, nei bambini, forme di "rifiuto" che si possono manifestare sia attraverso stati di malessere psicologico (ansia, angoscia, depressione, tachicardia, confusione, insonnia, incubi notturni, paure immotivate, atteggiamenti aggressivi, ecc.), sia attraverso veri e propri sintomi fisici come quelli denunciati dai ricoverati di Tokio.

Poiché non accade a tutti e, anzi, la stragrande maggioranza delle persone, soprattutto bambini, che usano i videogiochi non incorrono in questi incidenti, risulta chiaro che i videogiochi, al di là e al di sopra della loro imperante modestia contenutistica, tendono assai spesso a evidenziare una condizione clinica già latente nel bambino. Ci sono bambini che hanno una soglia di sopportazione più bassa degli altri agli stimoli luminosi, che sono, cioè, "fotosensibili" e per i quali basta anche una fonte luminosa improvvisa a determinare una reazione simile a un attacco epilettico. Anche se di epilessia non si tratta!

Oppure, le luci stroboscopiche possono proprio scatenare l'epilessia in chi è predisposto.

Detto questo, che cosa si può fare per evitare ai bambini anche il più piccolo dei rischi?

La mia proposta rimane quella di favorire i giochi creativi e, anzi, di "recuperare" con i bambini i giochi che hanno caratterizzato l'infanzia degli adulti che li circondano. Giocare insieme ai bambini è il più bel dono che si possa fare loro e stimolare il loro rapporto con i coetanei, attraverso il gioco, è il modo migliore per favorire la loro socializzazione. Quanto agli "inevitabili" videogiochi, poiché il mondo del futuro è lastricato dalla virtuale presenza della loro luce, sarà opportuno imparare a usarli così come suggerisce il neuropsichiatra professor Giorgio Capizzi dell'Università di Torino. Bisognerà, pertanto, fare in modo che il televisore stia in una stanza bene illuminata, poiché il buio accentua "l'effetto di stimolazione"; bisognerà tenere i bambini alla distanza di due o tre metri dal televisore e bisognerà far usare loro dei filtri, come quelli delle lenti colorate, capaci di respingere gli stimoli visivi troppo forti. (*)

(*) Maria Rita Parsi, *Non demonizzate i videogiochi*, da «Il Giorno», «La Nazione», «Il Resto del Carlino», 9 gennaio 1998.

Quando partecipa ai quiz televisivi

Una delle maggiori attrattive dei programmi in TV è costituita, sia per i grandi sia per i piccoli, dai quiz e dai giochi a premi. I bambini, poi, sono letteralmente calamitati da quelle trasmissioni in cui, come per magia, vengono distribuiti doni e gadget: da piccoli oggetti, magliette o giocattoli, fino ad arrivare anche ad automobili e a milioni in gettoni d'oro. E, ovviamente, anche loro desiderano giocare, partecipare, vincere.
Ma, pur non volendo scendere in giudizi di tipo etico o, peggio ancora, in ragionamenti "moralistici", questa "giostra" televisiva di facili guadagni non potrebbe essere, per un bambino, altamente diseducativa?

I principali programmi televisivi per ragazzi propongono, come prassi consolidata, giochi a premi a cui i bambini possono partecipare, nel corso della trasmissione, telefonando o risolvendo piccoli quiz. In palio ci sono magliette, foto autografate dei conduttori del programma, ma anche oggetti di un certo valore come computer, compact disc e costosi giocattoli. I quiz attraverso cui si può vincere, in realtà, sono spesso giochini che non richiedono particolari competenze o conoscenze: la cosa più difficile, invece, è riuscire a prendere la linea per collegarsi ai centralini della trasmissione stessa. Questo fa sì che non solo il vincere, ma anche la semplice partecipazione al gioco diventino comunque prove legate esclusivamente al caso. È facile, quindi, supporre che nella mente di un bambino esempi di tal genere producano e rafforzino la convinzione che cose che si desiderano possano essere conquistate soprattutto attraverso la fortuna.

Perché questo può essere un messaggio diseducativo?

Perché nella mente del bambino può radicarsi la convinzione che si possa "vincere con niente" e che nella vita non sia utile sforzarsi, in quanto qualsiasi tipo di conquista è attribuibile unicamente al caso. Ma anche l'idea di competitività che emerge da questo tipo di giochi risulta in qualche modo deformata: tutto si svolge in una manciata di secondi, al telefono, e il piccolo concorrente può trovarsi perdente senza neppure aver capito perché o aver avuto il modo di confrontarsi con un avversario. La "competizione", intesa come un sano confronto con l'altro che consenta di mettere in gioco le proprie capacità, può rappresentare, infatti, un momento di crescita e di arricchimento. Ma non è certo questa la competitività che ritroviamo nei giochi a premi in TV; non c'è traccia, infatti, di gara o di confronto.

Un diverso modo di intendere il gioco a premi di qualche anno fa era, ad esempio, quello di *Paroliamo*. In quel caso, i giovanissimi concorrenti potevano confrontarsi sulla capacità di indovinare una parola partendo da poche lettere e, cosa ancora più importante, la loro partecipazione era attiva e l'emozione e la tensione dei partecipanti costituivano uno stimolo a giocare anche per chi, sentendosi coinvolto, seguiva la trasmissione da casa.

Ma, ritornando ai giochi di oggi, che dire della spinta al consumo che essi esercitano sui bambini? Questo tipo di giochi, legando la fortuna al solo possesso di oggetti materiali, insinua nelle menti giovani che: "fortuna = vittoria = possesso". Quasi che la fortuna coincidesse solo e soltanto con la possibilità di fruire di oggetti costosi o di beni di consumo.

Qual è il modo migliore per stimolare i bambini a riflettere su questo tema?

Si potrebbero, anzitutto, organizzare giochi analoghi in gruppi, a casa o a scuola, finalizzando queste esperienze all'ottenimento di riconoscimenti e gratificazioni di altro genere, come la gioia di partecipare, il piacere di mostrare le proprie capacità, il gusto di gareggiare, la possibilità di acquisire proprio giocando nuove informazioni e competenze, l'affermarsi con i propri mezzi affrontando le prove. E, infine, far coincidere le gratificazioni morali e il piacere di vincere con una qualche nuova assunzione di responsabilità. Chi vince, insomma, deve utilizzare questa sua capacità a favore degli altri concorrenti! Bisognerebbe, pertanto, trasmettere loro l'idea che poter giocare, partecipare, concorrere è già un modo di vincere; che i veri premi, cioè quelli che danno soddisfazione, non sono soltanto gli oggetti da consumare o conservare; che la vera fortuna sono i rapporti umani, la possibilità di entrare in contatto, di comunicare, di esprimersi.

I bambini dovrebbero imparare, e i genitori dovrebbero insegnare loro, che la vera fortuna è quella di essere amati. Nel "gioco della vita", il bambino "fortunato" è colui che ha genitori, fratelli, zii, cugini, nonni affettuosi e parenti che lo amano e che si prendono cura di lui e la vincita più preziosa è nella possibilità di poter contare su buoni educatori a casa e a scuola, con i quali stare in contatto, comunicare e vivere per crescere bene.

I premi di incommensurabile valore sono gli amici sinceri con cui confidarsi e su cui poter contare.

Credo che questo sia il messaggio che i programmi, prodotti e realizzati dagli adulti, dovrebbero trasmettere ai nostri bambini. E credo che i genitori dovrebbero, con l'esempio, dimostrare che queste, soprattutto, sono le "cose" che hanno valore e non lo strapotere dei mezzi economici e dei consumi. Ma, per fare ciò, è necessario anzittutto esserne personalmente convinti.

IN SINTESI

1. Ricordiamo che nella maggior parte dei casi i giochi televisivi non richiedono particolari competenze o conoscenze: questo fa sì che il bambino colleghi il vincere (o la partecipazione) a questi giochi esclusivamente al caso e alla fortuna.

2. Facciamo comprendere al bambino che le cose importanti della vita non possono essere conquistate solo attraverso la fortuna.

3. Facciamo attenzione alla spinta al consumismo che certi giochi televisivi esercitano sui bambini.

4. Organizziamo giochi analoghi in gruppi, a casa o a scuola, finalizzando però queste divertenti esperienze all'ottenimento di riconoscimenti di altro genere.

5. Ricordiamo anche che, per educare alla competizione culturale (e a ogni altro tipo di competizione che preveda riconoscimenti e premi), è necessario essere personalmente convinti che il vero valore, la vera vincita è effettivamente data dalla possibilità di misurarsi, di partecipare, di socializzare.
Bisogna, infatti, utilizzare l'esempio per trasmettere ai bambini questi valori positivi.

DA FARE INSIEME

Guardare insieme il film *The Truman Show*, regia di Peter Weir, con Jim Carrey.

PER SAPERNE DI PIÙ

MARINA D'AMATO, *Lo schermo incantato*, Editori Riuniti, Roma 1998.

ANNA OLIVERIO FERRARIS, *TV per un figlio*, Laterza, Bari 1995.

Quando gioca con le figurine

Collezionare figurine è un gioco che si tramanda di generazione in generazione e che riscuote un grandissimo successo tra i bambini di ogni età.
Ma quale ne è il motivo? E, soprattutto, è un gioco utile per imparare?

La funzione informativa, formativa, educativa del gioco è basilare nonostante il perdurare di confusioni e pregiudizi che trattano il gioco come mezzo di intrattenimento senza comprendere che, alla radice di ogni conoscenza e scoperta umana, c'è proprio quella possibilità di intuire, sperimentare, socializzare, codificare che l'esperienza del "giocare" contiene. Le figurine, poi, rappresentano un chiaro esempio di come sia possibile "imparare giocando". Già, perché le figurine hanno il pregio enorme di essere veicolo di informazioni e di nozioni culturali pur conservando l'elemento ludico che le rende gradite ai bambini come agli adulti. Da un punto di vista cognitivo, poi, i benefici sono molti. I bambini, anche e soprattutto i più piccoli, attraverso lo stimolo fornito dall'attività del collezionare figurine imparano a porre in atto strategie finalizzate al raggiungimento di uno scopo e al completamento di un progetto: imparano, cioè, a "pianificare" le loro azioni. In secondo luogo, il dover porre in ordine cronologico e numerico le figurine favorisce l'acquisizione del concetto di tempo e di spazio (sopra, sotto, prima, dopo, avanti, dietro). Ancora, ai più piccoli l'attività "motoria", conseguente alla collocazione delle figurine negli appositi spazi, permette di esercitare la manipolazione e di acquisire abilità di coordinamento, senza considerare che, sul piano affettivo, attraverso l'attività dello "scambio" viene favorito il contatto con i coetanei e, quindi, la socializzazione. È ora, quindi, che l'album delle figurine non sia più considerato come un "intruso" tra gli strumenti educativi e culturali. Esistono infatti in commercio raccolte e collezioni che aiutano i bambini ad amare la geografia, la storia, le scienze, la musica, ecc., proponendo contenuti in modo piacevole, divertente ma altrettanto rigoroso e approfondito.

Quindi le figurine aiutano a crescere?

L'album delle figurine può essere visto come una "traccia", una linea guida a partire dalla quale il bambino può continuare a imparare anche in futuro. Già, perché la nostra intelligenza, in fondo, è costruita come un puzzle in cui le "forme" della conoscenza, dell'intuizione, della creatività possono essere rappresentate come tessere di un mosaico che l'individuo compone secondo le sue personalissime modalità. L'album su cui incollare le figurine, fatto di immagini, numeri e spazi, stimola diversi canali cognitivi rimanendo impresso nel bambino, aiutandolo a costruire altri e personali percorsi "integrati".

In questo modo, quindi, imparare a studiare non rappresenta più un obbligo noioso, controverso e faticoso ma diventa un gioco?

Sì, e anzi, sarebbe importante che anche i libri di testo, i compiti a casa assumessero la "forma" di album. In questo caso si tratterebbe di album costruiti dagli stessi bambini. Pensate alla piacevolezza di libri di testo costruiti come album, con le figurine da applicare! Storia, geografia, matematica e scienze diventerebbero dei percorsi conoscitivi vivi, creativi, attivi, tali, insomma, da trasformare il libro di testo nel proprio personalissimo album del sapere, in grado di valorizzare, armonizzare, rendere godibile e divertente l'apprendimento.

IN SINTESI

1. Ricordiamo che le figurine rappresentano un buon esempio di "imparare giocando". Sono, infatti, veicolo di cultura, pur mantenendo la loro connotazione ludica.

2. Rammentiamo che le figurine permettono al bambino di apprendere strategie finalizzate al raggiungimento di uno scopo e al completamento di un progetto; egli, quindi, impara a pianificare le sue azioni.

3. Ricordiamo anche che il dover porre in ordine cronologico le figurine favorisce l'acquisizione del concetto di tempo; la collocazione in appositi spazi favorisce nei più piccoli l'acquisizione della nozione di spazio.

4. Non dimentichiamo, infine, che attraverso l'attività dello "scambio", viene favorito il contatto con i coetanei e, quindi, la socializzazione.

PER SAPERNE DI PIÙ

Maria Grazia Cancrini - Lieta Harrison, *Due più due non fa ancora quattro*, Armando Editore, Roma 1994.

Erik H. Erikson, *I giocattoli del bambino e le ragioni dell'adulto*, Armando Editore, Roma 1981.

Susanna Millar, *La psicologia del gioco infantile*, Bollati Boringhieri, Torino 1974.

Quando gli piace pasticciare

Giochi o impiastri? I bambini sono attratti irresistibilmente dal "pasticciare". Intrugli, impiastri nauseabondi, fango, spesso riprodotti in versione giocattolo. Come mai?

Per i bambini è immediato il ricordo delle prime modalità attraverso cui, appena venuti al mondo, lasciavano traccia di sé e si esprimevano utilizzando i prodotti del proprio corpo. I primi esperimenti infantili di messa in relazione con il mondo esterno passano, infatti, proprio attraverso il corpo e i suoi umori. Un adulto può anche storcere il naso, ma per un bambino le feci, l'urina, il muco rappresentano tracce personali con le quali egli ha preso a comunicare con il mondo. Nell'immaginario di un bambino di 2-3 anni che stia attraversando la fase in cui impara a controllare gli sfinteri (definita da Freud "fase anale"), le feci possono assumere il valore di un regalo, un dono per la mamma e, qualora egli trattenga cacca e pipì, una modalità comunicativa per manifestare la sua contrarietà rispetto ad atteggiamenti o comportamenti che non gli sono piaciuti, che gli trasmettono ansia o che lo fanno irritare.

Quindi dobbiamo lasciarli tranquillamente giocare con i loro pasticci?

Giocare, magari insieme ad altri bambini, con intrugli (per noi) orripilanti o con pastrocchi appiccicaticci, dai colori giallo-diarrea, verde-vomito o marrone-feci, ha per i bambini una funzione liberatoria e sostitutiva rispetto alle manipolazioni infantili. Infatti, se è vero che i bambini vanno ben educati al rispetto delle principali regole di igiene e di pulizia (poiché esse favoriscono la capacità di prendersi cura di sé e il rispetto degli altri), è altrettanto importante consentire loro di "pasticciare" almeno nel contesto protetto del gioco. Non è opportuno, pertanto, assumere atteggiamenti di disgusto e riprovazione nei confronti di sperimentazioni e giochi che, per i bambini, sono pur sempre un veicolo di creatività e costituiscono una modalità espressiva. Inoltre, anche quei giochi che permettono ai bambini di costruire e distruggere i propri "mostri" e, a volte, di mangiarne addirittura delle parti (quando il gioco è impostato in modo tale che il materiale sia commestibile) possono avere per i più piccoli un grande valore liberatorio e aiutarli a crescere meglio.

IN SINTESI

1. Ricordiamo che i primi esperimenti dei bambini per mettersi in relazione con il mondo esterno passano proprio attraverso il corpo e i suoi umori.

2. Ricordiamo che per un bambino le feci, l'urina, il muco rappresentano tracce personali con le quali egli ha preso a comunicare con il mondo.

3. Ricordiamo anche che giocare con intrugli o pastrocchi appiccicaticci ha per i bambini una funzione liberatoria.

4. Consentiamo loro, pertanto, di "pasticciare" almeno nel contesto protetto del gioco.

5. Evitiamo di assumere atteggiamenti di disgusto e riprovazione nei confronti di sperimentazioni e giochi che per i bambini sono pur sempre un veicolo di creatività, una modalità creativa di esprimersi e una maniera per superare situazioni psichiche connesse alla rabbia, alla distruttività e al superamento della fase anale, laddove manipolare gli "impiastri" consentirà al bambino di prendere materialmente atto della consistenza di ciò che il suo corpo era (ed è) capace di produrre.

DA FARE INSIEME

Guardare insieme e commentare il film *Flubber* del regista Les Mayfield con Robin Williams, in cui uno scienziato pazzo inventa un superimpiastro.

PER SAPERNE DI PIÙ

Masal Pas Bagdadi, *Ti cuocio, ti mangio, ti brucio e poi ti faccio morire*, Rizzoli, Milano 1992.

Anne B. Munchmeier, *Giocare con i bambini piccoli*, Sovera Multimedia, Roma 1989.

Mary D. Sheridan, *Il gioco spontaneo del bambino*, Raffaello Cortina Editore, Milano 1984.

F. Watt - C. Childs, *Colori per il viso*, Ed. Usborne, Gran Bretagna 1999.

Quando al bambino piacciono i giochi da femmina o quando alla bambina piacciono i giochi da maschio

Spesso accade che alle bambine piaccia fare giochi da maschi. E che i maschietti mostrino attenzione anche per le bambole. (Del resto, Big Jim non è un bambolotto per maschi così come Barbie lo è per le bambine?)
Con il risultato che i genitori o, ancora più spesso, i nonni si preoccupino per le inclinazioni poco femminili o poco maschili di figli e nipotini. Ma certe preoccupazioni degli adulti sono legittime?

L'identità sessuale costituisce il risultato di un processo alquanto complesso ed è strettamente collegata allo sviluppo affettivo e intellettivo del bambino. Da un punto di vista strettamente psicologico, si sa che il bambino e la bambina cominciano a costruire la propria identità sessuale a partire dai 3 anni circa, quando, cioè, scoprono le prime differenze anatomiche tra maschio e femmina. Ma l'atteggiamento dei genitori ha una grossa influenza su questi processi che poi porteranno alla costituzione definitiva di un'identità sessuale di genere. Molto dipende, infatti, da come i genitori vivono la propria identità sessuale di genere, da come sono stati educati sessualmente, ma non solo: anche dal loro atteggiamento nei confronti dei bambini.

Ci sono infatti genitori che, avendo ripetutamente sottolineato che avrebbero desiderato un figlio maschio e invece hanno "soltanto" delle figlie femmine, si stupiscono poi nel vedere che una delle loro figlie sceglie di "fare il maschio" nei giochi e nei comportamenti. Quel "maschio-bambina" infatti, per attirare l'attenzione dei genitori e per contenderla alla sorella o alle sorelle e/o per occupare il posto lasciato vuoto nel cuore dei genitori dal "maschio che non c'è", può scegliere di arrampicarsi, giocare ai banditi con coltelli e pistole e mettere da parte giochi e comportamenti più femminili.

Così, un bambino la cui mamma desidera tanto una femminuccia potrebbe scegliere, aderendo in questo modo all'inconscio desiderio materno, di avvicinarsi ai gusti e ai comportamenti delle bambine, scegliendo di fare i loro giochi, di rapportarsi più spesso a loro che al gruppo dei coetanei dello stesso sesso.

Vero è, poi, che questi condizionamenti genitoriali vengono vissuti dai genitori stessi in modo ambivalente. Assai spesso, infatti, i genitori da una parte inducono i comportamenti e giochi dei bambini condizionandoli con le loro esigenze, i loro gusti, desideri, con le loro inespresse, inconsce "preferenze", dall'altra li rimproverano di non essere il "maschietto" o la "femminuccia" che dovrebbero essere. (Ad esempio: «Ma perché fai sempre il maschiaccio? Gioca un po' con le bambole visto che sei una bambina!» oppure: «Non stare sempre con le ragazzine altrimenti diranno che...».)

Comunque, la cosa più importante è sempre il rispetto dei bambini e dei loro peculiari modi di essere. Da una parte, quindi, è fondamentale permettere loro di crescere, aiutandoli a essere autonomi, sostenendoli nelle loro prime esplorazioni, dando loro tutto l'affetto, la comprensione e il contenimento affettivo di cui hanno bisogno. Dall'altra è positivo favorire tutto ciò che agevola i processi di identificazione: la valorizzazione dell'identità sessuale di genere, sia maschile, sia femminile; la possibilità che il bambino e/o la bambina la vivano come una parte positiva e integrante di loro stessi; il rispetto dei ruoli maschili e femminili connessi sia con l'essere nati maschi o femmine sia con il patrimonio di consuetudini sociali e culturali che dà sostanza alla diversificazione dei ruoli (pur nel rispetto dei grandi cambiamenti e delle trasformazioni che i ruoli maschili e femminili hanno subìto nel tempo e delle parità umane e giuridiche che, almeno nel mondo occidentale, sono state ormai quasi raggiunte tra uomini e donne). Se, poi, una bambina vuole giocare con un fucile o un maschietto, a carnevale, vuole travestirsi da Sailor Moon, non devono essere guardati con sospetto. Innanzitutto perché queste imposizioni potrebbero inibire fortemente la loro capacità di espressione, la loro creatività, ma anche perché atteggiamenti del genere nell'infanzia non sono assolutamente indicativi di future omosessualità adulte. Molto spesso, l'influenza culturale ha un peso notevole sull'educazione che tentiamo di trasmettere ai nostri figli: noi adulti, infatti, siamo portati a trasmettere ai bambini le nostre idee su come dovrebbe essere un maschio e sulle cose che invece dovrebbe fare una femmina.

PER SAPERNE DI PIÙ

ALESSANDRO DAL LAGO - PIERALDO ROVATTI, *Per gioco. Piccolo manuale dell'esperienza ludica*, Raffaello Cortina Editore, Milano 1993.

FRANÇOISE DOLTO, *I problemi dei bambini*, Arnoldo Mondadori Editore, Milano 2000.

Quando è geloso del fratellino

La nascita di un fratellino o di una sorellina costituisce per i bambini un momento critico perché comporta una serie di adattamenti non immediatamente comprensibili, in particolare per i bambini più piccoli.

È noto, poi, che le reazioni saranno diverse in relazione alla "posizione" cronologica che il bambino occupa.

Il primogenito, ad esempio, con l'arrivo del primo fratellino è costretto a rinunciare, almeno in parte, alla posizione privilegiata di polo unico delle attenzioni e della cura "esclusiva" di mamma, papà e/o dei parenti. Egli quindi, temendo di perdere l'amore dei genitori, può porre in atto una serie

di strategie finalizzate o alla riconquista della sua posizione prestigiosa o comunque a fronteggiare l'angoscia che deriva da quello "spodestamento". Al secondogenito l'arrivo di un nuovo fratellino (il terzo figlio) fa perdere il ruolo (vantaggi e svantaggi connessi!) di essere il più piccolo, il privilegiato, l'ultimo nato. A questa nuova nascita, invece, il primo figlio sa reagire, poiché ha già avuto l'esperienza di veder nascere un fràtello; può inoltre sentirsi inconsciamente ripagato dal fatto che il secondogenito ora può provare direttamente quello che lui ha già provato.
La gelosia dei bambini, inoltre, assume forme più o meno accese e penalizzanti, a seconda del tempo che intercorre tra un fratello e l'altro. Fratelli che nascono a distanza di un anno e mezzo o due vivono, nell'infanzia, la gelosia di dover spartire lo spazio di cure e attenzioni dei genitori, che devono accudire, quasi contemporaneamente, bambini così piccoli; crescendo, però, sono di solito affiatati e condividono meglio spazi, esperienze, amici. Se poi c'è conflitto in famiglia, spesso i fratelli si coalizzano tra loro e si tutelano a vicenda. Se, al contrario, c'è molta differenza di età tra un fratello e l'altro, è più facile che il maggiore si prenda cura del minore, svolgendo anche ruoli di "vicemamma" e/o "vicepapà".
Ma quali sono, allora, le reazioni di gelosia più comuni nei bambini?

Vi possono essere diversi tipi di reazione: il piccolo può manifestare un breve periodo di regressione, perdendo acquisizioni già consolidate (come, ad esempio, il controllo della pipì e delle feci); oppure è possibile che, spinto dalla gelosia, compia dei veri e propri attacchi aggressivi contro il fratellino, da cui non sono esclusi morsi e pugni; o, ancora, il timore di ulteriori "ritorsioni" genitoriali o l'ambivalenza d'amore e odio che egli prova possono fargli assumere atteggiamenti di estrema compiacenza, che in realtà non hanno niente a che vedere con una vera e propria accettazione e con il superamento del conflitto. Infine il bambino può anche rifiutarsi di accettare il fratellino, negandone totalmente l'esistenza.

Tutti i bambini, qualsiasi età abbiano, reagiscono così?

Chiaramente, le reazioni sono diverse a seconda dell'età: i più piccoli potranno ricominciare ad avere crisi di pianto, proprio come quando erano appena nati, oppure chiederanno di essere nuovamente allattati vedendo il nuovo nato al seno della madre; i bambini intorno ai 4 anni potranno riprendere a bagnare il letto di notte o perderanno temporaneamente l'abitudine di farla nel vasetto; i primogeniti in età scolare potranno manifestare un calo nel rendimento scolastico, riprenderanno a balbettare, come quando erano piccolini, oppure faranno i capricci per dormire nel lettone con mamma e papà.

Come bisogna agire di fronte a comportamenti a volte esasperanti?

Manifestare rabbia con i più piccoli, di fronte a queste piccole regressioni, è errato, poiché il bambino sta solo cercando di ripristinare la sua condizione di piccolo bisognoso di cure e attenzioni quanto il nuovo arrivato.

L'atteggiamento migliore rimane sempre la mediazione: essere sempre vigili perché gli attacchi del primogenito non vadano a segno ed evitare sonore sgridate, minacce di punizioni o il classico rimedio "per un po' andrai dai nonni". In quest'ultimo caso il timore del bambino di essere abbandonato diventerebbe ancora più forte, trovando conferma nell'allontanamento a "scopo preventivo". Un rimedio sempre valido è renderlo quanto più possibile partecipe dell'evento, delegandogli, ad esempio, piccoli compiti, facendo in modo che l'attenzione di mamma e papà sia, almeno nei primi tempi, equamente distribuita tra i due bambini e invitando amici e parenti a portare un piccolo dono non solo al nuovo nato, ma anche al primogenito.

Infine, è possibile mitigare in parte l'insorgere di tali problemi preparando il primogenito al lieto evento e cominciando a coinvolgerlo già qualche mese prima della nascita del fratellino. È un modo per permettere al bambino di abituarsi gradualmente al tanto temuto "arrivo", in un momento in cui ha ancora l'attenzione di mamma e papà tutta per sé.

Quali sono i comportamenti degli adulti che possono acutizzare la gelosia dei bambini?

Tra i comportamenti degli adulti che maggiormente esasperano la gelosia dei bambini nei confronti dei fratelli, ve ne sono alcuni che vanno decisamente disapprovati.

No al fatto di mandare fuori casa il bambino in concomitanza con la nascita di un fratellino. No all'affidarlo alla cura di altre persone, anche parenti stretti quali i nonni, mentre ci si occupa del nuovo nato. No ai cambiamenti di comportamento nei confronti del bambino poiché adesso lui è più grande. No alle prese in giro, agli scherzi, alle battute con le quali si alimenta il "fuoco" di paure e angosce. Assai spesso, infatti, alla "naturale" gelosia dei bambini, si aggiungono le provocazioni degli adulti. Si tratta di frasi poste in forma di scherzo, del tipo: «Ora che è nato il fratellino, i genitori ti vorranno meno bene». Oppure alla bambina: «Ora che è nato un maschietto, è lui il re!». Oppure al bambino: «Ora che la mamma e il papà hanno la femminuccia, tutte le carezze andranno a lei, che è più dolce!».

Ci possono essere, inoltre, atteggiamenti di ridicolizzazione della gelosia o del disagio del bambino: «Mica sarai geloso/a, eh?», oppure: «La sorellina/il fratellino è più bella/o di te». Inoltre, poiché i bambini più piccoli richiedono molte cure e, soprattutto, vengono naturalmente vezzeggiati, qualche adulto può cogliere l'occasione per evidenziare agli occhi del fratellino o della sorellina gelosi questa situazione: «Stiamo tutti intorno a lui/lei! E te, ti lasciamo da parte!».

Perché questi adulti si comportano così?

Di solito gli adulti che adottano atteggiamenti provocatori di fronte alla gelosia dei bambini, che non tengono in alcun conto le loro sofferenze o che li prendono in giro hanno patito, durante la loro infanzia per analoghi problemi, ma li hanno negati, rimossi. Sono stati, a loro volta, costretti dagli adulti a mettere da parte la loro naturale fragilità, il loro disagio. Perciò, di fronte ai bambini che ripropongono, con il comportamento, qualcosa di doloroso che essi hanno negato e/o sepolto, quegli adulti possono agire in maniera da restituire loro la frustrazione patita.

Che cosa aiuta veramente bambini e adulti a esorcizzare la gelosia?

Anzitutto, il poterne parlare, il poterla accettare sentendosi compresi e affettivamente contenuti. Già questo permette di entrare in contatto con la paura, l'ansia, il dubbio, l'angoscia di sentirsi abbandonato, la rabbia che dà sostanza e alimenta la gelosia. Altro conforto può essere costituito dal fatto di poter "socializzare" questo disagio, verificando in gruppo, cioè con altri bambini (e/o con altri adulti), che appartiene anche ad altri; che è un'esperienza condivisa. Ancora: disegnare, scegliendo i "colori della gelosia", scrivere, o drammatizzare; inventare storie e racconti sul tema della gelosia, prendendo spunto magari da grandi storie già scritte (vedi Otello, ecc.), per parlarne e riflettere. Tutto ciò può aiutare a elaborare questo "lutto".

IN SINTESI

1. Ricordiamo che la nascita di un fratellino costituisce per i bambini un momento piuttosto critico; torniamo indietro nel tempo e ricerchiamo esperienze simili nella nostra vita di bambini. Ci aiuterà a capire il dolore, il disagio, le rabbie dei nostri figli.

2. Prepariamoci a eventuali brevi periodi di regressione.

3. Prestiamo attenzione agli atteggiamenti di compiacenza: non hanno niente a che vedere con una vera e propria accettazione e con il contenimento del dolore che il bambino prova e non servono ad aiutarlo a superare il conflitto.

4. Evitiamo di arrabbiarci di fronte a queste piccole regressioni o alle "aggressioni" al nuovo nato e cerchiamo di rendere il bambino, quanto più è possibile, partecipe dell'evento, sia prima della nascita del fratellino che dopo.

5. Facciamo maggiore attenzione alle nostre rivalità fraterne irrisolte!

PER SAPERNE DI PIÙ

DAVID LEWIS, *Mamma ho paura!*, Franco Angeli, Milano 1995.

ADELE FABER - ELAINE MAZLISH, *Bambini smettetela di litigare*, Frassinelli, Milano 1998.

ROBIN SKYNNER - JOHN CLEESE, *Famiglia, come sopravvivere*, Longanesi & C., Milano 1998.

Quando inventa un "romanzo familiare"

A quanti genitori è capitato, in occasione di una sgridata o di una discussione, che il bambino, con aria offesa, si sia rivolto al papà o alla mamma dicendo: «Tanto tu non sei il mio vero papà!» o «Tanto tu non sei la mia vera mamma!». Perché accade questo?

Avete notato che, assai spesso, i protagonisti delle fiabe sono orfani? «C'era una volta una bambina, figlia di un re potentissimo, alla quale era morta la mamma. Questa principessa aveva, però, una matrigna...»; oppure: «C'era una volta un bambino, figlio di un re, al quale erano morti i genitori» e/o, ancora, storie nelle quali i personaggi sono "vittime innocenti" di "matrigne" e "patrigni". Tutte le fiabe hanno in sé dei significati simbolici profondi che sono "universali", nel senso che appartengono all'immaginario di tutti gli individui, di ogni epoca e Paese. Nel caso dell'"orfano", la fantasia sottesa è l'idea di una madre che, avendo caratteristiche sia positive (ama, contiene, è disponibile...) che negative (è distratta, disattenta, aggressiva, indifferente...), si "sdoppia", per così dire, in "mamma" e "matrigna". Quando la mamma buona non è buona, muore per cedere il posto alla matrigna. Analogamente, un "buon" padre può essere ed è tale quando ascolta, aiuta, protegge, consiglia, diverte, ecc.; è "patrigno" quando si dimostra aggressivo, punitivo, ingiusto, assente, ecc.

In relazione a tali vissuti, i bambini possono sperimentare sentimenti di grande ambivalenza e di aggressività nei confronti della madre, del padre o di entrambi. Tali sentimenti "negativi" possono assumere la forma di fantasie (delle quali il bambino stesso, poi, si dispiace o si vergogna) in cui l'"incompreso" di turno immagina di essere orfano o abbandonato e che la mamma e il papà non siano i "suoi" veri genitori. In termini tecnici, tali fantasie prendono il nome di "romanzo familiare".

Ma questa fantasia si ritrova in tutti i bambini?

La fantasia che i genitori non siano quelli veri è molto frequente nei bambini e si ricollega a meccanismi di tipo edipico, a vissuti di disillusione nei confronti di un papà e una mamma che non sono all'altezza dell'"onnipotenza" di cui i figli normalmente li investono, oppure a tensioni innescate dalla rivalità fraterna. Ma è anche in relazione a gelosie nei confronti di genitori, fratelli o sorelle, oppure costituisce una reazione a temporanee disattenzioni, al disagio di un momento o di un particolare periodo evolutivo. Ragion per cui il bambino, sentendosi a suo modo vittima di ingiustizie, avverte il bisogno di modificare, con la fantasia, i propri legami con i genitori. Inventa, così, nuovi genitori ricchi, buoni, belli, importanti. Che sarebbero stati obbligati ad abbandonarlo o ad affidarlo ai quei genitori "cattivi" che, ahimè, adesso lo allevano!

Quando dobbiamo preoccuparci?

Molti genitori, come abbiamo detto, si preoccupano di certe affermazioni dei loro figli: «Tanto lo so..., tu non sei la mia vera mamma!» oppure: «Tu non mi vuoi bene, e quindi non puoi esser il mio vero papà!».

Quelle "parole amare", per loro, rappresentano una sorta di "disconferma". In realtà si tratta di manifestazioni assolutamente normali che si osservano nella maggior parte dei bambini. Ciò significa che spaventarsi, arrabbiarsi o recriminare pensando: "Ma dove avrò sbagliato?" oppure: "Questi figli sono degli ingrati", per quanto siano reazioni assolutamente comprensibili, determinano soltanto il pericoloso flettersi del livello di autostima come genitori e l'inasprimento delle relazioni tra genitori e figli.

La cosa migliore, in questi casi, è avvicinarsi con dolcezza a questi piccoli "contestatori", per capire che cosa del nostro comportamento li ha toccati; per smussare gli angoli delle loro gelosie fraterne; per dare loro il nostro appoggio se stanno attraversando un brutto momento; per far loro sentire che ci siamo sempre anche se alle volte sembriamo un po' distratti rispetto alle loro esigenze. Il compito più importante, in quei momenti, è far capire che i genitori, pur se non infallibili e onnipotenti come essi credono e vorrebbero, sono capaci, comunque, di contenerli, guidarli, sostenerli; di fornire loro una presenza e un appoggio sincero, forte, costante. Che i genitori possono essere dei buoni "regnanti" e che li amano di "incondizionato" amore.

IN SINTESI

1. Ricordiamo che la fantasia che i propri genitori non siano quelli veri è molto frequente nei bambini.

2. Ricordiamo che i bambini possono sperimentare sentimenti di grande ambivalenza e di aggressività nei confronti della madre, del padre o di entrambi i genitori. Sono tali sentimenti "negativi" a prendere, poi, la forma di fantasie del "romanzo familiare".

3. Ricordiamo che le fantasie da "romanzo familiare" si ricollegano anche a meccanismi di tipo edipico, a vissuti di disillusione nei confronti di un papà e una mamma che non sono all'altezza dell'"onnipotenza" di cui i figli normalmente li investono, oppure a rivalità fraterne.

4. Ricordiamo che la fantasia di avere genitori diversi da quelli reali si ricollega anche a periodi di temporanee disattenzioni, al disagio di un momento o di una particolare fase evolutiva.

5. Ricordiamo che la cosa migliore, in questi casi, è avvicinarsi con dolcezza ai bambini per capire che cosa nel nostro comportamento li ha toccati; per smussare gli angoli delle loro gelosie fraterne; per dare loro il nostro appoggio se stanno attraversando un momento difficile o se devono affrontare il superamento di una fase della crescita che li fa sentire soli e/o troppo esposti.

PER SAPERNE DI PIÙ

ALICE MILLER, *Il bambino inascoltato*, Bollati Boringhieri, Torino 1989.

MARIA RITA PARSI, *Trilogia della città di R.*, Oscar Mondadori, Milano 1999.

Quando ci sta per scappare un ceffone

«Ti meriteresti un bel ceffone...» «Una bella sberla e passa tutto...» «Basterebbe uno schiaffone...» Il "tempo delle sberle" forse è finito, ma alcune di queste massime leggendarie sembrano resistere ancora. Ad esempio, che un ceffone bene assestato al momento giusto non sia del tutto sbagliato. È così?

Tempo fa, in occasione dell'approvazione di una specifica legge tedesca sulla sanzionabilità delle pene corporali, si è aperto un interessante dibattito sul tema "sberle e affini". La legge di cui parliamo ha, in pratica, sancito la punibilità delle percosse ai danni dei bambini anche quando si tratti di uno "scappellotto" dato tra le mura domestiche con intento "educativo". Lo scopo del legislatore (certamente lontano dall'intento di criminalizzare le mamme e i papà) è stato quello di fornire un nuovo ed efficace strumento di difesa e tutela dei minori, perché ancor oggi, soprattutto in alcuni Paesi, il tasso di maltrattamenti fisici all'interno della famiglia, è veramente molto alto. Ma questa legge ha un ulteriore e fondamentale merito: quello di scindere, separare, finalmente, le pene corporali dall'educazione per affermare, con chiarezza, quanto le punizioni fisiche, oltre a essere dolorose, possano essere profondamente umilianti per un bambino.

Quindi lo schiaffone non ha valore educativo?

Lo schiaffo rappresenta un atto profondamente diseducativo. La percossa comunica al bambino il codice della violenza, lo incoraggia a cercare di imporsi sugli altri con modalità violente, gli imprime nell'anima la "legge del più forte" e lo "educa" ad accettarla come legge morale.

Ma ci sono volte in cui sembra che i bambini vogliano strapparti i ceffoni dalle mani...

È vero. A volte la provocazione diventa una vera e propria modalità comunicativa per i bambini: esasperano gli adulti con ostinati dispetti, diventando oltremodo irritanti. Ma quando un bambino si comporta in questo modo, piuttosto che reagire con uno schiaffo, è importante cercare di capire perché ci stia inviando quel tipo di messaggio. Questa dovrebbe essere la funzione educativa dell'adulto: decodificare gli "help" dei bambini, aiutarli a capire e a capirsi. Ma spesso ci aspettiamo che siano loro a "capire" la perdita di controllo di noi adulti. Nel caso della provocazione, il piccolo può avere talmente bisogno di attenzione che, pur di averla, è disposto a "pagare" anche lo scotto delle percosse. Anche se si tratta di un'attenzione "negativa" è pur sempre un'attenzione!

Ma è altrettanto possibile che, con il suo comportamento indisponente, il bambino stia svolgendo una funzione "vicariante".

"Respirando" il clima emotivo presente all'interno della famiglia, il piccolo può leggere, come richiesta specifica della mamma o del papà, quella di distrarli da ciò che li preoccupa o li addolora, attirando su di sé tutta l'attenzione. O, ancora, il bambino può essere spinto inconsciamente "a mettere in scena" proprio la "modalità" che essi adottano quotidianamente per comunicare tra loro e con lui, istruendoli "con l'esempio di un comportamento riflesso".

Così, atteggiamenti aggressivi, urli, cattive parole, sbalzi di umore, bronci, bugie, danneggiamenti, mancanza di rispetto, dispetti possono fare parte dello stesso "spettacolo" che noi offriamo ai bambini e che i bambini tentano di restituire.

I bambini fanno questo per superare catarticamente gli effetti di un clima anaffettivo e, nel contempo, per evidenziare la gravità del loro disagio. Inutile stupirsi, dunque: i bambini hanno una formidabile capacità di percepire e "tradurre" gli stati emotivi degli adulti. E, soprattutto, sono bravissimi nell'interpretare ed esaudire le richieste inespresse di coloro a cui vogliono bene.

Come comportarci, quindi, in questi casi?

Anzitutto, abituandoci a sostituire percosse, castighi e minacce con ascolto e attenzione e instaurando un dialogo, soprattutto emotivo, col bambino, che lo aiuti a trovare il contenimento di cui ha bisogno. Quando, poi, ci viene voglia di tirargli un ceffone, proviamo a chiedere a noi stessi come ci sentiamo in quel momento; quali rabbie, rancori, tensioni avremmo voglia di scaricare. E, di fronte a un capriccio che sembra irragionevole, cerchiamo di comprendere da quale fonte emotiva scaturisca, a che cosa si colleghi, che cosa ci voglia comunicare il bambino con quel comportamento e perché. Fermiamoci ad ascoltare nostro figlio ed evitiamo di ripetere errori educativi (vedi "Mazza e Panella fanno i figli belli" ovvero "Pane e percosse fanno crescere bene i figli!") di cui, ancora oggi, noi stessi magari portiamo i segni. Solo l'attenzione e l'amore, infatti, educano il bambino alla stima di sé, alla considerazione degli altri, al rispetto reciproco. E sono molto, molto più efficaci di un ceffone.

IN SINTESI

1. Ricordiamo, andando indietro nel tempo, quali punizioni fisiche (ceffoni, tirate di capelli, pedate, ecc.) abbiamo ricevuto da bambini e quale effetto ci facevano.

2. Prendiamo in considerazione il fatto che lo schiaffo, anche "uno" schiaffo soltanto, rappresenta un atto profondamente diseducativo perché comunica al bambino il codice della violenza in virtù della quale si manifesta l'impotenza educativa del genitore.

3. Se nostro figlio ci esaspera con capricci e dispetti, invece di reagire con uno schiaffo cerchiamo di contenerlo, di capire che tipo di messaggio ci sta inviando, di accogliere la sua protesta trasformandola, insieme a lui, in una proposta con possibili soluzioni.

4. Quando, poi, ci viene voglia di tirargli un ceffone, proviamo a chiedere a noi stessi come ci sentiamo in quel momento; quali rabbie, rancori, tensioni abbiamo voglia di scaricare che magari non riguardano il bambino.

5. Proponiamo al bambino la classica lotta con i cuscini per scaricare insieme l'aggressività e/o lo stress e/o la tensione che si sono accumulati in loro (e in noi!).

PER SAPERNE DI PIÙ

ASHA PHILLIPS, *I no che aiutano a crescere*, Feltrinelli, Milano 1995.

FRANÇOISE DOLTO, *I problemi dei bambini*, Arnoldo Mondadori Editore, Milano 2000.

JAN-UWE ROGGE, *Quando dire no (perché i bambini hanno bisogno di limiti)*, Nuova Pratiche Editrice, Milano 1999.

ALBA MARCOLI, *Il bambino arrabbiato (favole per capire le rabbie infantili)*, Oscar Saggi Mondadori, Milano 1996.

Quando vuole la paghetta

«Mamma mi compri il giornaletto?» «Mi dai i soldi per le figurine?» «Mi dai i soldi per andare al cinema o in pizzeria?»

Di fronte a tante richieste, anche il più disponibile dei genitori sbotta dicendo: «Da oggi in poi avrai una paghetta da amministrare coscienziosamente per tutte le tue piccole spese e al di fuori della quale non dovrai più chiedermi soldi...».

Già, salvo poi pentirsene dopo poco, chiedendosi se sia opportuno dare la paghetta anche ai più piccoli o se ci si possa fidare dell'uso che un bambino può fare dei soldi.

Allora, come affrontare la richiesta della famosa e controversa "paghetta"?

Dare al bambino una piccola somma da gestire autonomamente può rappresentare un valido supporto educativo. Lo aiuta infatti a sviluppare, fin da piccolo, il senso di responsabilità e lo abitua gradatamente all'autonomia e all'indipendenza. L'esigenza di imparare a misurarsi con il principio di realtà diventa poi una "necessità sociale" intorno ai 5-6 anni, quando il bambino inizia a comprendere che non tutti i suoi desideri materiali (cibo, vestiario, giocattoli, libri, ecc.) possono automaticamente essere soddisfatti, ma che bisogna fare i conti anche con le risorse economiche a disposizione per realizzarli. Più volte abbiamo sottolineato l'importanza di realistici "no" e di equilibrate regole per un sano sviluppo infantile. Senza questi chiari limiti i piccoli potrebbero avvertire la spiacevole sensazione di andare allo sbaraglio e di non essere adeguatamente contenuti e sostenuti.

Come va gestita la paghetta nella pratica quotidiana?

È importante stabilire, fin dall'inizio, a quanto ammonta e a cosa dovrà servire quel piccolo budget: le figurine, il giorna-

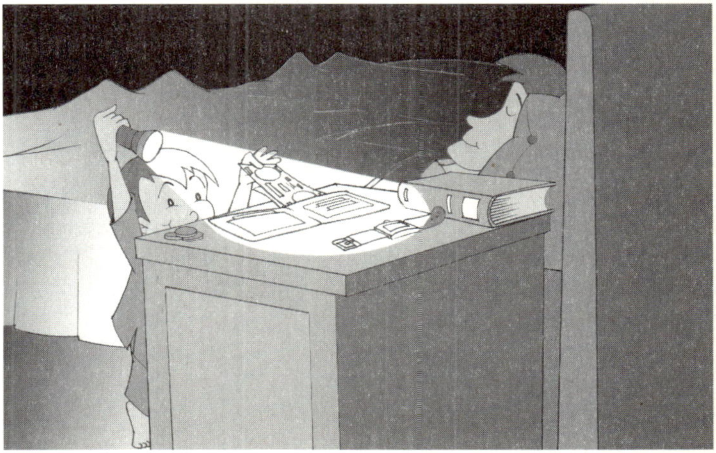

letto o anche farne "risparmio" per l'acquisto di quel videogioco tanto desiderato. Piccole spese da cui i genitori saranno esonerati e in cui, chiaramente, non possono rientrare abiti o libri di scuola. Allo stesso modo, è utile non cedere quando, esaurito in breve tempo il denaro, il bambino avanza nuove richieste o mostra di aver dimenticato che è stato pattuito, ad esempio, che il giornaletto sia comprato con i suoi soldini. Ciò nonostante, le regole della paghetta devono essere osservate anche dagli adulti con regolare puntualità al pari delle altre regole, vale a dire che il denaro non deve essere investito di un'eccessiva importanza né collegato all'acquisizione di "doti" particolari. A questo proposito è bene ricordare che il budget della paghetta, a prescindere dalla ricchezza dei genitori, dovrebbe essere possibilmente adeguato a quello che, in genere, ricevono i coetanei del bambino, perché come dice Marcello Bernardi: «Brutta cosa il sentirsi dei miserabili, e cosa peggiore il sentirsi riccone, superiore agli altri».

IN SINTESI

1. La paghetta può rappresentare un momento di crescita: perciò dare al bambino una piccola somma da gestire autonomamente può rappresentare un valido supporto educativo.

2. Chiariamo con il bambino quale uso intenda fare della paghetta per evitare che ci chieda ulteriori piccole cifre per giornalini, merende, giochi, cinema.

3. Ricordiamo che le regole stabilite vanno osservate sia dai genitori che dai figli.

4. Ricordiamo che educare il bambino al rapporto con il denaro è di grande importanza soprattutto se anche noi, tornando indietro nel tempo, andiamo ad analizzare il rapporto che ci hanno fatto stabilire con il denaro nella famiglia di origine e il rapporto che, oggi, noi abbiamo con il denaro (spesa eccessiva, parsimonia, generosità, oculatezza, ecc.) e che certamente influenzerà "l'economia dell'anima" dei nostri figli.

5. Analizziamo se all'interno della nostra famiglia la ricchezza costituisca un "mito": o perché consideriamo la ricchezza una garanzia o perché siamo ricchi da generazioni o perché siamo "nuovi" ricchi. In questi casi ricordiamo che il budget della paghetta dovrebbe prescindere dalla ricchezza dei genitori ed essere possibilmente adeguato a quello che, in genere, ricevono i coetanei del bambino.

PER SAPERNE DI PIÙ

DONALD W. WINNICOTT, *Colloqui con i genitori*, Raffaello Cortina Editore, Milano 1993.

MARCELLO BERNARDI, *L'avventura di crescere*, Fabbri Editori, Milano 1995.

Quando è aggressivo

Alcuni comportamenti infantili particolarmente aggressivi, come graffiare, mordere o tirare i capelli, suscitano preoccupazione nei genitori: "Mio figlio è un violento?" si chiedono perplessi. I bambini non hanno le inibizioni che caratterizzano il comportamento degli adulti. Ecco perché l'aggressività che si manifesta nelle loro azioni può, semplicemente, esprimere il dissenso rispetto ad atteggiamenti e decisioni degli adulti. Dietro gli attacchi resta sempre il desiderio di attenzione e di ascolto. Come "decifrare" queste richieste?

Winnicott sostiene che: «crescere è, di per sé, un atto aggressivo». Osserviamo un bambino muoversi con prontezza verso un bel giocattolo. Lo scopriamo deciso nell'afferrarlo e nel portarlo a sé, eccitato dalla possibilità di utilizzarlo, attento e combattivo quando qualcuno prova a portaglielo via. Avvertiamo, con chiarezza, che un'"energia" emotiva si sta muovendo nel bambino, dandogli carica e forza. Possiamo dare a questa energia il nome di "aggressività", utilizzando convenzionalmente questa definizione secondo quanto suggerito dall'etimologia del termine latino *aggredior*, che significa "cammino in avanti", "vado verso".

Quando si manifesta l'aggressività?

Questa colorazione emotiva accompagna molti momenti della vita del bambino, così come dell'adulto. Il famoso etologo Lorenz diceva che l'aggressività sostiene, in tutti gli animali, i comportamenti che garantiscono la sopravvivenza e la conservazione della vita, come la difesa del territorio, la ricerca del cibo e la spinta all'accoppiamento. Ciò che caratterizza un comportamento aggressivo è, dunque, la competizione o, meglio, la voglia di "vincere" che si può manifestare, ad esempio, nel desiderio di dominare o allontanare rivali, ma anche nella volontà di fuggire da situazioni dannose o pericolose, di colpire e "distruggere" ciò che si percepisce come dannoso o minaccioso.

Che cosa fa nascere l'aggressività nei bambini?

La crescita è scandita da diverse tappe evolutive. Il raggiungimento di ogni tappa, di ogni traguardo è accompagnato e segnato da ostacoli e prove che il piccolo eroe, spinto alla conquista dell'età adulta, deve affrontare e superare. Sostenuto dall'affetto, dalla vicinanza e dall'esempio dei genitori, il bambino si cimenta in imprese sempre più ardite ed eccitanti, ma spesso spaventose e dolorose. E, così, già da piccolissimi, in ogni esperienza della crescita, i bambini possono provare sentimenti ed emozioni ambivalenti. Ad esempio, il lattante trova nutrimento e conforto nel contatto col seno della mamma, ma questa calda e appagante vicinanza non è costante: il seno della mamma va e viene e non sempre torna quando il bambino ne ha voglia e non sempre è disponibile quando viene fame. È dopo il primo anno di vita, però, che l'aggressività del bambino si manifesta in forma più chiara agli occhi degli adulti che, confusi, impotenti o divertiti, assistono alle urla di protesta, al lancio di oggetti, allo scalciare o al veloce battere dei piedini sul pavimento, accompagnati da quel visetto ingrugnito tutto rosso fuoco.

Come comprendere la rabbia dei bambini e come aiutarli e aiutarci nel momento in cui esplode?

Tra le esperienze forse più difficili da comprendere e da accettare, ritengo sia utile ricordare la rivalità con i genitori (soprattutto il genitore dello stesso sesso) e con i fratelli.

Sono molte le esperienze evolutive che alimentano la stizza e la collera dei bambini; alcune appaiono così lontane dalla "mentalità" e dalla "coscienza" degli adulti da costituire momenti di vera e propria "rottura" e incomunicabilità tra grandi e piccini. La competizione in famiglia, infatti, si accompagna a chiari sentimenti di gelosia che fanno soffrire e arrabbiare i bambini ma che, soprattutto, lasciano increduli, confusi, ama-

reggiati gli adulti. Il bambino aggressivo per gelosia vive una forte tensione emotiva: combatte per un posto e un ruolo usurpato, per un sentimento che sente minacciato, per "l'invidia" che prova verso un altro membro della famiglia. E, cosa ancor più dolorosa, il piccolo aggredisce per quegli stessi sentimenti che sente, dentro di sé, inaccettati e inaccettabili: perché le persone che lo fanno arrabbiare sono le stesse che lui ama, le persone che lo minacciano sono le stesse che lo amano, che si prendono cura di lui e gli fanno compagnia. Per comprendere l'aggressività del bambino che normalmente accompagna le relazioni familiari, vi suggerisco la lettura di *Colloqui con i genitori* di Donald Winnicott e *Bambini smettetela di litigare* di Faber e Mazlish perché l'esperienza mi ha insegnato che qualsiasi tattica e strategia noi adulti vogliamo adottare per orientare e placare la carica della gelosia, prima di ogni cosa dobbiamo calarci nei panni del bambino e recuperarne i sentimenti. Nei due testi trovano ampio spazio le riflessioni dei genitori, le loro difficoltà, i loro dubbi, le loro soluzioni, così che il lettore adulto può facilmente immedesimarsi, confrontarsi e apprendere.

IN SINTESI

1. Ricordiamo che l'aggressività deriva da *aggredior* ovvero "procedo, vado avanti". Si tratta di una modalità comunicativa e di crescita che è diversa e si trasforma in relazione alle tappe evolutive dello sviluppo del bambino e che, pertanto, va valutata in relazione alla sua età. Ad esempio, nel primo anno di vita, l'aggressività del bambino (pianti, urla, utilizzo di oggetti per colpire piani di appoggio o persone intorno, ecc.) è una modalità specifica sia di reagire alle frustrazioni sia di dare consistenza alla tendenza esplorativa che caratterizza peculiarmente questi primi anni di vita.

2. Ricordiamo che, intorno ai 2-3 anni, il piccolo dice sempre «No»: è un suo modo di crescere mettendo tra l'adulto, l'ambiente intorno e se stesso un "no" che gli permette di distinguere l'"io" dal "tu" e di far valere anche la sua volontà che tante volte è stata imbrigliata proprio dai no degli adulti.

3. Prendiamo in considerazione anche il valore esplorativo di certe reazioni aggressive. A volte, infatti, anche pugni e schiaffi, lanci di oggetti, crisi di rabbia, ecc. rappresentano un modo per esplorare le relazioni e anche per verificare l'effetto che questi comportamenti sortiscono sulle persone intorno e sull'ambiente.

4. Guidiamo e canalizziamo l'aggressività del bambino, avendo cura di intervenire in modo fermo solo quando, effettivamente, vengano superati limiti e sia in pericolo, soprattutto, la sua sicurezza fisica.

5. Analizziamo se il comportamento aggressivo del bambino segnala un disagio non esprimibile a parole. Inoltre prendiamo in considerazione il fatto che l'aggressività del bambino potrebbe essere una "risposta" ai nostri atteggiamenti di aggressività e di rabbia.

PER SAPERNE DI PIÙ

LUIGI ONNIS, *Corpo e contesto. Terapia familiare dei disturbi psicosomatici*, N.I.S., Roma 1985-1992.

–, (a cura di), *Famiglia e malattia psicosomatica. L'orientamento sistemico*, N.I.S., Roma 1988-1993.

BRUNO BETTELHEIM, *Un genitore quasi perfetto*, Saggi/Feltrinelli, Milano 1998.

ROY DENKER - STEFFEN-PETER BALLSTAEDT, *Aggressività nel gioco. Con analisi di venti giochi*, Armando Editore, Roma 1978.

HORST-EBERHARD RICHTER, *Genitori, bambino e nevrosi. Conflitti parentali e ruolo dei figli*, Rusconi, Milano 1997.

DONALD W. WINNICOTT, *Colloqui con i genitori*, Raffaello Cortina Editore, Milano 1993.

Un bel NO non si nega mai

Per frenare le esuberanze dei figli si può fare a meno di strilli e minacce. Attenzione, però, ci sono casi in cui il divieto è sacrosanto. E aiuta i bambini a crescere bene.

La "fase del no" esplode intorno ai 2 anni, quando il bambino comincia a percepirsi non più in simbiosi con la mamma, bensì come individuo singolo: si serve del "no" proprio per rafforzare questa sua posizione e per differenziare il proprio "io" da quello degli altri. E come reagiscono i genitori? Quando il bambino inizia a esplorare e padroneggiare l'ambiente che lo circonda, mamma e papà sono costretti a moltiplicare attenzioni ed energie per far fronte ai piccoli "scatenati". E le loro risposte non possono essere sempre di approvazione e di incoraggiamento a quel che i figli fanno o vorrebbero fare. Fin dalla prima infanzia è infatti necessario porre dei limiti, "arginare" i loro comportamenti di esplorazione e sperimentazione, per orientarli in modo educativo (e tutelare i piccoli da pericoli che ancora non sanno fronteggiare). Se questo non avviene i bambini possono avvertire la spiacevole sensazione di non essere seguiti, contenuti e protetti, di andare allo sbaraglio.

Come dice Bruno Bettelheim, autore del libro Un genitore quasi perfetto *(leggetelo tutti, mamme e papà!), i no sono necessari quanto i sì. C'è modo e modo, però, di dire "no": la negazione dovrebbe essere espressa con ferma dolcezza, evitando atteggiamenti che possono umiliare e ferire il bambino. E, attenzione, limitatevi a disapprovare sempre e solo l'azione che il piccolo compie, mai la sua persona! Il grande pedagogista Marcello Bernardi scrive che è bene dire «non si prendono le cose degli altri», invece che «sei un ladro». I no, quando sono giustificati, comprensibili e significativi, sono importanti per il bambino, utili alla sua crescita e alla socializzazione con gli altri: una volta interiorizzati, diventano regole generali che guideranno il suo buon com-*

portamento futuro. La proibizione funziona, però, solo se è espressione di divieti in cui gli stessi genitori credono fermamente e che essi stessi rispettano (ad esempio: non si può dire al bambino «Non mangiare fuori pasto» e poi sgranocchiare cibo tutto il giorno).

No, infine, a utilizzare il "no" con eccessiva severità e senza corredarlo di spiegazioni: si rischia di far credere al bambino che quei divieti siano delle punizioni per le sue esplorazioni e scoperte. L'atteggiamento potrebbe inibire o interrompere processi intellettivi, cognitivi e affettivi fondamentali per la crescita.

Visitiamo insieme alcuni "no" necessari a educare i bambini al rapporto con se stessi, con gli altri, con l'ambiente che li circonda.

***No ai giochi pericolosi.** E no a tutto quanto può causare incidenti seri. I bambini, specie i più piccoli, difficilmente avvertono il pericolo: per loro il mondo è una grande e magnifica avventura. Cercate di limitare con il vostro comportamento tutte le situazioni a rischio. Tenete d'occhio i bambini, ma a distanza di sicurezza, in modo da non interferire troppo con le loro esplorazioni, ma senza precludervi la possibilità di intervenire tempestivamente in caso di necessità.*

***No a rubare e a compiere atti distruttivi.** No anche a fare dispetti ai più piccoli, a fare richieste eccessive o capricci continui. Questi comportamenti dei bambini non vanno però combattuti con punizioni e minacce. È importante, al contrario, capirne le motivazioni. Probabilmente, attraverso capricci e bizze, piccoli atti distruttivi o violenti piccoli furti ripetuti, ecc. il bambino vuole dirci qualcosa, segnalarci un disagio, un dolore, un evento traumatico di cui non riesce a parlare, oppure una sensazione di solitudine, di abbandono o di svalutazione, un bisogno di affetto che riempia un vuoto interiore* *che, magari, si sta facendo profondo. La migliore strategia per fronteggiare i bambini "terribili" è sempre l'ascolto, la capacità di interessarli e coinvolgerli, l'affetto espresso anche fisicamente, attraverso coccole, carezze e gratificazioni, unite al buon esempio e a una bella dose di fermezza.*

No a maltrattare gli animali. *I bambini, in genere, adorano gli animali e li rispettano. È il cattivo esempio che li porta a comportarsi in modo diverso: se hanno visto trattare male gli animali o se loro stessi sono stati vittime di maltrattamenti da parte degli adulti possono "scaricare" sugli animali i torti a cui hanno assistito o che hanno ricevuto. Insegnare ad amare gli animali significa aiutare i piccoli a sviluppare il senso di empatia e di rispetto nei confronti del prossimo. Il modo migliore? Adottare un cucciolo perché cresca insieme ai nostri "cuccioli".*

No a frequentare "certe" persone, a vedere "certi" spettacoli, a leggere "certi" libri. *E anche a guardare troppa TV*

(sostituite le ore nelle quali i bambini sono incollati al video con altrettanti momenti di ascolto, di dialogo, di attività creative e di gioco insieme!). Comunque, la curiosità e il gusto per il proibito sono parte integrante della crescita, ma è soprattutto quando i figli sono preadolescenti (o adolescenti) che è importante aiutarli a selezionare la compagnia di coetanei o adulti evitando, senza opprimerli, ma guidandoli con fermezza, le situazioni che potrebbero rivelarsi pericolose.

No all'abuso di cibo. *Mangiare in continuazione a volte è un modo per riempire dei "vuoti" di altro genere (o per segnalare l'accadimento di eventi che rendono ansioso o agitato o intimorito il bambino). Si tratta di vuoti che vanno invece colmati con affetto e attenzioni.*

No alle richieste di consumi eccessivi. *Essi amplificano, soprattutto nei bambini, persone in crescita, la dipendenza dagli oggetti e inibiscono e/o tendono a sostituire il valore dei rapporti umani e degli scambi affettivi che non abbiano come fine l'ottenimento di qualcosa di "materiale".*

No alla mancanza di attenzione e di rispetto nei confronti degli anziani. *Essi sono da rispettare e da far rispettare poiché l'esperienza di vita che hanno fatto e l'età che hanno raggiunto sono indicative di un percorso che tutti dovremo fare e che è saggio, doveroso, civile riconoscere. Se i bambini crescono rispettando gli anziani e potendosi rapportare a loro con affetto e fiducia, la loro stabilità interiore si amplifica ed essi possono contare su altri "punti di riferimento", educativi e affettivi nell'affrontare la vita.*

No agli atteggiamenti di discriminazione e di aggressione nei confronti dei più deboli o dei portatori di handicap. *I bambini, prendendo esempio da adulti educati, affidabili, consapevoli, devono poter crescere riconoscendo e rispet-*

tando nell'handicap fisico e psichico una condizione umana che sottolinea, amplifica, integra le normali possibilità fisiche e psichiche di ogni persona.

No ad atteggiamenti di razzismo o nei confronti di chi è "diverso" culturalmente, socialmente, sessualmente. *L'educazione al rispetto della "diversità" è un valore fondamentale in una società tecnologicamente evoluta e in evoluzione, dove le distanze virtualmente si azzerano ma dove il timore di perdere la propria identità aumenta a dismisura e innesca, spesso, difese "estreme" e violentissime da parte delle persone e delle comunità. I bambini vanno, pertanto, educati alla conoscenza, alla convivenza, alla condivisione.*(*)

Quando è timido

Ha 7 anni e ha sempre quell'espressione di imbarazzo sul viso. E poi diventa rosso al minimo segno di attenzione su di lui. A volte fa tenerezza ma, in altre occasioni, ci fa rabbia perché lo vorremmo più spigliato e intraprendente.
Ma è possibile che un bambino così piccolo sia già un timidone? E, soprattutto, come si diventa timidi?

L'origine della timidezza risale spesso all'infanzia o all'adolescenza e trova le sue radici, ancora una volta, nei comportamenti degli adulti. Può capitare, ad esempio, che sia la timidezza dei genitori a rendere timido il bambino. Già, perché se le principali figure di riferimento affettivo, per prime, si tengono lontano da contatti sociali e nuove amicizie, accade che il bambino tenda a seguirne l'esempio. Anche atteggiamenti di iperprotezione, la tendenza dei geni-

(*) Maria Rita Parsi, *Un bel No non si nega mai*, da «Sorrisi e salute», 1° settembre 1999.

tori a essere eccessivamente critici e autoritari nei confronti dei figli, a sottoporli a frequenti e immotivati rimproveri, o l'abitudine a deriderli e prenderli in giro possono far nascere nei bambini quella "paura degli altri" che caratterizza la timidezza e che può divenire paralizzante se ci si sente umiliati o, ancor peggio, non amati.

Come comportarsi con un bambino timido? Come aiutarlo a vincere le sue paure?

Innanzitutto evitando gli atteggiamenti che possono accrescere la sua difficoltà a rapportarsi agli altri: l'atteggiamento ipercritico, i rimproveri continui a lungo andare minano profondamente l'autostima del bambino e lo rendono insicuro, ingigantendo la sua timidezza. Al contrario, sarà importante valorizzare i suoi punti di forza e accettare i suoi naturali limiti: in questo modo, lo aiuteremo a volersi bene, realmente, per quello che è. Inoltre, teniamo ben presente che i bambini timidi hanno spesso difficoltà a esprimere "emozioni negative", quali paura e rabbia, aggressività e, in alcuni casi, odio. È molto importante, quindi, aiutarli a esprimere i sentimenti, insegnando loro a gestire l'aggressività, a "buttarla fuori" e non a tenerla dentro.

Infatti, proprio la rimozione di questi "sentimenti" negativi può aver dato origine alla timidezza del bambino. Soffrendo per l'ambivalenza che lo vedeva oscillare tra amore e odio, tra rabbia e paura, il bambino può aver percepito come minacciosi quei sentimenti che lo agitavano dentro, volendoli, così, negare o sopprimere.

Per questo, è necessario riflettere sull'importanza di accompagnare, con il nostro esempio e con la nostra attenzione, lo sviluppo emotivo, affettivo dei bambini, evitando di lasciarli soli alle prese con il proprio mondo interiore di certo assai ricco e vivace ma proprio per questo difficile, a volte, da comprendere ed elaborare.

UN PICCOLO AIUTO

In questi ultimi anni si parla molto di educazione emotivo-affettiva per bambini e adulti; i testi ricchi di riflessioni e di spunti pratici non mancano, quindi vi suggerisco di approfondire l'argomento seguendo la bibliografia consigliata, fermo restando l'invito a favorire l'ascolto e il dialogo con i bambini per conoscerli e comprenderli nella loro unicità.
Anche la timidezza può essere superata quando il bambino si sente accolto e sperimenta, ad esempio in forma di espressione creativa, la possibilità di comunicare. Così, attraverso il movimento, il canto, la drammatizzazione, la poesia, il fare musica, il tracciare graficamente, i bambini possono non solo esprimersi, ma anche elaborare e trasformare emozioni e vissuti profondi.

IN SINTESI

1. Colleghiamo il nostro essere timidi alla timidezza del bambino: se noi stessi siamo delle persone timide, è molto probabile che lo siano anche i nostri figli.

2. Verifichiamo se il bambino abbia atteggiamenti inibiti solo in ambienti extrafamiliari o se questo atteggiamento sia, invece, generalizzato.

3. Evitiamo atteggiamenti di iperprotezione o la tendenza a essere eccessivamente critici o autoritari nei confronti del bambino. Non sottoponiamolo a frequenti e immotivati rimproveri che lo rendono inibito e accentuano i sentimenti di "inadeguatezza" così frequenti nei timidi.

4. Valorizziamo i punti di forza del bambino e accettiamo, senza riserve, i suoi naturali limiti; in questo modo lo aiuteremo ad accettarli.

5. Teniamo ben presente il collegamento tra aggressività e timidezza. Assai spesso la timidezza è il risultato di tante rabbie inespresse, di molte inibizioni, di sensi di colpa e di inferiorità.

PER SAPERNE DI PIÙ

JOHN GOTMAN - JOAN DECLAIRE, *Intelligenza emotiva per un figlio*, Rizzoli, Milano 1997.

R. SCHACHTER - C.S. MCCAULEY, *Paure normali e fobie nel bambino*, Ferro edizioni, Milano 1990.

STANLEY I. GREENSPAN, *Intelligenza del cuore*, Arnoldo Mondadori Editore, Milano 1997.

M. SCARDINO - M. BARBATO, *L'adolescenza e i suoi linguaggi*, Ed. Internazionali, Roma 1995.

Quando è malato

Che si tratti di raffreddore, intervento alle tonsille o qualcosa di più grave, la malattia è sempre un evento critico, sia per il bambino che per gli adulti che gli stanno accanto. Quali caratteristiche ha la reazione del bambino?

Una modalità del bambino di reagire al dolore è definita "regressione". Il bambino, cioè, mostra un rinnovato bisogno di coccole e cure corporee come quando era molto piccolo. Ad esempio può richiedere di essere nuovamente imboccato, di dormire nel lettone, di avere tutti intorno a sé. Sente, insomma, l'esigenza di regredire, di tornare indietro nel tempo per farsi contenere dalle braccia e dalle cure materne e parentali, e "in mezzo" o nel "lettone" per essere tutelato, controllato, assistito, rincuorato. La malattia può spaventare il bambino perché porta con sé un dolore fisico più o meno rilevante che, spesso, si accompagna a una limitazione nella possibilità o volontà di muovere il corpo. Accade così che il bambino si abbatta non solo fisicamente, ma anche psichicamente. Sentendo diminuire la sua forza vitale, spiegano la professoressa Annamaria Dell'Antonio e il professor Ezio Ponzo, il piccolo sperimenta un senso di impotenza (che si riscontra spesso anche nell'adulto) ma anche una svalorizzazione della propria immagine, perché nei bambini la buona percezione di se stessi, delle proprie energie è strettamente connessa alla percezione delle proprie capacità fisiche. Spesso, poi, i bambini, pur avendo chiara sensazione del disagio prodotto dalla malattia, hanno difficoltà a comprendere le cause di quel malessere, talvolta proprio perché gli adulti nascondono e non spiegano ai piccoli che cosa realmente sta accadendo nel loro corpo.

Questo atteggiamento di genitori e medici non può far altro che alimentare il bisogno di essere sostenuti e protetti, di affidarsi a chi sa e comprende. Preoccupati o spaventati dall'ignoto che la malattia rappresenta, alcuni bambini si chiudono in se stessi e, per esprimere il disagio, si affidano a un lamentarsi autoconsolatorio, altri imbastiscono "capricci" e "provocazioni" tesi ad attirare l'attenzione dei genitori, a far sì che paura e preoccupazioni coinvolgano gli adulti affinché essi si "occupino" di loro, senza pause o distanze emotive. Per alcuni l'espressione di dolore dei propri figli è fonte di ansia ancor più che la malattia stessa: di fronte alla chiusura o alla protesta stizzosa si sentono in difficoltà, diventano iperprotettivi e, spesso, si sentono investiti da mille sensi di colpa.

Che fare, allora?

Mantenere la "calma" e spiegare al bambino la malattia come un fatto normale che può accadere a chiunque. Informarlo sulle indicazioni del medico e (in relazione all'età del bambino) farlo partecipe delle potenzialità curative delle medicine, magari riproponendo le cure sotto forma di gioco, con bambole e pupazzi, o "drammatizzazioni" con inversioni di ruoli (l'adulto diviene il bambino malato e il bambino diviene l'adulto/dottore). Durante la malattia è importante, inoltre, la presenza tanto della mamma quanto del papà e/o di figure parentali (ad esempio i nonni) alle quali il piccolo è affezionato, che abbiano la capacità di rassicurarlo evitando di diventare ansiosi o di far sentire il bambino colpevole di essersi ammalato.

Evitare, comunque, di raccontare bugie, altrimenti, in futuro, non si fiderà più! Qualsiasi cura il bambino debba sopportare, dalla puntura al ricovero in ospedale, è bene spiegargli tutto con attenzione e rispetto, preparandolo a ciò che lo aspetta ed evitando, chiaramente, inutili dettagli che possano accrescere le sue ansie.

E quando è necessario il ricovero in ospedale?

Il contenimento affettivo dei genitori e la loro serenità sono fondamentali. In un bambino ospedalizzato, soprattutto nel periodo che va dai 6 ai 30 mesi, la perdita temporanea dei punti di riferimento può portare a una condizione depressiva che spesso limita o, addirittura, annulla anche la sua normale reazione fisica alla malattia. Da questo punto di vista, sono da considerarsi eccellenti le iniziative realizzate nei reparti pediatrici di alcuni ospedali italiani e sostenute dall'ABIO (Associazione per il bambino in ospedale) in collaborazione con una nota azienda privata. Lo spirito informatore di questo progetto è il principio secondo cui il divertimento e il gioco, oltre alla presenza costante e rassicurativa dei genitori, rappresentano la carta vincente per far superare ai bambini il trauma dell'ospedalizzazione. Questo significa non solo allestire ambienti a misura di bambino e stanze di accoglienza per i genitori, ma anche formare in modo specifico volontari ABIO che possano fornire il giusto sostegno emotivo e psicologico tanto ai bambini quanto ai loro familiari.

Secondo Giuliana Filippazzi, coordinatrice dell'Associazione europea per i bambini in ospedale (EACH), è importante parlare al bambino dell'ospedale come di un posto dove si va per guarire e da cui, una volta guariti, si ritorna dalla mamma e dal papà.

Sottolineare come medici e infermieri siano persone che sono a disposizione dei bambini per contenere la sofferenza e superare la malattia.

IN SINTESI

1. Analizziamo il nostro atteggiamento nei confronti delle malattie in generale, collegandolo alla nostra storia personale e a come abbiamo vissuto le nostre malattie o quelle dei parenti nella nostra famiglia di origine.

2. Teniamo conto della momentanea regressione in cui il bambino malato incorre: ci sembrerà, infatti, di avere a che fare con un bimbo molto più piccolo di quanto non sia effettivamente.

3. Stiamogli molto vicino: il bambino ha bisogno di rassicurazioni e, soprattutto, ha bisogno di essere rassicurato in merito al fatto che, quando è malato, egli non costituisce per noi un problema per il fatto che blocca i nostri impegni. Insomma che egli è il primo nella lista dei nostri pensieri. Nel contempo, evitiamo che i sensi di colpa ci trasformino in genitori "iperprotettivi".

4. Spieghiamo a nostro figlio che le malattie più o meno gravi, sono presenti nella vita di chiunque. E che per guarire bisogna seguire le indicazioni del medico e accettare il decorso della malattia.

5. Non raccontiamo bugie sul decorso della malattia e cerchiamo di prepararlo a ciò che lo aspetta, evitando chiaramente quei dettagli che possono accrescere le sue ansie.

DA FARE INSIEME

Visitare l'associazione "Peter Pan" per i bambini malati di tumore (Ospedale Bambin Gesù di Roma).
Questa associazione di genitori e operatori ha realizzato un luogo di accoglienza dove le famiglie dei bambini malati di tumore possono abitare per rimanere accanto al bambino che è in cura. L'obiettivo è un'assistenza che prevede il benessere e la cura per l'intera famiglia.

PER SAPERNE DI PIÙ

FRANÇOISE DOLTO, *Parlandone è più facile*, Emme Edizioni, Milano 1982.

–, *Quando c'è un bambino,* Emme Edizioni, Milano 1979.

MARIA LUISA FALORNI - ANDREA SMCRTI, *Madri in ospedale*, Il pensiero scientifico Editore, Roma 1984.

LYNN FOSSUM, *Dominare l'ansia*, Franco Angeli, Milano 1994.

THOMAS GORDON, *Genitori efficaci*, La Meridiana, Molfetta 1994.

ANNAMARIA DELL'ANTONIO - EZIO PONZO, *Bambini che vivono in ospedale,* Roma 1982.

Quando non vuole tagliare capelli e unghie

Una delle fatiche più improbe per la maggior parte delle mamme e dei papà è convincere i bambini a tagliarsi unghie e capelli. Pianti, urla, strepiti. Perché i bambini si comportano in questo modo?

Nei primi anni di vita i bambini si separano con enormi difficoltà dai prodotti del proprio corpo. L'atteggiamento estremamente oppositivo che essi esibiscono in occasione di normali operazioni di pulizia a cui la madre o il padre "tentano" (a volte senza riuscirvi) di sottoporli, è una misura tangibile di quanto essi soffrano per quei "tagli". Tagli che simbolicamente i bambini vivono come vere e proprie perdite.

In fondo, separarsi dalle unghie, dai capelli, talvolta dalla cacca e dalla pipì (i più piccoli spesso fanno storie anche per urinare o defecare, costringendo le mamme a interminabili "sedute" in bagno...) significa per loro separarsi da parti di sé. Insomma, il taglio dei capelli e delle unghie costituisce pur sempre un distacco da qualcosa che è parte integrante del corpo del bambino prima che egli decida di separarsene perché l'adulto mette in opera un taglio o, nel caso della pipì e della cacca, perché obbliga il bambino a "depositare" i suoi prodotti nel vasino o nel water. Il bambino vorrebbe conservare tutto di sé, controllare ogni cosa ed è così che, ad esempio, il "distacco" dalle feci, per il fatto che esse debbano quotidianamente essere "lasciate", costituisce un evento che, se il bambino ha dei problemi nel rapporto con le figure di riferimento affettivo e con l'ambiente circostante, può trasformarsi in un momento di angoscia, e/o di fastidio e/o di aperta ostilità.

Come si possono interpretare, dunque, i rifiuti del bambino?

I no del bambino al taglio di unghie e capelli, o i suoi tentativi di trattenere la cacca e la pipì, sono segnali che tradotti potrebbero significare: "Non sono ancora pronto per diventare grande, per crescere". Riflettiamo un attimo su che cosa sono le unghie e i capelli: il fatto stesso che essi vengano tagliati per poi ricrescere rimanda, simbolicamente, all'esistenza di un ciclo che finisce e che prelude, poi, all'inizio di uno nuovo.

Ma anche l'ostinazione del bambino rispetto alla "cacca nel vasino", in fondo, rimanda a un momento di crescita importante: lasciare il pannolino, infatti, è una delle prime tappe del processo di autonomia e di distacco dalla figura materna. Ecco quindi che le proteste del bambino contro quei "tagli" o quei quotidiani, necessari distacchi rimandano alla paura di crescere e rappresentano la modalità infantile per ritardare quanto più è possibile quel momento.

Inoltre, rifiutando di sottostare a un taglio di capelli o di unghie (e/o rifiutando di defecare o trattenendo la pipì), il bambino può voler sperimentare il suo potere nei confronti degli adulti. Come dire: "Non ti dono le cose che produco con il mio corpo. Esse restano soltanto mie e non me ne voglio separare perché mi danno forza e interezza. Sono cose preziose e me lo conferma il fatto che tu me le chiedi con insistenza. Ma se sono preziose e tu le vuoi, mio è il *potere* di dartele o non dartele. E questa volta è mia la possibilità di *contrattarle* in cambio di attenzione, amore, cure".

Come ci si può comportare, in questi casi?

La cosa più importante è evitare che abitudini normali come queste vengano connotate negativamente. A tal proposito, un espediente quasi sempre efficace consiste nell'inserire il taglio di capelli e unghie in una dimensione di gioco. Ad esempio, si può permettere al bambino, magari utilizzando speciali forbici giocattolo, di simulare il taglio di capelli e unghie eseguendolo su un suo bambolotto o su un adulto. Il ripetere, in forma attiva, un'azione che egli è costretto a subire aiuta il bambino ad accettarla con più facilità e, in un certo qual modo, a elaborare, almeno in parte, quel piccolo lutto che la perdita di unghie e capelli comporta. Del resto, osservando un bambino, è possibile accorgersi di come egli, quasi sempre, tenti di elaborare le sue piccole frustrazioni utilizzando lo strumento ludico: lo fa quando, ad esempio, costringe la sua bambola a mangiare («Apri la bocca e mangia...! Ho detto mangia!!!») oppure quando sottopone il bambolotto di turno a tagli e punture («Adesso dobbiamo andare dal dottore a fare la puntura... Su fai il bravo!...»).

È chiaro, poi, che qualsiasi tipo di coercizione o imposizione, sostenuta o meno da minacce di punizione, non solo non sortisce alcun effetto, ma finisce per trasformarsi in una violenza che il bambino accetta di subire solo perché è l'autorità degli adulti che glielo impone.

IN SINTESI

1. Torniamo indietro nel tempo per recuperare le nostre reazioni da bambini al taglio di unghie e capelli.

2. Ricordiamo che, nei primi anni di vita, i bambini si separano con enormi difficoltà dai prodotti del proprio corpo.

3. Analizziamo se l'avversione di nostro figlio si verifica solo in presenza di una persona in particolare (ad esempio madre, padre o entrambi, ma non con i nonni). In tal caso è possibile che il bambino abbia una difficoltà relazionale specifica, cioè legata al rapporto con quella determinata persona.

4. Valutiamo se il bambino ci stia dicendo: "Non sono ancora pronto per diventare grande, per crescere, e ho un po' paura di perdere qualcosa di me". Ogni crescita, infatti, prevede distacchi e perdite, ovvero passaggi necessari di iniziazione che ci danno il senso dell'aprirsi e del chiudersi di "cicli" come percorso di ogni vita.

5. Collochiamo tali abitudini (così come altre ancora) in una dimensione di gioco ed evitiamo che esse vengano connotate negativamente come obblighi, doveri, costrizioni, imposizioni.

PER SAPERNE DI PIÙ

Anna Oliverio Ferraris, *Crescere. Genitori e figli di fronte al cambiamento*, Raffaello Cortina Editore, Milano 1992-1993.

Quando dice le parolacce

Le parolacce rappresentano uno dei problemi più "cari" ai genitori. Perché, è inutile negarlo, ci sono situazioni in cui le parolacce dei piccolini non ci divertono affatto, anzi, ci fanno proprio vergognare! Ma come mai i bambini si accaniscono tanto a dire le cosiddette "parole sporche"?

La prima volta che dicono "cacca", i bambini suscitano l'ilarità degli adulti che mascherano malamente il riso sotto uno sguardo di finta disapprovazione. Ma quando il piccolino, con logica e in modo consono, comincia a "declamare" il suo nuovo vocabolario, magari davanti all'amica della mamma o al collega del papà, gli sguardi si infiammano. E l'ilarità si trasforma in vergogna. Puntualmente, viene fuori la classica frase: «Ma chi gli avrà insegnato a dire queste cose? In casa non le diciamo mai...». In realtà, gli elementi da considerare sono diversi. La prima cosa da sottolineare è che per il bambino le "brutte parole" hanno potenzialmente lo stesso valore di quelle "belle". Nel periodo in cui il bambino comincia ad acquisire il linguaggio, infatti, pronuncia tutte le parole, con l'impegno e il piacere di esercitarsi a parlare. È solo successivamente, intorno ai tre anni, che pronunciare quei "suoni" assume un significato particolare (e non perché il bambino sia "cattivo"), quando l'ambiente circostante connota in modo specifico il suo parlare, operando una distinzione tra parola e parolaccia, tra discorso e turpiloquio.

Quindi la nostra reazione può essere addirittura negativa?

I bambini, intuitivi e perspicaci per natura, capiscono dalla reazione dell'adulto che si tratta di parole particolari, diverse dalle altre. Con la conseguenza che le parolacce acquistano un'aura tutta speciale che stimola l'interesse e la curiosità dei piccoli. E se il bambino non ha ancora attribuito ai divieti un carattere etico, il "no" degli adulti può stimolare il suo desiderio di opporsi, di "trasgredire" le proibizioni, di restituire quel "no" per misurarsi con i grandi e sperimentare i primi passi dell'autonomia. E così come la proibizione di dipingere sulle pareti di casa, di mettere le dita nel naso, di urlare può divenire l'occasione per "fabbricare" candidi scherzetti a mamma e papà, altrettanto potrà accadere con le parolacce, pronte a trasformarsi nel gioco provocatorio più divertente del mondo!

Come ci si deve comportare, quindi?

Lo riconosciamo, potrebbe essere estremamente difficile, ma gli adulti dovrebbero convincersi del fatto che, almeno nella prima infanzia, le parolacce sono per i bambini parole uguali alle altre. Pronunciarle rientra nel loro normale esercizio di esplorazione del linguaggio e della realtà circostante. Assimilando questo concetto, mamme, papà e nonni, sconcertati di fronte a "certe espressioni", potranno evitare di esibire quegli atteggiamenti che, anziché arginare il problema, non fanno altro che rafforzare l'abitudine del bambino e accendere la sua curiosità. Bando alle punizioni, quindi, agli sguardi di disapprovazione, alle espressioni di panico e a tutte quelle azioni che possono rafforzare, nel bambino, l'idea che la parolaccia sconvolga il mondo degli adulti. Nel contempo, si può cercare di capire in quale ambiente il bambino abbia appreso quel linguaggio. Non dimentichiamo, inoltre, che la scuola, la palestra, il cortile, la strada, in una parola l'ambiente extrafamiliare, possono essere, in quanto luoghi di aggregazione, spazi sociali che "veicolano" le parolacce. Anche la televisione (almeno "certa" televisione) è da tenere sotto controllo! Certi programmi, infatti, sono ricchi di "serbatoi" da cui i bambini attingono per parlare o "parolacciare". Ma per arginare queste "impudiche espressioni" è utile, soprattutto, prendere in esame il contesto familiare. L'esempio adulto è il principale metodo educativo. E per un bambino non c'è niente che disorienti di più del divieto per qualcosa che noi stessi facciamo.

IN SINTESI

1. Ricordiamo che, soprattutto quando si tratti di bambini di 2-4 anni, il fatto che essi dicano le parolacce rappresenta un problema per gli adulti e non per i bambini che, al contrario, sperimentano, dicendole, l'utilizzo di parole che hanno, comunque, "l'effetto" di sorprendere o sbalestrare o far indignare l'adulto e che, peraltro, essi hanno proprio appreso dagli adulti.

2. Nel periodo in cui i bambini cominciano ad acquisire il linguaggio, pronunciare parolacce è un semplice esercitarsi a parlare.

3. Ricordiamo, poi, che l'atteggiamento adulto ridefinisce in negativo l'uso di certe espressioni talché il bambino, quando ancora non ha introiettato completamente divieti e proibizioni di carattere etico, può usarle in modo "provocatorio".

4. Evitiamo anche atteggiamenti di sconcerto o di vergogna o di indignazione che, anziché arginare il problema, non fanno altro che rafforzare la provocazione del bambino e/o accendere la sua curiosità.

5. Indaghiamo la provenienza di quelle espressioni, cercando di capire in quale ambiente le abbia apprese qualora non fosse proprio il contesto familiare.

PER SAPERNE DI PIÙ

Maria Rita Parsi, *Il pensiero bambino*, Mondadori, Milano 1991.

Anna Oliverio Ferraris, *Crescere. Genitori e figli di fronte al cambiamento*, Raffaello Cortina Editore, Milano 1992-1993.

Quando si appropria di cose non sue

Qualche volta lo vediamo mentre preleva una barretta di cioccolato o un pacchetto di gomme dallo scaffale e, distrattamente, lo infila in tasca.
Poi, alla cassa del supermercato, siamo costretti a subire il sorriso compatito della cassiera che dice: «Non si preoccupi, signora, in fondo sono bambini...». Ma poi, accade anche che, tornando da un pomeriggio di gioco a casa di un amichetto, abbia le tasche piene di soldatini non suoi. Nel giro di un'ora arriva la telefonata della mamma dell'amichetto: «Non è che, per sbaglio, Giulio ha preso i soldatini di Carlo? Sai, si sta disperando perché non li trova...».
A quel punto, ci arrabbiamo sul serio. "Possibile", ci diciamo, "che nostro figlio sia un ladro? Ma dove avrà imparato a comportarsi così? Ma, allora, abbiamo sbagliato tutto?"
Esperienze del genere sono estremamente dolorose per un genitore. E, soprattutto, incomprensibili.
Perché un bambino ruba?

Il "furto" nei bambini è molto più frequente di quanto non si possa immaginare. Va precisato, però, che in generale non si può parlare di un vero e proprio furto prima dei 6-7 anni. Prima di quest'età, infatti, il bambino non ha ancora un'idea chiara del concetto di proprietà.

Usando un termine tecnico, potremmo dire che egli è "egocentrico", riesce cioè a vedere le cose solo dal suo personale punto di vista.

Il che significa, in termini ancora più semplici, che se ha ben chiaro dentro di sé che cosa significa "mio" (anzi, è tutto suo...), non è altrettanto perspicace rispetto alle nozioni di tuo, suo, altrui. Inoltre, un bambino di quest'età è ancora troppo piccolo per assimilare nozioni complesse come la differenza tra il comportarsi bene e il comportarsi male: l'etica, insomma il principio morale in sé, è una conquista ancora lontana per lui.

Ma, allora, quando l'appropriarsi di oggetti di amici e compagni assume una vera e propria connotazione di furto?

Come dicevamo prima, dopo i 6-7 anni, quando, cioè, la socializzazione, il rapporto con i coetanei acquistano un significato molto importante nella sua vita. Anche se, per quanto il bambino più grandicello si renda perfettamente conto di compiere un'azione sgradita, il senso di colpa difficilmente compare, anzi...

Qual è il significato del furto nel bambino più grande e fino a che punto deve essere considerato preoccupante?

Un primo punto da sottolineare è che, quando un bambino ruba, non lo fa mai solo e soltanto per il valore materiale o utilitaristico dell'oggetto sottratto. In generale, dietro il furto c'è quasi sempre una situazione di disagio: nell'ambiente familiare, in quello scolastico, nelle relazioni con gli altri. Va messo in evidenza, poi, il significato di "riappropriazione" che spesso il furto infantile ha. Vale a dire che, nella maggior parte dei casi, il bambino, attraverso il suo comportamento, cerca di riprendersi ciò che gli è stato sottratto. Solo che, in questo caso, il piccolo Arsenio Lupin mira a beni ben più preziosi di caramelle, soldi o giocattoli. Il suo autorisarcimento, infatti, si riferisce all'affetto, alla considerazione, all'attenzione e all'ascolto da parte delle principali figure di riferimento affettivo. A questo proposito, vengono in mente le parole del grande D. Winnicott quando sottolinea il fatto che un bambino ruba principalmente a sua madre. Prendendole i soldi dal borsellino o rubandole quell'anello tanto prezioso, egli cerca di riaffermare i suoi diritti su un "bene" che considera esclusivamente suo, di confermare il suo possesso. Ecco quindi che, in questo caso, il furto è il sintomo di una separazione affettiva dalla madre che il bambino non ha ancora "mandato giù". È come se dicesse "se proprio non posso avere lei, almeno mi rifaccio su ciò che è suo...". Ogni situazione, però, può essere diversa da un'altra. È importante, quindi, valutare singolarmente ogni episodio, stabilire ad esempio qual è il significato simbolico dell'oggetto che il bambino ruba. Analizzare chi sia la vittima del furto, che cosa significhi per il bambino la persona a cui ha rubato qualcosa.

A questo proposito, viene in mente un caso clinico riportato dalla psicoterapeuta infantile Silvia Vegetti Finzi. In esso un bambino a cui non mancava praticamente nulla, giocattoli, abiti, soldi, rubava a un suo amico un oggetto di nessun valore, il catenaccio del suo armadietto.

Evidentemente questo era un modo per appropriarsi di qualità che egli non possedeva: la spigliatezza, l'inventiva, il successo tra gli amici. Quasi come se, rubando quell'oggetto insignificante, quel bambino potesse diventare, almeno un po', come il suo amico.

Di fronte a questi comportamenti, come agire?

Sicuramente non sono da sottovalutare e vanno affrontati. È importante, soprattutto, dargli un senso e sottolineare che comunque si tratta di azioni disoneste. Nel fare questo è indubbio che siano da evitare stigmatizzazioni umilianti cui, spesso, vengono sottoposti questi bambini: «Sei un ladro, un delinquente... dovresti andare in carcere...». Parole del genere vanno assolutamente evitate perché sono estremamente

umilianti, mortificanti per il bambino. Un bambino che, non dimentichiamolo, ha già i suoi problemi con la vergogna e i sensi di colpa e che raramente sa perché si è comportato in quel modo. Etichettare il bambino, magari umiliandolo davanti ad altre persone, significa spesso innescare uno sterile braccio di ferro tra lui e l'adulto.

Quasi come se l'accusa, espressione di grande disistima nei suoi confronti, lo spingesse a essere ancor più provocatorio, quindi a rubare di nuovo e con maggiore frequenza, se è possibile. È così che un comportamento infantile che ha il valore di sintomo, di spia di un disagio profondo, si cristallizza, aprendo la via a futuri comportamenti antisociali nell'adolescenza. È così che comincia a strutturarsi quell'identità negativa che tanto spesso ritroviamo nei ragazzini che mostrano gravi condotte antisociali.

IN SINTESI

1. Individuiamo le cause occasionali (eventi familiari o extrafamiliari che possono aver turbato il bambino) e la situazione di disagio che stanno dietro al comportamento.

2. Riflettiamo sui significati inconsci che il bambino può attribuire sia all'oggetto del suo furto sia alla persona che ne è stata vittima (o anche la situazione in cui è avvenuto il furto). Ricordiamo episodi simili nella nostra infanzia o preadolescenza.

3. Non sottovalutiamo il problema e non mostriamoci superficiali rispetto a esso.

4. Diamo un senso a ciò che ha fatto il bambino per aiutarlo a comprendere che cosa lo ha spinto a rubare.

5. Evitiamo le "condanne pubbliche", sia a casa sia a scuola ma, se necessario e a seconda dei casi, applichiamo sanzioni che consentano al bambino di introiettare le ragioni del nostro divieto a rubare (ad esempio: restituzione di ciò che è stato rubato; risarcimento, in altro modo, del valore di ciò che egli ha sottratto) e ridiamogli tutto l'ascolto, l'attenzione, l'affetto e la considerazione di cui si è sentito "derubato".

PER SAPERNE DI PIÙ

ALICE MILLER, *Il bambino inascoltato*, Bollati Boringhieri, Torino 1989.

DONALD W. WINNICOTT, *Dalla pediatria alla psicoanalisi*, Giunti-Martelli, Firenze 1991.

Quando dice spesso piccole bugie

Molto spesso i genitori sono sconcertati dalle fantasiose bugie dei propri figli. Ma fino a che punto è lecito riderci sopra?

Mentire è un comportamento infantile molto frequente tra i 3 e i 4 anni. Le bugie, infatti, rappresentano una tappa significativa di quell'importantissimo processo attraverso cui il bambino acquisisce il linguaggio e la sua funzione simbolica. Inizialmente il divertimento maggiore del piccolo "pinocchio" consiste nel ripetere le parole che apprende. Ma in seguito, quando scopre che si può anche "non dire tutto", allora il suo passatempo preferito sarà proprio la bugia. Anche e soprattutto perché il bambino si accorge del fatto che quello è un modo per tener nascosto all'adulto il suo mondo interno, immaginario.

Una modalità per dire: "Ho scoperto che ci sono cose su cui non mi puoi controllare...". In aggiunta a ciò, bisogna sottolineare che, nonostante la distinzione tra vero e falso venga acquisita abbastanza precocemente, tale differenza assume il suo reale significato soltanto tra i 6 e i 7 anni, epoca in cui il bambino fa suo il significato sociale e morale che la contraddistingue.

Ciò significa che, fino a questa età, il mentire è una normale attività del bambino, a metà strada tra gioco, realtà e fantasia.

E dopo questa età?

In questo caso va fatta una distinzione rispetto al tipo di bugia che il bambino costruisce. In generale quando un bambino, che abbia già superato gli 8 anni, mente, lo fa perché probabilmente la realtà in cui vive non gli piace e ha bisogno di modificarla per rendersela più accettabile.

Questo accade o perché in essa non trova le giuste gratificazioni ai suoi bisogni o perché la sua autostima è talmente bassa che non può permettersi alcuna *défaillance*. Già, perché un bambino che teme sempre di non essere all'altezza, che ha una considerazione molto bassa di sé, che ha dentro di sé un profondo senso di inadeguatezza difficilmente avrà il coraggio di ammettere che, ad esempio, ha preso un brutto voto a scuola.

Ma questa è una conseguenza della considerazione che i genitori hanno di lui: è difficile ammettere limiti, errori, fragilità quando si è di fronte a una mamma e a un papà ipercritici, troppo esigenti e poco gratificanti.

Un bambino che non si senta capito, accettato e considerato per ciò che è avrà paura di ammettere uno sbaglio commesso perché penserà che, in questo modo, i genitori gli vorranno meno bene.

In questi casi, non solo si dovrà evitare di colpevolizzare il bambino per le sue bugie, ma sarà importante modificare completamente l'atteggiamento nei suoi riguardi, andando a colmare quei vuoti che egli ha profondamente sedimentato dentro se stesso.

E quando invece il bambino si inventa storie?

Modificare una realtà poco piacevole è uno dei meccanismi di difesa più provvidenziali che il bambino abbia a sua disposizione.

Non a caso, il bambino protagonista del film *La vita è bella* riesce a salvarsi dall'Olocausto perché, con l'aiuto del padre, trasforma il campo di concentramento in un fantastico gioco.

È chiaro, però, che, quando sia possibile, è importante dare a nostro figlio, nella realtà, quelle gratificazioni che egli cerca nella fantasia. Già, perché questo meccanismo potrebbe diventare preponderante nella sua vita, al punto da rendergli difficile, poi, la distinzione tra gioco e realtà, tra fantasia e mondo reale.

Questo, chiaramente, non significa che gli adulti debbano bloccare le fantasie dei bambini.

Al contrario, la loro funzione dovrebbe essere quella di "canalizzazione". Dovrebbero, cioè, orientare quelle fantasie verso forme che permettano al bambino di esprimere la sua vena creativa e di svilupparla ulteriormente. Ad esempio, incoraggiandolo a tradurre quelle fantasiose storie in racconti scritti.

Il mentire dei bambini è sempre da porsi in relazione con il comportamento dell'adulto, anche quando le bugie non sono legate né a bassa autostima né a un disagio di fondo?

Un bambino può mentire anche perché i suoi genitori, abitualmente, hanno questo genere di comportamento. A questo proposito, Marcello Bernardi parla di «bugie dette per imitare».

Questo significa che il modo migliore per insegnare a un bambino a non mentire è non mentirgli, non esporlo a esempi poco coerenti con quanto gli si impone, non fargli promesse che poi non verranno mantenute.

UN PICCOLO AIUTO

Una forma particolare di bugia è costituita, poi, dal cosiddetto "romanzo familiare": il bambino inventa un'intera famiglia in cui possono trovare la loro collocazione sia fratellini e sorelline, con cui il bambino a volte instaura un vero e proprio dialogo, sia il bambino stesso, che attribuisce al bambino immaginato una sorta di funzione di alter ego.
Anche in questo caso, è un comportamento che può essere considerato assolutamente normale fino all'età di 5-6 anni: in questa fase evolutiva, infatti, il "romanzo familiare" costituisce uno spazio di fantasia che il bambino conserva per meglio definire la propria identità, o per fronteggiare i primi conflitti con l'autorità genitoriale che si sviluppano in occasione dell'imposizione dei primi divieti.

IN SINTESI

1. Ricordiamo che mentire è un comportamento infantile molto frequente tra i 3 e i 4 anni.

2. Ricordiamo che le menzogne, soprattutto dopo i 4 anni, sono spesso legate al bisogno del bambino di "valorizzarsi" agli occhi degli altri.

3. Ricordiamo che, dietro la menzogna del bambino, ci sono spesso genitori ipercritici, troppo esigenti e poco gratificanti.

4. Evitiamo di colpevolizzare il bambino per le sue bugie andando a colmare, con l'affetto e la presenza, quei vuoti che egli ha dentro se stesso e che riempie con le bugie. Diamogli, ad esempio, quelle gratificazioni che egli cerca nella fantasia.

5. Ricordiamo che il modo migliore per insegnare a un bambino a non mentire è "non mentirgli", non esporlo a esempi poco coerenti con quanto gli si impone, non fargli promesse che poi non verranno mantenute. E ricordiamo le nostre bugie di bambini e le ragioni per le quali ci capitava di mentire!

PER SAPERNE DI PIÙ

PETER SHELLENBAUM, *La ferita dei non amati*, Red edizioni, Como 1991.

GIACOMO SCOTTI - MARIO LICCIARDI, *Non si trova cioccolata,* Tullio Pironti, Napoli 1994.

ANNE MARIE VENNER, *Giochiamo col corpo*, Franco Angeli, Milano 1998.

LORENZO MACARIO, *Genitori: i rischi dell'educazione*, Società Editrice Internazionale, Torino 1992.

Quando mangia troppo

Se alcuni genitori si lamentano perché il loro bambino rifiuta spesso il cibo, altri sono preoccupati per il problema opposto: hanno un figlio che, tra martellanti pubblicità di merendine e nonne troppo apprensive, mangia in continuazione. Oggi, effettivamente, assistiamo a un preoccupante incremento dei problemi di sovrappeso tra i bambini. Come mai i nostri bambini mangiano tanto?

L'accudimento del bambino, il prendersi cura di lui fin dalle prime ore di vita, passa attraverso la via dell'alimentazione, perché la madre, assieme al cibo, trasmette, con la presenza, l'attenzione e il contatto corporeo, non solo il nutrimento fisico, ma anche quello affettivo ed emotivo. Come se quel latte buono avesse in sé non solo il potere di alimentare, ma anche quello di dare amore, calore, contenimento, senso di continuità, fiducia. D'altronde anche per molti adulti il cibo assume il significato di una presenza affettuosa e rassicurante, a cui ricorrere ogni qual volta non sia possibile ritrovare nelle relazioni umane quell'identico e appagante conforto primario.

Oggi, soprattutto in società opulente come la nostra, i bambini dispongono di una quantità di cibo praticamente infinita, ma, ahimè, molto spesso alla disponibilità di cibo non corrisponde una altrettanto infinita disponibilità di ascolto, attenzione e considerazione. E così se un adulto, di solito, può buttarsi sul cibo per una delusione o in un momento di ansia incontenibile, un bambino che si accanisce su merendine e cioccolata porta dentro di sé un'inesauribile fame d'amore. Ma, a differenza dell'adulto, non è capace di dare un senso a quei suoi sentimenti, non sa autocontenerli o esprimerli con modalità alternative.

Ma l'esempio dei genitori può avere la sua influenza su questo smodato consumo di cibo?

L'esempio è sempre un elemento di grande importanza. I bambini, certamente, imitano i comportamenti degli adulti e il comportamento alimentare è tra i primi, se non il primo, a essere oggetto di imitazione e veicolo di comunicazione e scambio tra genitori e bambini. Direi, perciò, che queste difficoltà nel rapporto con il cibo, così come accade in altri disturbi del comportamento alimentare, possono essere legate anche a problematiche insite nella relazione con i genitori. Ad esempio, a una protesta infantile contro un'eccessiva invadenza materna, a un bisogno di porre in evidenza i propri ritmi, le proprie esigenze. Pertanto attenzione: un alterato rapporto con il cibo, protratto nel tempo, può essere anche la spia di significative problematiche relazionali che vanno subito indagate.

IN SINTESI

1. Ricordiamo che spesso il cibo rappresenta, sia per gli adulti sia per i bambini, un modo di riempire "vuoti" che sono soprattutto affettivi.

2. Sostituiamo merendine e patatine davanti alla TV con la nostra presenza affettuosa, l'attenzione, i giochi, il dialogo.

3. Ricordiamo che "grasso" non obbligatoriamente coincide con tranquillo, né con simpatico, né con sano.

4. Non proiettiamo sul bambino i nostri problemi alimentari.

5. Facciamo attenzione a un improvviso e repentino cambiamento del comportamento alimentare del nostro bambino. Soprattutto se il consumo esagerato di cibo si accompagna a disturbi del sonno, a scoppi improvvisi di aggressività, a calo del rendimento scolastico.

PER SAPERNE DI PIÙ

Maria Rita Parsi, *Le mani sui bambini,* Mondadori, Milano 1998.

Alba Marcoli, *L'orsetta golosa*, in *Il bambino arrabbiato,* Oscar Saggi Mondadori, Milano 1997.

Renate Gockel, *Finalmente liberi dal cibo*, Feltrinelli, Milano 1993.

Jane Hirschmann, *Come prevenire i disturbi alimentari nei figli*, Positive Press, Verona 1995.

Giorgio e Caterina Calabrese, *Bambini a tavola*, Piemme, Casale M. 2000.

Carmela Cipriani - Irene Campaninosi, *Giochi, burro e marmellata*, Sperling & Kupfer Editore, Varese 1996.

Renate Gockel, *Donne che mangiano troppo*, Feltrinelli, Milano 1990.

Gianfranco Trapani, *Il manuale dell'alimentazione infantile. La corretta nutrizione del bambino dal concepimento all'adolescenza*, Giunti, Firenze 1985.

Quando rifiuta il cibo

Fino a qualche tempo fa i pediatri tranquillizzavano le mamme disperate per l'inappetenza dei figli dicendo: «Non si preoccupi, non s'è mai visto un bambino morire di fame». Ma ora, di fronte all'aumento delle patologie alimentari e alla diffusione di disturbi come l'anoressia anche in fasce di età tradizionalmente non a rischio, c'è molta più cautela. Che cosa può significare il rifiuto del cibo in un bambino?

Abbiamo già sottolineato i significati emotivi e affettivi connessi all'alimentazione. Il cibo rappresenta la prima forma di rapporto che il piccolo instaura con il mondo circostante e, in quanto tale, diventa uno strumento comunicativo di notevole forza. Anche attraverso il rifiuto del cibo, quindi, così come con l'eccessivo interesse per esso, il bambino esprime un disagio intenso, una fortissima rabbia che non riesce a comunicare in altro modo.

Ma a che cosa possono essere legati questo disagio e queste rabbie inespresse?

A volte il digiunare è un modo di protestare. Già, perché, come abbiamo detto in precedenza, attraverso l'allattamento (ma anche dopo, nel periodo dello svezzamento) la madre trasmette al bambino non solo latte e cibo, ma anche emozioni e sentimenti, che in alcuni casi possono essere, ad esempio, ansie e rabbie. C'è da dire, poi, che i bambini imparano prestissimo a capire che il cibo, essendo al centro delle preoccupazioni materne, può diventare un'arma potentissima, di grande efficacia "contrattuale". Vale a dire che i piccoli sanno benissimo che il rifiutare la pappa può rappresentare uno strumento comunicativo per dire "no" (chiaramente, non solo al cibo) molto più efficace e potente di quanto non sia un pianto disperato o il "semplice" uso delle parole. Un "no" a regole alimentari (e non) che non rispettano le sue esigenze, a un clima emotivo e affettivo poco rispondente ai suoi bisogni, a sentimenti ed emozioni degli adulti che egli non riesce a tollerare.

Ma, allora, come bisogna comportarsi?

La cosa più importante è, come sempre, cercare di capire. Capire se il rifiuto del cibo è legato a problematiche nel rapporto madre-bambino presenti fin dalle prime fasi della relazione; se coincide con l'inizio dello svezzamento; se è parte integrante di quella fase della crescita in cui il bambino dice di no a tutto. Approfondire se le difficoltà alimentari rappresentino una modalità del bambino di esprimere l'ansia: in risposta a tensioni all'interno dell'ambiente familiare (conflitti tra i genitori, malattia di uno dei genitori, problemi economici...), come reazione ai primi distacchi (inizio della scuola, ripresa dell'attività lavorativa della madre dopo il parto, inserimento all'asilo...). Così come, a volte, accade agli adulti, può anche darsi che il bambino viva un tale stato d'ansia da non riuscire a "mandar giù" nulla. Né cibo, né "altro".

Qual è il modo giusto di reagire?

Innanzitutto, evitando che la sala da pranzo diventi, simbolicamente, un vero e proprio campo di battaglia in cui ci si scontra per un pugno di riso o una porzione di carne, utilizzando le armi del «no, non lo voglio» o quelle dell'«invece sì, te lo faccio mangiare, a costo di infilartelo direttamente in gola...». Così come i ricatti, le promesse di premi, i baratti del tipo "un giocattolo contro una cotoletta", che hanno una scarsa efficacia perché focalizzano l'attenzione, comunque, sul cibo. Al contrario, certi messaggi andrebbero interpretati da un punto di vista relazionale: che tipo di sfida ci sta lanciando il bambino rifiutando il cibo che noi cuciniamo per lui? Qualora poi, la situazione diventasse sempre più complessa, è importante non scoraggiarsi e consultare un esperto che sappia darci una mano. Sarà lui, poi, a indicarci la via migliore da seguire. Questo per evitare che un rapporto conflittuale con il cibo durante l'infanzia possa poi trasformarsi, nel passaggio all'adolescenza, in un vero e proprio disturbo del comportamento alimentare.

IN SINTESI

1. Ricordiamo che il nutrirsi rappresenta la prima forma di comunicazione che il neonato stabilisce con il mondo circostante attraverso il contatto con la madre.

2. Ricordiamo che il rifiuto del cibo esprime un disagio intenso, una fortissima rabbia che il bambino non riesce a comunicare in altro modo.

3. Ricordiamo che il digiuno significa protesta. Allora chiediamoci: "Contro chi o che cosa protesta nostro figlio?".

4. Evitiamo ogni forma di ricatto o di promessa per ottenere che il bambino mangi: sono assolutamente controproducenti. Cerchiamo, invece, di modificare le situazioni che creano nel bambino questa tensione e disinneschiamo la "mina" della sua angoscia, del suo dolore, della sua rabbia.

5. Non sottovalutiamo, pertanto, il rifiuto del cibo da parte del bambino e, se la situazione si fa più complessa, rivolgiamoci a un esperto che possa darci una mano.

PER SAPERNE DI PIÙ

Elisabeth Morse, *E se mio figlio non mangia?*, Franco Angeli, Milano 1995.

Jane Hirschmann, *Come prevenire i disturbi alimentari nei figli*, Positive Press, Verona 1991.

Peter Shellenbaum, *La ferita dei non amati*, Red edizioni, Como 1991.

Carmela Cipriani, *Mangia che ti racconto*, Sperling Paperback, Milano 2000.

Quando non mangia le verdure

Perché i bambini non amano le verdure? Perché si ostinano a non mangiarle?

Per rispondere, un primo punto "importante" da considerare è il vissuto che i genitori stessi e/o le figure maggiormente coinvolte nell'accudimento alimentare del bambino (quelle femminili soprattutto: le mamme, le nonne, le zie, le "tate", ecc.) hanno rispetto alle verdure. Infatti, nella mia esperienza emerge che, assai spesso, i rifiuti o gli "eccessi di amore" relativi alle verdure vengono sensibilmente trasfusi e attivamente proiettati sui bambini dagli adulti stessi.

Molti genitori insistono affinché i propri figli mangino le verdure ma poi hanno, rispetto a questo tipo di alimento, una sorta di avversione. Spesso insistono, quindi, affinché i bambini facciano qualcosa che essi stessi, poi, rifiutano di fare. Così, magari non a parole ma attraverso tutta una serie di comunicazioni indirette, contraddittorie, inconsce (ad esempio dimenticanze, il fatto che gli adulti stessi non le mangino, il cucinarle nel modo sbagliato, ecc.) trasmettono il loro "non gradimento" piuttosto che la loro predilezione nei confronti di questi cibi. Oppure accade che, per esigenze "dietologiche" (degli adulti, soprattutto!) o perché si è scelta "la fede vegetariana" o, ancora, perché si è convinti che certi cibi (ad esempio le carni animali, gli insaccati, i dolci, ecc.) siano dannosi per la salute, l'importanza delle verdure venga esaltata, glorificata, amplificata. Le verdure vengono, in questi casi, presentate come alimenti "puri" e "purificanti", con il risultato che, per i bambini, la scelta di altri cibi viene vissuta come una sorta di "trasgressione". Certi atteggiamenti, quindi, pur enfatizzando i pregi del consumo di verdure, non fanno altro che aumentare a dismisura, nei bambini, l'attrattiva per tutti gli altri alimenti a discapito proprio degli ortaggi. Un altro elemento da prendere in considerazione è poi il fatto che, nella maggior parte dei casi, le verdure sono presentate e prospettate unicamente come "contorni". E si sa, "contorno" è sinonimo di "accessorio", "secondario", in contrapposizione ad altri cibi, come ad esempio pasta e carne, da sempre considerati "primi" e "secondi" ovvero piatti "principali", più importanti.

Anche nella pubblicità, le verdure fanno la parte delle "Cenerentole della tavola": grande spazio viene dato a dolci, merendine, carni e, perché no, piatti esotici, mentre lo spazio riservato a insalata, spinaci, carote e affini è minimo. Ma se, in queste occasioni, la verdura viene puntualmente svalutata, ci sono altre situazioni in cui, al contrario, i suoi pregi vengono esaltati. Si tratta, però, di situazioni "limite". Pensiamo, ad esempio, alle "diete". Le verdure sono le "star" delle diete. Sono alimenti, infatti, che pur contenendo un apporto calorico minimo danno una sensazione di grande sazietà e, inoltre, cosa ancor più importante, facilitano il transito intestinale, tanto auspicato in qualsiasi tipo di dieta. E, ancora, pensiamo a situazioni di grave disagio psicofisico: come l'anoressia nervosa (il primo stadio di forme più gravi di problematiche alimentari). Tradizionalmente, l'anoressico/a, nella sua quotidiana lotta contro il cibo, cala le armi soltanto davanti alla "foglia di lattuga", perché insieme a carote e sedani rappresenta un "non pericolo" di ingrassamento. E lo stesso avviene nelle diete che le persone affette da anoressia seguono per riabituarsi lentamente a mangiare: le verdure sono sempre ben accette, gradite, non temute. Da qui a identificare la verdura come un "alimento da fame" (collegato a situazioni di mantenimento e/o di recupero psicofisico, di difficoltà, di malattia, ecc.) il passo è breve. Un ulteriore elemento che, in qualche modo, contribuisce alla svalutazione delle verdure è, a mio parere, il fatto che esse, per la loro stessa natura, si contrappongono a tutta una serie di cibi già pronti che, in un'epoca di fast food, di "mordi e fuggi", di ritmi caotici, di corse continue contro il tempo, chiaramente spadroneggiano. Ecco allora che l'impiegata che torna a casa all'ora di pranzo e che non ha niente di pronto, di fronte all'insalata che la guarda "tenera" dal frigorifero e la baguette che ammicca dal ripiano della cucina, unitamente all'affettato che occhieggia dalla dispensa, sceglie il classico panino con il salame. (Non a caso, nei mercati rionali e nei supermercati, oggi, molta verdura viene offerta "già" pronta. Ovvero le verdure vengono vendute già tagliate e "in pista" per l'uso.)

La verdura, soprattutto se fresca ma anche nel caso sia "surgelata", richiede tutta una serie di operazioni che, alla lunga, ne ostacolano il consumo. In una parola, essa non è "immediatamente" fruibile. E, in quanto tale, finisce per essere scavalcata da altri alimenti, forse meno sani, ma sicuramente più "veloci da consumare" e per i quali basta "strappare" l'involucro, portare alla bocca e addentare. Il gioco è fatto!

Pertanto, tradizionalmente, le verdure non solo vengono svalutate ma, anche quando ne siano esaltati i pregi, si associano a condizioni e situazioni poco piacevoli. (Il significato che istintivamente a esse viene attribuito non è quindi del tutto positivo; verdura diventa anche sinonimo di malattia, sacrificio dietetico, restrizione, limitazione, ecc.)

Infine, gli ortaggi svolgono, sulla scena alimentare, essenzialmente ruoli di spalla e non quelli di attori protagonisti. Allora, l'idea potrebbe essere quella di "capovolgere la situazione", modificando la percezione stessa di questo tipo di alimenti. Un primo passo dovrebbe essere quello di promuovere il consumo delle verdure fin dalla prima infanzia. Non a caso, la prima forma di comunicazione è data proprio dall'alimentazione. Ma mentre nel periodo dello svezzamento le verdure fanno abitualmente parte dell'alimentazione del bambino, attraverso i passati e gli omogeneizzati, esse vengono quasi del tutto abbandonate nel periodo successivo. Per cui, una strategia vincente, considerando anche il passaggio quasi diretto delle emozioni e dei vissuti materni nei bambini, potrebbe consistere nel promuovere il consumo delle verdure utilizzando come "target" soprattutto le madri. (Formare le madri e i genitori in genere a valorizzare l'utilizzo degli ortaggi nell'alimentazione godendone, soprattutto, in prima persona. Sensibilizzare le famiglie con manifestazioni, trasmissioni, opuscoli, libri, conferenze, ecc.)

Anche le scuole, poi, dovrebbero attivarsi a questo riguardo, coinvolgendo i bambini in attività di drammatizzazione, ad esempio, che abbiano come oggetto verdure e affini. L'idea è che i piccoli possano conoscere l'importanza delle verdure e apprezzarle "giocando"; che debba affermarsi un altro tipo di vissuto rispetto alle verdure, completamente diverso rispetto al passato: esse devono diventare protagoniste, finalmente. Ecco perché, anche eventuali campagne informative e pubblicitarie, attraverso l'uso degli strumenti succitati (storie, fiabe, drammatizzazione...) dovrebbero essere finalizzate essenzialmente a un "cambiamento di ottica" in merito alle verdure. Ovvero, lo ripetiamo ancora: da elementi accessori, da spalle, a protagoniste dell'alimentazione.

Perché, allora, non mettere insieme qualsiasi cosa sia stata prodotta nel mondo a livello artistico, scientifico, culturale, ludico, ecc. in relazione agli ortaggi in cui le verdure siano state protagoniste indiscusse e, poi, diffonderla, soprattutto attraverso i mass media e i canali di diffusione culturale e sociale più accreditati? (Penso ad esempio a: cartoni animati stile *Braccio di Ferro* ma, soprattutto, anche a mostre di rilievo come quella su Arcimboldo, il pittore del Cinquecento, che costruiva i volti utilizzando per le forme anche degli ortaggi.) Perché non organizzare una sorta di "Festival delle verdure" che, annualmente, presenti le verdure in maniera interdisciplinare (dal cinema al teatro, dalla fotografia al disegno e alla pittura)? Potrebbe essere una strategia vincente per trasformare la presenza delle verdure sulla nostra tavola. Soprattutto se questo, infine, divenisse obiettivo prioritario di campagne informative o di attività di laboratorio creativo all'interno di scuole e asili.

Anzi, i bambini dovrebbero sperimentare essi stessi, direttamente, le verdure. In modo creativo. Magari cucinandole o, ad esempio, utilizzandole per costruire strani pupazzi, per giocare, per sperimentare. Potrebbe essere, lo ripetiamo, un'ottima strategia per collegare la cultura delle verdure alla cultura dell'infanzia. Un grande "Festival delle verdure", supportato dall'ausilio di tutte le discipline, per trasmettere ai bambini direttamente e creativamente il valore, l'uso, l'amore per il mondo verde.

I bambini e la TV

Tuo figlio è teledipendente?

Quanto tempo passa davanti alla TV? Da solo o in compagnia?

Ogni bambino è fatto a modo suo. Ogni famiglia è diversa dall'altra. E i genitori, che sono i migliori esperti dei propri figli, sanno che cosa va bene o male per loro. In tivù, il *che cosa* è altrettanto importante del *quanto*. Perciò la prima regola è scegliere, non vedere quello che capita. Spesso ciò è sufficiente per diminuire le "calorie" televisive. Infatti, all'inizio sarà un po' come mettersi a dieta. Ma, poi, con l'abitudine, tutti in famiglia si sentiranno più liberi e... disintossicati! Fatta salva la libertà individuale, ecco cinque regole di igiene televisiva suggerite dalla nostra esperta.

1) Tivù al bando per i piccolissimi (i bambini sotto i 2 anni): hanno già abbastanza da scoprire per conto loro!
2) Dai 3 ai 5 anni mezz'ora, massimo un'ora di programmi al giorno. Per non rubare tempo al gioco.
3) Nel periodo delle elementari non più di due ore al giorno. Perché aumenta il rischio di teledipendenza.

4) Fate un'agenda televisiva della giornata. La mattina meglio non aprire gli occhi sul teleschermo, ma chiacchierare con i genitori facendo colazione. Il pomeriggio OK ai loro programmi, la sera a nanna presto con solo un assaggio di tivù.
5) Evitare la tivù accesa non stop. Per i piccoli è dannosa quanto il fumo passivo.

Cifre che fanno pensare.

Nel 1996 l'ISTAT ha svolto un'indagine sul tempo libero interpellando 21.000 famiglie italiane. È emerso che:

- il 96,8 per cento dei bambini fra i 3 e i 10 anni guarda la tivù tutti i giorni;
- il tempo medio di visione è di due ore e quaranta minuti;
- i programmi per bambini sono i più gettonati;
- i bambini meridionali guardano la televisione più dei coetanei del Nord;
- più si abbassa il titolo di studio dei genitori, più tivù vedono i piccoli: due ore i figli dei laureati, tre ore quelli che hanno genitori con licenza elementare;
- più l'ambiente familiare è deprivato, più televisione vedono i bambini;
- il periodo di punta del consumo televisivo è tra gli 11 e i 12 anni.

Zapping TV, istruzioni per l'uso

Insegnate ai bambini a diventare buoni teleutenti. Così come li abituate a lavarsi i denti tutte le sere.

A 2 anni sanno già accendere il televisore. A 3 padroneggiano il telecomando. A 4 vi battono ai videogiochi. È vero, con le nuove tecnologie i bambini ci sanno fare. Ma non è un buon motivo per lasciarli incollati alla tivù a saltellare da un canale all'altro.

Gli esperti dicono che, mentre noi guardiamo la televisione per divertimento, i bambini lo fanno per conoscere il mondo. Ma il blob televisivo favorito dallo zapping crea nella loro testa solo confusione. È nella prima infanzia, invece, che si possono gettare le basi per il buon consumo della televisione.

Così come insegniamo loro che per la salute del corpo è importante lavarsi i denti e andare a letto presto, dovremmo spiegare che anche la mente ha bisogno di una certa igiene per pensare meglio. E, vista l'importanza che il televisore occupa nella loro vita, dar loro delle regole precise.

Ad esempio:

- decidiamo insieme i programmi da guardare segnandoli sul giornale;
- accendiamo la televisione solo per vedere i programmi che abbiamo scelto e poi spegniamo la TV!,
- quando si mangia, se possibile, evitiamo di guardare la TV;
- i programmi violenti non si guardano;
- rispettiamo le indicazioni dei programmatori che ci segnalano in video, con un simbolo, sia la necessità della presenza di un adulto accanto al bambino per vedere insieme certe trasmissioni televisive, sia i programmi adatti a lui, sia quelli assolutamente non adatti al bambino.

Cosa fanno quei due tutti nudi?

Erotismo in tivù? È logico che i bambini lo guardino attenti. Perché sono curiosi e anche loro hanno una sessualità.

È normale. Chi più chi meno, tutti i bambini vorrebbero conoscere meglio questa "attività" degli adulti. Che, dopotutto, trova eco in sensazioni ed emozioni che anche loro vivono fin dalla più tenera infanzia. Qui di seguito descriviamo alcuni atteggiamenti e comportamenti che caratterizzano le fasi fondamentali dello sviluppo sessuale dei bambini. Tenetene conto per riconoscere meglio le reazioni di vostro figlio davanti a immagini audaci.

- Quando è piccolissimo, e fino ai 4-5 anni, il bambino esplora il suo corpo, si tocca e scopre il piacere delle sensazioni. In questa fase, le immagini erotiche della tivù sono lontane dalla sua esperienza perché troppo articolate. Ma, se è colpito da certi spettacoli, li mette subito in scena sotto forma di gioco, disegno, racconto.
- Tra i 6 e i 10 anni entrano progressivamente in gioco i filtri inibitori e il bambino inizia a considerare la sessualità come una manifestazione "privata" della propria identità. Se qualcosa lo colpisce, facilmente se la tiene dentro. Ma tutto dipende dal clima che vive in famiglia e dal rapporto che ha con i genitori.
- Dopo gli 11 anni i bambini sono molto interessati a tutti gli aspetti della sessualità e li ricercano. In questa fase la fantasia è molto attiva, le emozioni vengono a galla, si inizia a pensare all'amore come conferma di ruoli e di progetti per il futuro. Sul preadolescente i modelli e i sistemi di valori in tema amore-sesso proposti dalla televisione hanno un forte impatto.[*]

PER SAPERNE DI PIÙ

GIANNI LOSITO, *Il potere dei media*, N.I.S. – Carocci Editore, Roma 1994.

FRANÇOISE DOLTO, *Come allevare un bambino felice*, Oscar Mondadori, Milano 1992.

ANNA OLIVERIO FERRARIS, *Tv per un figlio*, Laterza, Bari 1999.

(*) Gli articoli *Tuo figlio è teledipendente?*; *Zapping TV, istruzioni per l'uso*; *Cosa fanno quei due tutti nudi?* sono tratti da MARIA RITA PARSI, *Le piccole guide – Bambini e Tivù*, in «Donna Moderna», 5 marzo 1997.

Sera – notte

Quando ha visto un film catastrofico

Spesso i grandi kolossal americani propongono catastrofi naturali o catastrofi provocate dall'uomo o minacce provenienti da altri mondi: meteoriti che stanno per abbattersi sulla Terra, marziani che stanno per invaderla, o animali terrorizzanti che minacciano la sopravvivenza degli uomini. Sono film che ai bambini piacciono molto, per gli effetti speciali, per il modo in cui sono costruiti e perché, spesso, un bambino viene messo tra i protagonisti proprio per attirare il pubblico delle famiglie. Tuttavia, capita che molti bambini, pur volendo vedere questi film, siano, poi, sopraffatti dalla paura.
È bene dunque che li vedano?

Le paure sono assolutamente normali nei bambini. Fanno parte di un graduale processo di apprendimento che il piccolo va strutturando attraverso le esperienze sia reali, sia di fantasia. La comparsa delle paure nella prima infanzia segnala l'emergere di un meccanismo autoprotettivo: prendendo coscienza dei suoi limiti e dei pericoli che può "incontrare nella realtà", il bambino evita di cacciarsi in situazioni "a rischio".

È diversa, invece, la paura per eventi catastrofici reali e spesso rappresentati in questo genere di film, come terremoti o inondazioni, dei quali egli può capire la gravità per esperienze personali o perché, crescendo, comprende che possono realmente accadere e che hanno conseguenze devastanti per la vita di tante persone. In questo caso, le paure connesse alle catastrofi o ai disastri naturali fanno prendere coscienza al bambino di alcuni aspetti drammatici della realtà che riguardano la vita di tutti e che, in molti casi, non possono essere né del tutto scongiurati né gestibili, nonostante le cure dell'uomo per prevenirli.

Inoltre, rivelano ai più piccoli che, assai spesso, a provocare danni ancora maggiori sono proprio l'assenza di prevenzione e la mancanza di rispetto dell'uomo nei confronti della natura.

Quest'ultima presa di coscienza, poi, può accentuare nei bambini la paura che gli adulti non sempre siano all'altezza dei loro compiti e che, anzi, siano spesso responsabili di molti guai.

La qual cosa può collegarsi, sia pure per ragioni diverse, a sospetti e/o certezze che i bambini nutrono già in famiglia, in merito a comportamenti "a rischio" degli adulti. Anche il terrore che i bambini provano di fronte a eventi più "inverosimili", quali la distruzione della Terra da parte di meteoriti, marziani o insetti giganti, ha, poi, un senso ben preciso oltre a essere evidentemente legato anche agli effetti speciali, alle musiche, alle modalità drammatiche con cui le scene del film vengono costruite.

La paura del bambino che può, qualche volta, trasformarsi in un vero attacco di panico, gli serve in tal caso per esprimere ansie e angosce non altrimenti manifestabili, inconsce, la cui consistenza può essere misurata proprio dalla reazione "troppo" forte che il bambino manifesta di fronte a uno spettacolo cinematografico o televisivo di questo genere (ad esempio: paura del buio, pianti, bisogno di ritornare nel lettone, ecc.).

Come possiamo aiutare i bambini di fronte a queste paure?

Anzitutto, evitando ai più piccini la visione di questi film. Nel caso che ciò avvenisse, è importante la presenza di un adulto che possa spiegare e chiarire gli avvenimenti rappresentati, che possa contenere i momenti di paura del bambino, sdrammatizzando gli effetti di ciò che egli ha visto o facendo rappresentare ludicamente al bambino le scene che lo hanno spaventato (una sorta di teatrino da fare insieme, ripetendo, nel gioco, le scene paurose), o facendogli disegnare le cose o le persone o le situazioni che lo hanno intimorito oppure giocando, se possibile, a rivedere insieme il film con la tecnica della moviola (scene avanti, indietro, al rallentatore, ecc.). Se si tratta, poi, di bambini più grandi, sdrammatizzante è, soprattutto, la possibilità di ridere insieme o raccontare il film in gruppo con altri bambini.

È possibile, anche, ricostruire le scene con disegni e sagome di cartone; oppure disegnare i personaggi che hanno fatto maggiore paura e, poi, farli a pezzetti.

Anche comprare album di figurine, collezionare immagini delle scene di film che fanno paura, oppure acquistare maschere carnevalesche degli eroi-mostri o, ancora, fabbricarne con le proprie mani attraverso "giochi-costruisci mostri" reperibili in commercio possono grandemente aiutare il superamento di ogni paura.

Inoltre, di fronte a qualunque paura che il bambino manifesti, che sia legata a eventi reali, pericoli probabili oppure catastrofi fantascientifiche, è sempre bene fornirgli tutte le informazioni e le spiegazioni possibili che lo rassicurino, da una parte, facendogli sentire affetto e solidarietà, senza mai prenderlo in giro o ridicolizzare le sue paure, dall'altra mettendolo in condizione di comprendere come si possano causare questi eventi e come sia possibile prevenirli e/o contrastarli.

Pertanto, senza scherzare né drammatizzare, possiamo spiegargli che alcune catastrofi naturali, come frane e alluvioni, possono essere prevenute con il rimboschimento, con una coscienza e un comportamento ecologicamente corretti. Possiamo sottolineare che, al contrario, alcuni eventi, come le invasioni degli alieni, non solo non si sono verificati sinora, ma che, anche se si verificassero, potrebbero anche trasformarsi nell'incontro pacifico fra diversi esseri che popolano l'universo.

Nel caso della paura degli insetti o altri animali ingigantiti e trasformati dagli effetti speciali, dobbiamo e possiamo fare in modo che il bambino familiarizzi con le cose che più teme, coinvolgendolo in passeggiate ed esplorazioni, in modo che veda da vicino l'oggetto dei suoi timori "a misure reali" (ad esempio, le formiche giganti dei film sono nella realtà piccolissime e anche i topi o i ragni hanno dimensioni ridotte).

IN SINTESI

1. Ricordiamo che le paure sono assolutamente normali nei bambini.
2. Ricordiamo che la comparsa delle paure nella prima infanzia segnala l'emergere di un meccanismo autoprotettivo: prendendo coscienza dei suoi limiti, e dei pericoli che può incontrare nella realtà, il bambino evita di cacciarsi in situazioni "a rischio".
3. Ricordiamo che, a volte, il desiderio del bambino di vedere film "catastrofici" serve a lui per entrare in contatto con paure, ansie e angosce inespresse o non altrimenti manifestabili.
4. Forniamo al bambino tutte le informazioni e le spiegazioni che possano rassicurarlo, senza prenderlo in giro o ridicolizzare le sue paure di fronte a certi film o a certe letture.
5. Cerchiamo di sdrammatizzare gli effetti di ciò che il bambino ha visto, ad esempio facendogli raccontare, drammatizzare o disegnare le scene che lo hanno spaventato.

DA FARE INSIEME

CENTRO A. RAMPI PER LA PROTEZIONE CIVILE - R. DI IORIO - D. BIONDO, *Manù e a proteggere ci pensi tu*, Gruppo editoriale ENITALIA, Roma 1997.
FANNY JOLY - JEAN NOEL ROCHUT, *Chi ha paura del buio*, Mursia Editore, Milano 1994.
–, *Chi ha paura dei fantasmi*, Mursia Editore, Milano 1997.
–, *Chi ha paura delle streghe*, Mursia Editore, Milano 1994.

PER SAPERNE DI PIÙ

GISELA PREUSCHOFF, *Come capire e risolvere le paure dei bambini*, Red edizioni, Como 1998.
PININ CARPI, *La bambina che non voleva andare a dormire*, Edizioni EL, Trieste 1981.
MARCELLO BERNARDI - PINA TROMELLINI, *La tenerezza e la paura*, Salani Editore, Firenze 1996.

Quando vede scene violente in TV

Spesso, proprio all'ora di cena, mentre tutta la famiglia è a tavola, con la TV accesa, telegiornali e film trasmettono immagini violente.
Che si tratti di scene reali o simulate, quale può essere l'effetto sui bambini?

Molte ricerche hanno ormai dimostrato che esiste una relazione tra l'esposizione a immagini violente e i comportamenti distruttivi e/o violenti di bambini e ragazzi. Infatti, anche se queste immagini non inducono automaticamente comportamenti violenti o devianti (i quali sono, invece, strettamente collegati a situazioni familiari, sociali e culturali "a rischio" cariche di tensione, aggressività, violenza nelle quali il bambino si trova), è pur vero che l'esposizione continua e ripetuta a immagini di violenza (vera o di fiction) in TV rende, comunque, il bambino meno sensibile rispetto alle conseguenze della violenza nella vita reale. Azioni violente quali insulti, risse, minacce, ricatti e perfino pestaggi, aggressioni a mano armata e stupri solo perché viste ripetutamente in TV possono perdere, per il bambino "desensibilizzato", la loro reale gravità.

È colpa, quindi, della TV?

La TV non è un mostro: è, anzi, uno strumento utilissimo che, se ben usato, consente ai bambini di aprirsi a moltissime realtà ed esperienze che altrimenti non potrebbero conoscere. La televisione è il mezzo di comunicazione di massa che ha dato il via alla trasformazione del mondo in un "villaggio globale" perché ha permesso agli uomini di vedere e conoscere usi, costumi, tradizioni, linguaggi, espressioni artistiche, culturali, sociali degli altri, allargando sempre di più i confini della comunicazione tra i popoli. È uno strumento di informazione, di sensibilizzazione e di spinta all'approfondimento e, proprio per questi motivi, è divenuta una indiscutibile "agenzia educativa". Come non si può negare l'importanza, la validità e l'incidenza positiva di tanti programmi delle reti televisive pubbliche o private, così, però, non si può negare l'effetto dannoso di alcune immagini trasmesse in fasce orarie "a rischio" (cioè in orari in cui i bambini possono trovarsi davanti al video). Un impatto, a volte, talmente forte da alimentare forme di disagio psicologico individuale, familiare e sociale.

Che cosa può fare un genitore, come può aiutare i suoi bambini a difendersi?

La primavera del 1999 il Consiglio dei ministri ha istituito una Commissione che deve rilasciare un'autorizzazione preventiva per la messa in onda di film contenenti immagini che possono colpire la sensibilità dei minori. Il fatto che questa sia costituita, oltre che da psicologi, giuristi ed esperti, anche da rappresentanti dei genitori pone l'accento sull'importanza del ruolo di questi ultimi, sulla loro funzione "di tutela" nei confronti dei bambini. Se un bambino trascorre troppo tempo davanti alla TV, spesso in famiglia ci sono problemi e difficoltà. Talvolta, alcuni genitori permettono ai figli di impiegare gran parte del tempo libero a guardare i programmi televisivi semplicemente per "incompetenza" in merito al "danno" che un abuso di TV può provocare nei bambini; altre volte per disattenzione, e/o per difficoltà connesse alla propria occupazione lavorativa. Ci sono, poi, genitori che utilizzano il mezzo televisivo come una sorta di personale "anestetico": tengono la televisione sempre accesa per compagnia. La dipendenza dal mezzo televisivo può essere simile a quella del tabagismo e così come per il fumo esistono fumatori passivi, per la TV esistono fruitori passivi.

Possiamo lasciare che i bambini guardino da soli la televisione se forniamo loro videocassette o controlliamo che stiano vedendo un programma adatto?

Anche quando i programmi sono selezionatissimi, la presenza di un adulto con cui commentare le scene o le cose che vengono dette è importante. Vero è, però, che molte volte i ragazzini, soprattutto dai 7 anni in su, amano guardare da soli o in compagnia dei coetanei le videocassette o i programmi televisivi. Questo perché sentono il bisogno di emozionarsi, di condividere e sperimentare piccoli momenti di autonomia, senza il "controllo degli adulti". Necessario, invece, è il "filtro", la mediazione dell'adulto e la sua funzione di "decodificatore", quando il bambino è esposto a immagini non adatte a un minore. In questi casi, infatti, la presenza dell'adulto può, quanto meno, servire a mitigare gli effetti negativi di ciò che il bambino ha visto, permettendogli di comprendere, grazie a spiegazioni adeguate, il significato di certe scene "estreme". È difficile pretendere che gli adulti siano sempre disponibili quando i bambini vogliono vedere la TV o che possano costantemente controllarli quando, ad esempio, usano autonomamente il telecomando e si sintonizzano su programmi non adatti a loro. Pertanto, è necessario garantire un clima di confidenza, sincerità, dialogo tra genitori e figli poiché, qualora ci fossero sgradevoli e/o paurose esperienze televisive, il bambino ne possa parlare subito e chiedere spiegazioni all'adulto.

Una scena violenta colpisce allo stesso modo tutti i bambini?

No. La stessa scena di violenza può avere effetti diversi a seconda del "momento" di vita che attraversa il bambino e anche a seconda del contesto familiare, sociale e culturale in cui vive. Un ambiente affettivo e culturale poco contenitivo, anaffettivo o deviante naturalmente accentua, rinforza e amplifica gli effetti negativi derivanti dall'esposizione a immagini violente.

È bene, poi, ricordare che ci sono bambini che facilmente ripetono quel che hanno emozionalmente provato e mentalmente acquisito nei giochi con i coetanei o negli atteggiamenti in casa e a scuola e quindi lo "metabolizzano" "mettendolo in scena". Altri bambini, invece, di fronte alla violenza possono provare una tale paura da sentirsi incapaci di reagire, fino a scegliere (psicologicamente) per se stessi il ruolo di "succubi", di vittime già "rassegnate" a subire, anche in prospettiva, la violenza dei più forti.

Come aiutarli, quindi?

La prima regola è far sì che, nella giornata di un bambino, la televisione occupi uno spazio ben definito. Dovremmo impegnarci a organizzare con lui un "programma" giornaliero nel quale il tempo abitualmente trascorso davanti allo schermo venga invece impiegato in giochi, passeggiate, dialoghi, esperienze con coetanei e adulti. Si tratta, quindi, di creare uno spazio fisico e mentale sul quale il bambino possa contare per trovare una risposta "attiva" a interrogativi e curiosità, a bisogni affettivi e di contatto che, talora, cerca di soddisfare attraverso "mamma TV". Molti genitori diranno: «Ma come si fa con il lavoro? Con i problemi di tutti i giorni chi può trovare tutto questo tempo?». La società in cui viviamo è certamente caotica e ci costringe, spesso, a ritmi frenetici. Ma il rimedio c'è. Bisogna "organizzarsi" e ricercare alleanze per suddividere i compiti. Tutti gli adulti che gravitano nel mondo del bambino dovrebbero essere attivamente coinvolti: non solo, quindi, la mamma e il papà, che possono stabilire di alternarsi efficacemente nelle loro funzioni, ma anche i nonni, gli zii, i parenti, i vicini di casa e, soprattutto, gli altri genitori che hanno gli stessi problemi. In questo, come in altri casi, quel che conta è creare una rete di contatti e di alleanze, una "sinergia" sulla quale i bambini possano contare e che dia loro tutela. Mi vengono in mente quei genitori che si sono organizzati in una "Banca del tempo", ovvero che hanno messo in comune il loro tempo disponibile come se fosse (ed è) una ricchezza, per tutelare, educare, seguire vicendevolmente i loro figli. Insomma, a turno si impegnano a seguire non solo i propri bambini ma anche quelli degli altri. In questo modo si garantisce una presenza "forte", suddividendo l'impegno!

IN SINTESI

1. Ricordiamo che molte ricerche hanno dimostrato che esiste una relazione tra l'esposizione continua a immagini violente e i comportamenti aggressivi dei bambini. Inoltre, queste scene viste ripetutamente rendono il bambino meno sensibile rispetto alle conseguenze della violenza nella vita reale.

2. Facciamo attenzione alla TV accesa senza il controllo degli adulti: le scene di violenza e quelle di sesso, soprattutto quando non ci sia un adulto che ne decodifichi il significato o ne impedisca la visione, rappresentano un elemento di "facilitazione" nei confronti dell'assunzione di atteggiamenti violenti o morbosi.

3. Ricordiamo che la TV non è un mostro: ma neanche si può negare l'impatto negativo che alcune immagini trasmesse in fasce orarie "a rischio" (cioè in orari in cui i bambini sono davanti al video) hanno sui ragazzini. Un impatto, a volte, talmente forte da determinare varie forme di disagio psicologico, nonché alterazioni del ritmo sonno-veglia.

4. Ricordiamo che la stessa scena di violenza può avere effetti diversi a seconda del tipo di contesto familiare, sociale e culturale in cui vive il bambino. Un ambiente affettivo e culturale poco contenitivo, anaffettivo, o deviante, accentua, rinforza e amplifica gli effetti negativi derivanti dall'esposizione a immagini violente.

5. Facciamo in modo che i bambini impieghino il loro tempo libero, anziché davanti alla TV, in attività ludiche, sportive, educative, creative.

Ricordiamo, inoltre, che anche quando i programmi sono selezionatissimi, la presenza di un adulto con cui commentare le scene o le cose che vengono dette è di fondamentale importanza.

PER SAPERNE DI PIÙ

MARINA D'AMATO, *I teleroi. I personaggi, le storie, i miti della TV dei ragazzi*, Editori Riuniti, Roma 1999.

DOMINIQUE DE SAINT-MARS, *No alla violenza*, Emme edizioni, Trieste 2000.

Quando ha tante paure

Spesso i bambini manifestano strane paure: nei confronti di alcuni animali (ragni, topi, lupi, cavalli, formiche, cani, meduse, pesci, farfalle); di oggetti (forbici, coltelli, oggetti appuntiti...); di cibi particolari; di personaggi appartenenti al mondo della fantasia (orchi, streghe, fate, fantasmi); di situazioni (fare il bagno, scendere le scale, lo scatenarsi dei temporali, lo smarrirsi, ecc.). Si tratta di reazioni normali?

Le paure sono estremamente frequenti nell'infanzia, in modo differente in ogni fase della crescita. La loro presenza non solo è normale ma, addirittura, necessaria perché esse costituiscono una parte fondante del processo di crescita, una tappa importantissima dello sviluppo infantile. Il loro significato profondo si lega al cambiamento: la paura esprime simbolicamente la difficoltà di separarsi da vecchie modalità per affrontarne di nuove, di staccarsi da ciò che è noto, conosciuto, familiare per avventurarsi verso nuovi "luoghi" e nuove "situazioni". Non solo: la paura è anche una modalità attraverso cui il bambino "sposta" su oggetti e su situazioni le ansie legate alla crescita, a momenti dello sviluppo, ad angosce di separazione. In questo modo, infatti, un'angoscia incomprensibile viene circoscritta a un oggetto o situazione specifici e questo rassicura il bambino. Al di là di questo significato generale, ogni età è contraddistinta da paure specifiche. Un neonato di pochi mesi piange davanti a un volto che non sia quello della madre. Tra i 6 e i 18 mesi il bambino ha paura del buio, del nero e di tutto ciò che non conosce.

Il periodo che va dai 3 ai 6-7 anni è caratterizzato dalle cosiddette "paure edipiche": i timori del bambino, in questa età dello sviluppo, spaziano dalla paura dei temporali, del buio, dello sporco, dell'ascensore, dell'altezza, del dottore, dei coltelli, dei ladri, dei mostri a quella degli animali, fino ad arrivare alla paura della morte e della solitudine che caratterizzano più propriamente il periodo compreso tra gli 8-9 anni.

Queste paure hanno di per sé un significato specifico?

Certamente. Un celebre esempio di paure edipiche, che può chiarirci i meccanismi che spesso sottendono le fobie dei bambini, è quello riportato da Sigmund Freud a proposito della paura del piccolo Hans nei confronti dei cavalli. Hans, intorno ai 5 anni, ha paura di uscire per strada perché teme che un cavallo possa morderlo. Freud interpreta questa fobia sottolineando come, in realtà, essa nasconda (e, quindi, copra) la paura del padre e della punizione che egli potrebbe infliggere al bambino per il suo innamoramento nei confronti della madre. Questo famosissimo caso clinico riportato dal padre della psicoanalisi mette in evidenza, quindi, il legame esistente tra dinamiche edipiche e paure. Nei bambini di 3-7 anni, infatti, la paura dei temporali o degli animali (ma anche di orchi, streghe, serpenti o insetti) indica l'emergere di istinti e pulsioni di stampo sessuale o aggressivo, e il tentativo del bambino stesso di gestire l'ambivalenza di questi sentimenti che egli avverte come inaccettabili e minacciosi nei confronti dei genitori.

Per quanto riguarda, invece, i timori dei più piccoli, essi possono essere ricondotti al tema della separazione dalla madre e alla paura dell'abbandono. Ma, nello strutturarsi delle paure infantili, non bisogna dimenticare il ruolo dell'ambiente familiare. Se è vero che le paure possono rappresentare anche l'espressione di un meccanismo autoprotettivo che aiuta il piccolo a prendere coscienza dei suoi limiti e dei pericoli anche reali in cui può incorrere, è altrettanto vero che esse, a volte, possono essere un riflesso delle paure dei genitori. Ad esempio, se una mamma è terrorizzata ogni volta che il bambino si avvicina a un cane, magari per esperienze personali pregresse (di carattere negativo, chiaramente), è molto probabile che il bambino assorba la sua paura. Allo stesso modo, se la reazione del genitore a una paura del bambino, ad esempio dell'acqua, è costringerlo a buttarsi in mare o a tuffarsi in piscina, ciò non potrà che ingigantire la fobia del piccolo nei confronti di quell'elemento. L'importante è, quindi, evitare non solo di trasfondere nei bambini le proprie paure, ma anche di avere nei confronti dei loro "timori evolutivi" un atteggiamento di proibizione, inibitivo o ridicolizzante. Così come in altri casi, bisogna essere molto tolleranti, aspettando che, crescendo, il bambino superi le sue piccole fobie.

Quando bisogna preoccuparsi?

Per quanto le fobie siano assolutamente normali, è importante, comunque, tenerle d'occhio, soprattutto riguardo a tre specifici parametri: la permanenza in fasi dello sviluppo successivo (ad esempio, va valutata la paura di un bambino che continua a temere gli orchi o il buio anche dopo i 9-10 anni); il grado di interferenza nelle normali attività quotidiane del bambino (vale a dire: quanto la sua paura lo limita? Quante cose gli impedisce di fare?); infine, l'intensità con la quale si manifesta la paura stessa (ad esempio, le reazioni che investono la sfera somatica possono essere: pallore, tremito, perdita dei sensi, ecc.). Sarà importante, inoltre, prendere in considerazione lo stato generale emotivo e affettivo del bambino, stabilire, cioè, se egli presenti o meno anche altri sintomi di natura ansiosa (problemi legati alla sfera del sonno, disturbi psicosomatici...). Un'ultima nota: è necessario valutare attentamente le paure che si manifestano improvvisamente e nei confronti di qualcosa che il bambino non ha mai temuto. In questi casi, infatti, è possibile che qualche evento abbia turbato il bambino al punto tale da generare in lui fobie nuove e, almeno apparentemente, incomprensibili.

In che modo reagire?

Di solito le paure, soprattutto quando sono legate a fasi particolari della crescita, si attenuano o scompaiono verso i 6-7 anni. Ma l'atteggiamento dei genitori può significare molto. Come dicevamo poc'anzi, gli adulti che gravitano nel mondo del bambino dovrebbero essere comprensivi (e rassicuranti) nei confronti delle paure infantili, evitando rimproveri e richieste di inutili quanto dannose "prove di coraggio". I bambini riescono a esorcizzare le loro paure in diverse maniere: parlandone, disegnandole, rappresentandole simbolicamente con la plastilina, la creta, inventando filastrocche e canzoni su di esse. Tutto ciò che è "drammatizzazione", cioè "messa in scena", delle paure infantili è utilissimo. Sarà importante, ad esempio, inventare una storia su ciò che più spaventa il bambino, e poi metterla in scena, rappresentarla, interpretarla stabilendo insieme ruoli e personaggi; oppure girare un videotape facendogli raccontare, con l'aiuto degli altri e attraverso il gioco, le proprie paure o trasformare in una sorta di sketch pubblicitario la paura del bambino. Anche i collage potranno rivelarsi utili (possono essere realizzati utilizzando fotografie di cose e persone che ricordano le paure dei bambini). Un ultimo suggerimento: organizzare una "festa sulle paure" con coriandoli e cotillon. Concluderla facendo scoppiare palloncini immaginando che essi siano proprio le paure. Si potrebbe anche andare sulla spiaggia e far volare nel cielo le paure utilizzando tanti aquiloni colorati, ognuno dei quali "impersona" una specifica paura: può essere un atto metaforicamente liberatorio.

IN SINTESI

1. Ricordiamo che le paure sono normali nell'infanzia, in particolare modo in alcune fasi della crescita (ad esempio intorno ai 5-7 anni).

2. Ricordiamo che la loro presenza non solo è normale, ma addirittura necessaria perché esse costituiscono una parte fondante del processo di crescita.

3. Ricordiamo che la paura esprime la difficoltà del bambino di separarsi da vecchie modalità per affrontarne delle

nuove, di staccarsi da ciò che è noto, conosciuto, familiare per avventurarsi verso nuovi "luoghi ed esplorazioni" ma è anche il tentativo di spostare ansie su oggetti e situazioni legati alla crescita, a momenti dello sviluppo, ad angosce di separazione, ecc.
In questo modo, infatti, un'angoscia incomprensibile viene circoscritta a un oggetto o situazione specifici e questo rassicura il bambino.

4. Evitiamo di coinvolgere i bambini nelle nostre paure, ma anche di avere nei confronti dei loro "timori evolutivi" un atteggiamento proibitivo, inibitivo o ridicolizzante. Così come in altri casi, bisogna essere molto tolleranti, aspettando che, con la crescita, il bambino superi le sue piccole fobie.

5. Vigiliamo sulle paure tenendo presenti 3 fattori: la permanenza di queste paure in fasi dello sviluppo successivo, il grado di interferenza delle paure nelle normali attività quotidiane del bambino e l'intensità con la quale viene vissuta la paura stessa.

PER SAPERNE DI PIÙ

Simona Argentieri - Pietro Carrano, *L'uomo nero: piccolo catalogo delle paure infantili*, Mondadori, Milano 1994.

Anna Oliverio Ferraris, *Psicologia della paura*, Bollati Boringhieri, Torino 1998.

Alba Marcoli, *Il coniglietto che aveva sempre paura*, in *Il bambino nascosto*, Oscar Saggi Mondadori, Milano 1993.

R. Schachter - C.S. McCauley, *Paure normali e fobie nel bambino*, Ferro edizioni, Milano 1990.

Gianna Schelotto, *Certe piccolissime paure*, Arnoldo Mondadori Editore, Milano 1994.

John R. Marschall, *La paura degli altri*, Longanesi & C., Milano 1995.

Quando si tocca

Molti genitori, di fronte al fatto che i loro bambini si toccano gli organi genitali per provare piacere, si imbarazzano, si sentono a disagio, ricorrono a minacce, fanno finta di nulla... Chiedendosi, poi: "Avrò fatto bene?". Che cosa bisogna fare, insomma, di fronte ai giochi erotici dei bambini?

La scoperta dei propri genitali e del piacere che può derivare dal toccarli inizia sin da piccoli. Già intorno ai 6 mesi, infatti, dopo aver fatto accurate esplorazioni su tutte le parti del corpo facilmente accessibili (capelli, occhi, orecchie, naso...), il bambino entra in contatto con i propri genitali e scopre, nel toccarli, una sensazione piacevole. Se non viene represso, inibito o distratto inizierà a sperimentare giochi che incrementano tale piacere. Passerà, così, a sperimentare strofinii con vari oggetti: orsetti di peluche, braccioli di poltrone e divani, gambe di tavoli...

Bisogna aver chiaro che, per il bambino piccolo, toccarsi è un'azione confortante, equiparabile a succhiarsi il pollice. Così come confidiamo che prima o poi smetterà di ciucciare dovremmo essere altrettanto tranquilli sul fatto che il gioco con i genitali troverà un suo naturale sviluppo. Ma gli adulti possono avere, nei confronti del sesso, un atteggiamento ambivalente derivato o da esperienze traumatiche, o da ragioni connesse all'educazione ricevuta, o da motivi di ordine sociale e/o culturale; ed è possibile che inducano il bambino a considerare la sessualità come "qualcosa da nascondere". Il bambino, allora, potrà evitare di farsi sorprendere dagli adulti durante i giochi di autoerotismo, e/o vivrà l'esperienza di toccarsi e il piacere che ne deriva con profondi sensi di colpa, e/o la assocerà a comportamenti trasgressivi, vivendo il sesso con interesse morboso. In questo caso è importante che il genitore prenda consapevolezza della propria ambivalenza e si interroghi su come "utilizzare" l'opportunità che gli sta offrendo il proprio bambino di rivedere e cambiare atteggiamenti e convincimenti nei confronti del sesso.

Osservare senza intervenire (vincendo magari la tentazione di "far finta di nulla") il nostro bambino o la nostra bambina che si eccitano mentre stiamo cambiando loro il pannolino, o mentre stanno facendo cavalluccio, o la lotta ci può aiutare a scoprire la naturalezza e la spontaneità delle sensazioni che provano. Ricorrere a minacce (anche le più gentili: «I bravi bambini/le brave bambine non si toccano») può far vivere quei momenti con profonda angoscia: "Se io continuo a provare piacere i miei genitori non mi vorranno più bene!". Ma anche dare eccessive spiegazioni (non richieste dal bambino) o approvare incondizionatamente, non tenendo presente la realtà sociale, possono generare confusione: "Mamma e papà dicono che è giusto toccarsi, ma i nonni, la maestra... mi rimproverano quando lo faccio".

Qual è, allora, l'atteggiamento migliore da tenere?

Anche in questo caso non ci sono strategie giuste o sbagliate: è sempre poco utile mettere in atto comportamenti non sentiti perché disorientano i bambini, che devono scegliere se dare ascolto a ciò che viene detto loro oppure fidarsi di quello che i gesti, i silenzi, le espressioni dei genitori stanno trasmettendo. In altre parole, è inutile simulare l'accoglienza della sessualità dei nostri bambini quando sentiamo un profondo imbarazzo.

Ciò che si può consigliare ai genitori è di avere il coraggio di cambiare i propri atteggiamenti rispetto alla sessualità. Innanzitutto, come dicevamo prima, l'osservazione del nostro bambino ci può essere di grande aiuto. Occorre, poi, valutare, ricercando nella nostra storia personale, quale possa essere l'origine di tanto imbarazzo o paura. In ogni caso è bene trovare delle strategie che, non reprimendo il naturale bisogno del bambino di esplorazione delle proprie sensazioni piacevoli, rispettino anche le nostre emozioni: si può, ad esempio, dire al bambino che, in genere, i comportamenti sessuali è bene attuarli in posti che tutelino l'intimità e la privacy.

Quando un genitore si deve preoccupare dei comportamenti autoerotici dei propri figli?

Quando masturbarsi diventa un comportamento compulsivo (una sorta di coazione che sottrae il bambino da altri tipi di gioco), quando viene eseguito in luoghi inopportuni (a scuola, in presenza di ospiti, ecc.), quando non viene interrotto anche se c'è dolore fisico. In tutti questi casi è consigliabile approfondire le motivazioni che sottendono il comportamento. Tenendo presente, infatti, che la masturbazione ha spesso valenza di un'autogratificazione compensatoria, è importante chiedersi perché il nostro bambino ha bisogno di questa eccessiva consolazione e cosa lo fa sentire talmente a disagio. Cerchiamo anche di analizzare i nostri comportamenti sia nelle relazioni familiari che nei confronti della sessualità. In generale, avendo la masturbazione un'azione sedativa rispetto a stati di ansia, chiediamoci che cosa preoccupi i nostri bambini.

IN SINTESI

1. Non ricorriamo a minacce, ricatti, forzate spiegazioni per interrompere il gioco autoerotico dei nostri bambini.

2. Rivediamo il nostro atteggiamento nei confronti del sesso, interrogandoci su quali possano essere le possibili cause del nostro imbarazzo, della nostra eccessiva paura, o della nostra severità.

3. Troviamo strategie di comportamento che tengano presenti i nostri "limiti", ma che non reprimano o inibiscano la naturale esplorazione fisica e crescita sessuale graduale e consapevole dei nostri figli.

4. Preoccupiamoci solo quando la masturbazione diventa un'attività prevalente del nostro bambino, sottraendolo alle relazioni sociali e allo svolgimento di altre attività.

5. Nel caso in cui l'autoerotismo divenisse un problema, chiediamoci quali sono le situazioni ansiogene che il nostro bambino sta vivendo.

PER SAPERNE DI PIÙ

ASHLEY MONTAGU, *Il linguaggio della pelle*, Vallardi Editore, Milano 1989.

HAL M. WELLS, *Giochiamo al dottore*, Red edizioni, Como 1991.

GERARD LELEU, *Il trattato delle carezze*, Lyra libri, Como 1987.

Quando vuole dormire nel lettone

Qualche volta, si sa, accade: nel colmo della notte sentiamo uno scalpiccio di piedini accanto al letto e ce lo ritroviamo lì, magari con l'orsacchiotto di peluche stretto tra le braccia, pronto a infilarsi tra le coperte con (e fra) mamma e papà.

A volte, però, quella di infilarsi nel lettone per addormentarsi o a metà notte è una vera e propria abitudine, ormai consolidata nel tempo. Che i genitori, per stanchezza o esasperazione, non cercano nemmeno più di correggere.

Perché i bambini sentono un bisogno così forte di dividere il letto con i genitori?

La notte è per i bambini il contenitore di tutte le paure più profonde, anche perché essa rimanda a un momento della giornata in cui i genitori, essendo addormentati, perdono temporaneamente il loro ruolo protettivo e di tutela.

È così che la notte si popola di numerosi personaggi fantastici e paurosi (a volte, rappresentazioni di persone o avvenimenti diurni) e il lettone di mamma e papà diventa il nido sicuro nel quale rifugiarsi per scacciare via tutti i mostri della notte.

Questo accade anche con bambini non piccolissimi. Quando è giusto interrompere questa loro abitudine?

In realtà l'età in questi casi è puramente indicativa. Vale a dire che non c'è un'età precisa in cui è giusto che i bambini abbandonino la consuetudine del "lettone", ma è più giusto parlare del momento in cui essi si sentono sicuri per farlo. Sia per una loro personale evoluzione, sia perché noi adulti li aiutiamo in questo.

Qual è il modo giusto di intervenire?

Grande o piccolo che sia nostro figlio, anche in questo caso è consigliabile evitare di essere aggressivi, severi o di prenderlo in giro. Spesso ciò che il bambino esprime non è un capriccio, ma una paura reale che sente viva dentro di sé. Soprattutto se la "voglia di lettone" non è abituale ma segue un periodo in cui il bambino ha tranquillamente dormito nel suo letto.

In questo caso, sarà importante interpretare la sua paura, scoprire se eventualmente vi sono degli avvenimenti, più o meno recenti, che l'hanno turbato, se esistono delle situazioni diurne che interferiscono con la sua serenità e che, in qualche modo, sono sfuggite alla nostra attenzione di adulti.

Ad esempio, la nascita di un fratellino, un programma televisivo troppo violento, una situazione conflittuale all'interno della famiglia o riguardante la coppia genitoriale, un'esperienza fatta con altri bambini, un trasloco, la separazione da luoghi o persone care, la momentanea e/o sistematica assenza del papà o della mamma da casa per lavoro o per una malattia, ecc.

Ci sono anche altri motivi che possono portare un bambino nel lettone?

I "mostri della notte" possono essere anche la rappresentazione fisica dei sensi di colpa o dei conflitti interni che influenzano la vita emotiva del bambino in particolari fasi della sua crescita psicologica. Accade di frequente, ad esempio in fase edipica, che il piccolo nutra sentimenti di grande amore verso la madre e di forte ambivalenza nei confronti del padre: attaccamento e ammirazione da un lato, gelosia e rivalità dall'altro (nella bambina la situazione è inversa). Il timore che i propri "pensieri cattivi" possano determinare ritorsioni paterne (o materne), o anche il semplice dispiacersi per questi pensieri prendono corpo nel corso della notte. Anche la fantasia di separare i genitori, stando nel letto con loro,

può determinare quelle "migrazioni" notturne. In un caso o nell'altro, il bambino si convince che l'unico posto sicuro per potersi abbandonare a un sonno ristoratore ma pieno di ombre è il lettone di mamma e papà.

Non dimentichiamo, inoltre, che il desiderio del bambino di dormire con i genitori può anche rispecchiare una volontà di questi ultimi: se i capricci del figlio, in fondo, servissero a tenere insieme una coppia piena di conflitti? Se fornissero un alibi per sottrarsi a un'intimità coniugale poco gradita? Se il desiderio di dormire nel lettone fosse un modo indiretto del bambino di rispondere a un'esigenza di calore, contatto fisico, consolazione del genitore? Se il suo fosse un modo per "accudire" un genitore depresso o una coppia genitoriale in conflitto o in difficoltà per vari motivi?

Se invece non fosse così e si trattasse semplicemente di un problema di crescita, dell'esigenza del bambino di "attardarsi" nella prima infanzia, nella condizione del "piccolino da accudire", come possiamo abituarlo all'idea che stare nel lettone è una coccola "superspeciale" e non una possibilità di contatti alla quale si può ricorrere in ogni occasione?

Se nostro figlio non ha mai voluto dormire nel suo letto, è bene cominciare ad abituarlo all'idea. Come afferma il noto pediatra Marcello Bernardi, è bene che il bambino consideri il lettone non come una consuetudine ma semplicemente come un posto di conforto su cui fare affidamento "nei momenti di necessità". Il rischio è, altrimenti, che la conquista dell'autonomia diventi per lui ancora più difficile di quanto non sia già. Un po' come quei bambini che, anche se già grandicelli, nei momenti difficili si succhiano ancora il pollice. Certo, dovremo sempre fare in modo che il momento dell'addormentamento sia il più possibile sereno. Le coccole, una fiaba allegra, un gioco simpatico saranno utili per connotare positivamente il passaggio dalla veglia al sonno e per esorcizzare le sue paure più profonde.

IN SINTESI

1. Ricordiamo che la notte è per i bambini il contenitore di tutte le paure e che anche noi abbiamo avuto paura da bambini.

2. Ricordiamo che non c'è un'età precisa in cui è giusto che i bambini abbandonino la consuetudine del "lettone": è più corretto parlare del momento in cui essi si sentono sicuri per farlo.

3. Evitiamo di essere aggressivi, severi oppure di prendere in giro i bambini se ci chiedono il permesso di dormire nel lettone.

4. Ricordiamo che ciò che il bambino esprime non è un capriccio, ma una paura reale che sente viva dentro di sé. Se la "voglia di lettone" segue un periodo in cui il bambino ha tranquillamente dormito nel suo letto, indaghiamo se vi siano avvenimenti che l'hanno turbato o se esistano delle situazioni diurne che interferiscono con la sua serenità.

5. Teniamo presente che il desiderio del bambino di dormire con i genitori può anche rispecchiare una volontà inespressa proprio dei genitori: e se il dormire nel lettone, in fondo, servisse a tenere separata nel letto una coppia piena di conflitti?

PER SAPERNE DI PIÙ

MARCELLO BERNARDI, *L'avventura di crescere*, Fabbri Editori, Milano 1995.

ANNA OLIVERIO FERRARIS - ANGELA COSTABILE - DOMENICO BELLACICCO, *Introduzione alla psicologia dello sviluppo*, Laterza, Bari 1998.

Quando ha paura del buio

Molti bambini e, a dire il vero, anche molti adulti hanno paura del buio. Al buio è collegata la notte che risveglia in ogni essere umano antichissimi timori. Quando si dorme, infatti, non si può controllare né quel che accade intorno a noi né quel che accade dentro di noi. Così, in situazioni conflittuali di cambiamento, di tensione, di stress l'ansia derivata dalla paura di perdere il controllo di noi stessi e degli altri (anche se per l'indispensabile riposo) costituisce una delle radici dell'insonnia; desideriamo la luce che sconfigge nemici, fantasmi, malinconie, ladri e pericoli nascosti nell'ombra.
Se gli adulti esorcizzano le proprie paure tenendo accesa la televisione, ascoltando musica, leggendo un libro o prendendo un sonnifero, i bambini hanno naturalmente strumenti meno collaudati per attraversare il "bosco" della notte.
Il buio rappresenta per il bambino tutto quanto è sconosciuto, inspiegabile, ignoto. C'è di più: la notte può diventare il contenitore ideale delle sue paure perché in quel momento della giornata i suoi genitori sono addormentati e possono perdere, così, il ruolo di protezione che svolgono (o dovrebbero svolgere) durante il giorno.
A che cosa sono legate queste paure?

I personaggi fantastici e paurosi (mostri, streghe, vampiri, lupi mannari, orchi, animali feroci, ecc.) che popolano la notte dei bambini impauriti possono, a volte, incarnare persone o eventi che, durante il giorno, li hanno turbati.

È molto importante, in questi casi, analizzare tutte le situazioni che possono avere minato la serenità del bambino: da quelle episodiche (un film violento alla TV, un'improvvisa assenza di mamma e/o di papà da casa) a quelle più importanti, come la crisi matrimoniale dei genitori, la malattia di un familiare, la nascita di un fratellino, un trasloco, la perdita di una tata e/o di una baby sitter alla quale il ragazzino era affezionato, ecc.

I "mostri della notte", infatti, possono essere anche la rappresentazione dei conflitti interni che influenzano la vita emotiva del bambino ed essere quindi legati a quel che avviene nella sua vita e nella sua famiglia.

La notte si può anche "accendere" di rabbie e rancori che il bambino non riesce a esprimere ma dalle quali è oppresso e per le quali si sente anche "cattivo". Si sente, cioè, proprio il "mostro" che tanto teme di incontrare nel buio! Il buio potrebbe essere popolato proprio dai "rabbiosi mostri" che il bambino sente agitarsi dentro di sé quando, per reagire a ciò che di doloroso, negativo, frustrante, angoscioso gli accade intorno, vorrebbe distruggere, cancellare, sconfiggere, bruciare, togliere via dalla faccia del mondo quelle persone e quelle situazioni che lo fanno soffrire. Il buio diventa, allora, il luogo oscuro dell'anima, il ricettacolo di ciò che non è chiaro, controllabile, solare. Il buio è il luogo nel quale sono nascosti i pensieri, le rabbie, le angosce fortissime, i desideri distruttivi e vendicativi che il bambino vorrebbe esprimere ma che spesso non riesce a delineare bene o che sente di non poter esprimere per non incorrere nel giudizio e nella punizione degli adulti. Qualunque sia la causa è, comunque, importante tranquillizzarlo e andare incontro al bisogno di affetto e rassicurazione che sta esprimendo con la paura del buio la quale, comunque, caratterizza un momento particolare della sua crescita.

Che cosa si può fare allora?

Per tutti i bambini sarà provvidenziale una coccola, una fiaba allegra, un po' di compagnia. Sarà importante anche lasciare accesa una piccola luce o aperta una porta che guarda in una stanza più luminosa. Il bambino dovrebbe così sentirsi più sicuro, come in quelle fiabe in cui un lumino rischiara la via al bambino che si è perso nel bosco e gli restituisce la speranza di poterne uscire. Bisogna quindi tenere un atteggiamento di attenzione e rassicurazione. Tuttavia, per permettere al bambino di superare realmente le paure che gli impediscono di dormire e gli fanno temere il sonno come una perdita di controllo, bisogna che esse vengano "creativamente" elaborate e superate. È necessario che egli le disegni, le racconti, le descriva, ne scriva e che, dopo averle disegnate o scritte, le possa bucare, tagliuzzare, appallottolare, sotterrare, gettare nel water, nell'acqua, nel fango, ecc., per esorcizzarne definitivamente gli effetti. È importante offrire al bambino la possibilità di esprimersi creativamente o con l'aiuto dei genitori o con quello di adulti "competenti" (insegnanti, educatori, psicopedagogisti, psicologi, psicoterapeuti). Soprattutto, se le paure condizionano la vita di relazione del bambino e turbano l'armonia della sua crescita, è importante che egli possa affrontarle con il gioco, la fantasia, l'interpretazione; che possa trasformarle in ludici spunti di drammatizzazione, in invenzioni, in fiabe. Attraversare le paure con la forza e gli strumenti della creatività costituisce una sorta di "magia" che, una volta cresciuto, potrà essere ripetuta di fronte alle paure, ai dolori, alle difficoltà della vita di adulto.

Citiamo infine per tutti, bambini e adulti, l'esempio di un grande pittore italiano contemporaneo: Ennio Calabria. Da bambino, per combattere le molte paure che sentiva agitarsi dentro di sé, Ennio aveva disegnato e colorato su grandi fogli le bestie più feroci: tigri, pantere, lupi, coccodrilli, orsi. Aveva poi appeso i disegni accanto al suo letto e in tutta la stanza. Avrebbero provveduto quei disegni a tenere lontana la paura del buio e i pericoli che in esso potevano annidarsi! Così, il consiglio che si potrebbe dare agli adulti è quello di imitare il pittore: far disegnare ai bambini e/o disegnare insieme figure di animali o simboli "scaccia-paure", partoriti dalla libera espressione creativa di ciascuno, da utilizzare come "acchiappa-paure", o come "controlla-buio", o come "sentinelle notturne" della tranquillità, o come "scaccia-ladri" e "scaccia-incubi" a servizio dei bambini.

IN SINTESI

1. Ricordiamo che la paura del buio riguarda grandi e piccini: al buio, infatti, è collegata la notte che, a sua volta, risveglia in ogni essere umano le paure più antiche. Ma i bambini, rispetto agli adulti, hanno strumenti meno collaudati per attraversare "il bosco della notte". Ecco perché sintetizzano tutte le loro paure in una sola: quella, appunto, del buio che, per loro, rappresenta tutto quanto è sconosciuto, inspiegabile, ignoto.

2. Ricordiamo che la paura del buio è un fenomeno estremamente frequente fra i 2 e i 5 anni. Prima di questa età, i bambini hanno, infatti, una consapevolezza del pericolo molto limitata e, inoltre, sono completamente assorbiti dall'esplorazione e dalla sperimentazione del mondo circostante.

3. I personaggi fantastici e paurosi (i mostri, le streghe, i vampiri, i lupi mannari, gli orchi, gli animali feroci, ecc.) che popolano la notte dei bambini impauriti possono essere, a volte, l'incarnazione di persone o accadimenti che, durante il giorno, li hanno turbati. I mostri della notte, infatti, possono essere anche la rappresentazione dei conflitti interni che influenzano la vita emotiva del bambino in ragione di quel che avviene nella sua vita e nella sua famiglia.

4. Analizziamo tutte quelle situazioni che possono aver minato la serenità del bambino: da quelle episodiche (un film violento alla TV, l'assenza temporanea e non prevista della mamma e/o del papà...) a quelle più importanti (crisi matrimoniale dei genitori, malattia di un familiare, nascita di un fratellino, un trasloco, la perdita di un punto di riferimento affettivo come una "tata" che c'è da sempre, ecc.).

5. Ricordiamo che, qualunque sia la causa, è importante tranquillizzare il bambino e andare incontro al bisogno di affetto e rassicurazione che sta esprimendo in questo modo e che comunque ha in questo momento particolare della sua crescita.

PER SAPERNE DI PIÙ

RAE CROOK, *Rilassamento per i bambini. Giochi di tranquillità per adulti e bambini*, Red edizioni, Como 1990.

AMELIA AUCKETT, *Massaggi per i vostri bambini*, Red edizioni, Como 1982.

MARCELLO BERNARDI - PINA TROMELLINI, *La tenerezza e la paura*, Salani Editore, Firenze 1996.

R. SCHACHTER - C.S. MCCAULEY, *Paure normali e fobie nel bambino*, Ferro edizioni, Milano 1990.

FANNY JOLY - JEAN NOEL ROCHUT, *Chi ha paura del buio*, Mursia Editore, Milano, 1994.

Quando vuole dormire con il pupazzo

Tra i bambini è molto diffusa l'abitudine di addormentarsi stringendo fra le braccia un orsetto di peluche, un pupazzo, un animaletto di pezza. Vi sono genitori che accettano di buon grado questo comportamento, altri che si chiedono se sia giusto che il bambino sia così legato a un oggetto e a un'abitudine. Come va valutato questo comportamento?

Vi ricordate la famosa coperta di Linus? È un esempio emblematico di "oggetto transizionale". Questo termine è stato introdotto dal grande psicoterapeuta infantile Donald Winnicott per indicare un oggetto materiale, quale potrebbe essere un pupazzo, un cuscino, un orsacchiotto di peluche o, appunto, una copertina, che il bimbo, soprattutto nei primi anni di vita, ama tenere con sé quando va a dormire e in tutti i momenti in cui ha bisogno di essere confortato.

L'atteggiamento del bambino nei confronti di tale oggetto, qualsiasi esso sia, è da considerarsi del tutto normale. È, anzi, utile perché gli permette di elaborare le prime separazioni dalla figura materna e lo accompagna quando, abbandonando l'originaria fusione simbiotica con la madre, comincia a considerare i principali punti di riferimento affettivo come separati da sé. Il rapporto affettivo con l'orsacchiotto o il pupazzo, in quanto "oggetti transizionali", continua anche in epoche successive dello sviluppo, soprattutto in momenti di "crisi" del bambino. Ciò accade perché il bambino pone questi oggetti in uno spazio a metà strada tra realtà e immaginazione, in una sorta di "zona franca" in cui si può fantasticare, pensando, magari, di essere ancora piccolini. Inoltre, questi oggetti rappresentano anche la persona che li ha donati al bambino o il bambino stesso. Si tratta di una persona che egli ama o ammira o che rappresenta un punto di riferimento affettivo e/o educativo, oppure di una persona che non c'è più, che è andata via o è morta. Può trattarsi anche di un fratello/una sorella o di un coetaneo/una coetanea che gli ha fatto quel dono.

L'oggetto transizionale, pertanto, si carica di una valenza rappresentativa e affettiva che gli consente di essere presente "al posto e in rappresentanza di..." e di rassicurare il bambino proprio con il suo esserci "materialmente" sempre. Questa funzione "transizionale" può venire assolta anche, nel caso degli adulti, dagli oggetti che essi ricevono in regalo o acquistano per rassicurarsi e/o riempire vuoti e paure. In tal senso, pertanto, vanno letti certi attaccamenti a oggetti di vario genere (abiti, libri, coperte, giocattoli, portafortuna, ecc.) e ad abitudini "rituali" che risultano rassicuranti poiché costituiscono una sorta di garanzia della stabilità, della continuità, della consistenza di sentimenti, eventi, persone, situazioni, valori che hanno dato un significato e, ancora, danno senso alla loro vita.

Essi, inoltre, costituiscono un antidoto contro la solitudine, il senso di sradicamento, i distacchi, gli abbandoni. Danno forma e materia al ricordo, lo trasformano in presenza tangibile, in tattile conforto.

IN SINTESI

1. Ricordiamo che l'orsacchiotto della notte è un oggetto "transizionale" (come afferma lo psicoterapeuta infantile Donald Winnicott): ovvero un oggetto materiale (un pupazzo, una copertina, un cuscino, un orsacchiotto di peluche, appunto...) che il bimbo, soprattutto nei primi anni di vita, ama tenere con sé quando va a dormire e in tutti i momenti in cui ha bisogno di essere confortato come sostituto simbolico di figure di riferimento affettive, a garanzia della sua sicurezza.

2. Ricordiamo che l'atteggiamento del bambino nei confronti di tale oggetto, qualsiasi esso sia, è da considerarsi del tutto normale. Anzi, è utile, perché gli permette di elaborare le prime separazioni dalla figura materna.

3. Ricordiamo che l'amore per l'orsacchiotto o un pupazzo o per un animaletto di peluche o, ancora, per la copertina, il pezzo di stoffa o altro, in quanto "oggetti transizionali", continua anche in epoche successive dello sviluppo, soprattutto in momenti di "crisi" del bambino. Il motivo per cui questo accade è che il bambino considera quegli oggetti a metà strada tra realtà e immaginazione, una sorta di "zona franca" nella quale si può fantasticare, pensando, magari, di essere ancora piccolini.

4. Ricordiamo, inoltre, che quegli oggetti rappresentano anche la persona che li ha donati al bambino. In questo senso, pertanto, l'oggetto transizionale si carica di una valenza rappresentativa e affettiva che consente all'oggetto stesso di essere presente "al posto e in rappresentanza di..." e di rassicurare il bambino con il suo esserci materialmente sempre.

5. Non dimentichiamo che gli oggetti transizionali costituiscono, inoltre, un antidoto contro la solitudine, il senso di sradicamento, i distacchi, gli abbandoni. Ricordiamo se anche noi ne avevamo uno o più e chi ce li aveva regalati. Anche gli adulti, poi, hanno, assai spesso, oggetti transizionali che portano sempre con sé.

PER SAPERNE DI PIÙ

PIERRE POQUET - FRANÇOIS GARDAIR, *Giochi, giocattoli e carezze*, Red Edizioni, Como 1989.

DONALD W. WINNICOTT, *Gioco e realtà*, Armando Editore, Roma 1990.

–, *Sviluppo affettivo ed ambiente*, Armando Editore, Roma 1992.

JEANNE BANDET - REJANE SARAZANAS, *Il bambino e i giocattoli*, Armando Editore, Roma 1983.

Quando vuole che gli raccontiamo una fiaba

Tra i tanti riti della sera, c'è la fiaba prima di addormentarsi: i bambini la rivendicano come un diritto sacrosanto. Come ci dobbiamo comportare di fronte a questa richiesta?

Bisogna sempre accettare di raccontare una fiaba ai bambini che la chiedono. Se non ci sono state narrate quando eravamo piccini e/o se non ne ricordiamo neppure una, è proprio necessario che ce le facciamo raccontare da qualcuno (anche dai bambini stessi, che le hanno apprese dai cartoni animati o all'asilo, per poi raccontarle a nostra volta; ai bambini, infatti, piace riascoltare le fiabe dalla voce dagli adulti) o che andiamo a comprare più libri di fiabe antiche e moderne che leggeremo con attenzione prima di raccontarle ai nostri figli.

Perché le fiabe sono così importanti?

Le fiabe sono il DNA dell'anima, cioè il "patrimonio genetico" dell'anima stessa. Sono essenziali per la crescita, lo sviluppo, l'evoluzione, il rinnovamento dell'anima non solo dei bambini ma anche degli adulti. Oggigiorno l'invadente presenza della televisione ha però penalizzato le possibilità di dialogo; avviene così che gli adulti non raccontino più fiabe e si finisce per disperdere un patrimonio educativo, culturale e di fantasia preziosissimo.

Ogni fiaba racchiude in sé le modalità di superamento di una o più prove, la soluzione di un problema, l'esempio di un percorso simbolico, universale, in cui vengono mirabilmente ed efficacemente rappresentati tutti i conflitti, le difficoltà, le paure, le prove e le iniziazioni che dobbiamo affrontare nella vita. Le fiabe, infine, permettono di arrivare nel profondo di se stessi proprio perché le loro trame contengono ed esplicitano le vicende della vita che riguardano tutti gli esseri umani. Ecco perché raccontare fiabe ai bambini significa educare il loro inconscio, la loro fantasia, i loro bisogni affettivi. Raccontare una fiaba, insomma, è un modo per prendersi cura non solo dei bambini ma anche della "parte bambina" che c'è in ogni adulto.

Qual è quindi il loro valore?

È importante che gli adulti comprendano che le fiabe hanno un valore immenso. Narrare una fiaba permette di tornare indietro nel tempo, ritrovare il contatto con il "Bambino Interiore" che è in ciascuno di noi, rivisitare la nostra infanzia, il nostro essere stati bambini e bambine e ci permette di essere vicini, soprattutto emotivamente, ai nostri figli. Raccontare una fiaba è sempre un atto di amore: significa entrare in contatto con noi stessi e con i nostri figli, creare uno spazio di dialogo fondamentale, profondo, intimo e comune a tutti.

Ma le fiabe non sono una cosa "da bambini" di cui gli adulti un po' si vergognano?

Non bisogna pensare che le fiabe siano una cosa da bambini: non lo sono! Esse costituiscono, in un certo senso, l'anima del mondo e appartengono a tutti e a tutte le età; attraversano il tempo senza invecchiare, perché affondano le loro radici nella storia dell'umanità; si potrebbe dire, anzi, che siano le radici stesse dell'umanità. Inoltre una fiaba, chiunque sia il narratore (una mamma, un papà, un insegnante, un parente, un amico, un coetaneo), mette in moto la fantasia di chi la ascolta e lo aiuta a crescere. Si potrebbe, anzi, fare una proposta provocatoria: una volta ogni tanto, in famiglia, si spenga il televisore e ognuno, oltre a raccontare la propria giornata, provi a raccontare una fiaba. La gioia sarà grande, il divertimento e il coinvolgimento saranno forti e inaspettati. Raccontiamo fiabe ai nostri figli, a noi stessi, ad altri adulti. È anche un modo per ridare vita a una tradizione orale di incommensurabile valore che mai e poi mai dovrebbe essere sostituita dagli invadenti mezzi di comunicazione di massa.

IN SINTESI

1. Le fiabe sono il DNA dell'anima, cioè il "patrimonio genetico" dell'anima stessa.

2. Ricordiamo che le fiabe sono essenziali per la crescita, lo sviluppo, l'evoluzione, il rinnovamento dell'anima, tanto dei piccoli quanto dei grandi.

3. Teniamo ben presente anche che raccontare fiabe ai bambini significa educare il loro inconscio, la loro fantasia, i loro bisogni affettivi.

4. Ricordiamo inoltre che raccontare una fiaba è un modo per prendersi cura non solo dei bambini, ma anche della parte bambina che c'è in ogni adulto.

5. Facciamo in modo che i sentimenti di vergogna non ci inibiscano: evitiamo di pensare che le fiabe siano una "cosa da bambini". Che la racconti una mamma, un papà, un insegnante, un parente, un amico o un coetaneo, una fiaba mette in moto la fantasia e aiuta l'anima a crescere.

DA FARE INSIEME

Letture particolarmente indicate sono:

ITALO CALVINO, *Fiabe italiane*, Einaudi, Torino 1982.

CECILIA GATTO TROCCHI (a cura di), *Le più belle fiabe del mondo*, Mondadori, Milano 1996.

CARLO COLLODI, *I racconti delle fate*, La Nuova Italia, Firenze 1994.

PER SAPERNE DI PIÙ

BRUNO BETTELHEIM, *Il mondo incantato. Uso, importanza e significati psicoanalitici delle fiabe*, Feltrinelli, Milano 1998.

Quando soffre di enuresi notturna

Molti bambini soffrono di enuresi notturna cioè "fanno la pipì a letto". E, spesso, capita per certi periodi anche a bambini più grandi, che hanno ampiamente superato l'"età del vasino". Come mai?

Innanzitutto ci potrebbero essere delle ragioni di carattere fisiologico ed è bene indagare per poterle escludere. Se non si tratta di patologie legate alla sfera urogenitale, alla base del disturbo ci sono, sicuramente, fattori psicologici che possono essere di natura diversa ma comunque legati alle relazioni familiari del bambino o a eventi che lo hanno turbato.

Spesso, infatti, l'enuresi si manifesta in occasione di una situazione che è fonte di ansia per il bambino. È come se durante tutto il giorno il piccolo tenesse sotto controllo se stesso e le proprie emozioni e poi la notte, nel rilassamento del sonno, lasciasse trasformare le tensioni accumulate nell'incapacità di trattenere la pipì. La pipì notturna potrebbe essere vista come una sorta di simbolica pioggia che spegne gli incendi emotivi del giorno. Assai spesso, infatti, l'enuresi notturna è sintomo di rabbia inespressa connessa a problemi di regressione, alla paura di perdere attenzione e cure, oppure al bisogno di essere ulteriormente accuditi e/o tenuti sotto controllo.

Innanzitutto che cosa non si deve fare?

Il comportamento enuretico di solito modifica notevolmente l'atteggiamento familiare. I genitori si preoccupano o si infuriano, cercano di riportare il bambino alla normalità con minacce, promesse, castighi, regali o concessioni. Questo atteggiamento da una parte accoglie in qualche modo la richiesta di attenzione del piccolo, dall'altra contribuisce a fissare il sintomo. Vale a dire, a stabilizzare nel tempo proprio il comportamento che si vorrebbe scoraggiare.

Quale significato può avere l'enuresi notturna se non si sono verificate tensioni, mutamenti o episodi nella vita del bambino che possano giustificare tale regressione?

L'enuresi notturna può anche essere spia di un disagio esistente nel rapporto tra madre e figlio. Nella fase in cui il bambino inizia a essere messo in condizione di dover controllare gli sfinteri (intorno ai 2-3 anni), può accadere che egli utilizzi l'invito o l'obbligo a depositare le feci e/o la pipì come una possibilità di interagire con la madre detenendo un piccolo potere: quello di "dare" o "non dare" i "suoi" prodotti, a seconda dello stato d'animo, del disagio, della protesta che egli intende mettere in atto. Se, ad esempio, c'è stata una collocazione sul vasino troppo precoce e/o se l'atteggiamento della mamma è stato eccessivamente rigido, allora, una volta acquisito il controllo degli sfinteri, può accadere che il bambino reagisca con un rifiuto agli inviti materni e si attardi nel voler controllare gli sfinteri, come espressione della propria volontà.

Come ci si deve comportare, quindi?

Quando il comportamento enuretico è una reazione a un evento stressante, accade spesso che scompaia non appena il bambino riacquista la sua serenità. È importante rassicurare il bambino, fargli capire che nulla, in ogni caso, potrà sottrargli l'amore dei genitori e che il rispetto e la considerazione nei suoi confronti non mutano di fronte alla sua difficoltà a controllare gli sfinteri.

Insomma, la reazione dei genitori alla *défaillance* del bambino non deve essere ulteriore fonte di ansia, altrimenti potrebbe verificarsi un peggioramento delle relazioni affettive e, di conseguenza, del sintomo specifico. I genitori potrebbero aiutare il bambino a mettere in relazione la rabbia e l'ansia che ha dentro di sé con il suo "farsela addosso". Si può, ad esempio, dire: «Forse è perché sei arrabbiato o è perché sei troppo sotto pressione che ti capita di fare la pipì a letto?». Oppure: «Potremmo fare un gioco che ti permetta di rilassarti, stare un po' insieme a parlare, così puoi raccontare quello che ti passa per la testa e vedere se, magari, tirando fuori la rabbia che provi o le paure che hai, riesci a dormire meglio e a non bagnare il letto».

Nel caso, infine, che l'enuresi sia legata al rapporto tra madre e figlio, allora è importante che la mamma analizzi il suo atteggiamento troppo severo o troppo rigido nei confronti del bambino. Non è il caso di prolungare un "braccio di ferro" inutile: sarebbe preferibile abbandonare le posizioni rigide che hanno fatto nascere questo "conflitto di potere", cercando di lasciare il bambino libero di sperimentare e riacquistare i propri spazi, i propri ritmi, la propria autonomia. Ma, soprattutto, è necessario sforzarsi di affrontare il problema con serenità e tolleranza.

IN SINTESI

1. Escludiamo la presenza di eventuali disturbi di natura fisiologica.

2. Quando non si tratti di patologie legate alla sfera urogenitale, indaghiamo la presenza di eventuali fattori psicologici. Riandiamo indietro alla nostra infanzia per ricordare se anche noi abbiamo fatto occasionalmente e/o a lungo la "pipì a letto".

3. Ricordiamo che l'enuresi notturna si manifesta in occasione di una situazione che, per il bambino, è fonte d'ansia. È come se, durante tutto il giorno, il bambino tenesse sotto controllo se stesso, le proprie emozioni e la notte, nel rilassamento del sonno, le tensioni accumulate si trasformassero nell'incapacità di controllare gli sfinteri e trattenere la pipì.

4. Ricordiamo che se non si sono verificate tensioni, mutamenti o episodi nella vita del bambino che possano giustificare una regressione, l'enuresi notturna può anche essere una spia di un disagio esistente nel rapporto madre-bambino.

5. Ricordiamo che, quando il sintomo enuretico è una reazione a un evento stressante, accade spesso che scompaia non appena il bambino abbia riacquistato la sua serenità. In ogni caso, la cosa importante è rassicurare il bambino, evitando che la reazione dei genitori diventi fonte di ulteriore ansia per lui. In questo modo, infatti, potrebbe verificarsi un peggioramento delle relazioni affettive e, conseguentemente, una "fissazione" del sintomo specifico.

PER SAPERNE DI PIÙ

Piergiorgio Foglio Bonda, *I disturbi psicologici dello sviluppo infantile*, Franco Angeli, Milano 1993.

Ashley Montagu, *Il linguaggio della pelle*, Garzanti, Milano 1989.

Frederick LeBoyer, *Shantala. L'arte del massaggio indiano per fare crescere i bambini felici*, Sonzogno, Milano 1996.

Rae Crook, *Rilassamento per i bambini – giochi di tranquillità per adulti e bambini*, Red edizioni, Como 1990.

Quando soffre di sonnambulismo

Che cos'è il sonnambulismo? Come si manifesta?

Il sonnambulismo è un disturbo del sonno che compare nella prima parte della notte interferendo con la normale evoluzione del sonno stesso. Si manifesta di solito nei bambini fra i 7 e i 12 anni, con una maggiore frequenza nei maschi. Nelle forme più lievi il bambino apre gli occhi e cerca di alzarsi dal letto. Nella manifestazione classica, invece, può accadere che il bambino si alzi e cammini, cimentandosi con successo in attività anche complicate che, nella maggior parte dei casi, sono ripetitive. Successivamente, in genere dopo alcuni minuti, torna a letto tranquillamente, o lascia docilmente che qualcuno ve lo riporti, senza poi ricordare nulla di ciò che è successo.

A che cosa si può ricollegare?

Mi è capitato di ricevere la lettera di una mamma che mi raccontava la storia della sua bambina: quando in casa, durante il giorno, si erano verificate delle tensioni, la piccola, nel corso della notte, si alzava e andava a rannicchiarsi sotto a un mobile della cucina. Lì continuava a dormire tranquillamente, sentendosi protetta, anche nel sonno, proprio nel locale in cui cercava rifugio di giorno. Un aneddoto che la dice lunga sui significati profondi del sonnambulismo. Nei bambini più piccoli, infatti, gli episodi di sonnambulismo sono spesso legati ai primi tentativi di elaborare le tensioni. Infatti, mentre un adulto è capace normalmente di riconoscere, affrontare ed elaborare mentalmente ansie e angosce, il bambino cerca di scaricare la tensione emotiva attraverso l'attività corporea. In particolare, il fatto che la manifestazione di sonnambulismo sopravvenga interrompendo la fase del sonno caratterizzata dalla produzione dei sogni (la cui funzione è proprio quella di liberare la tensione) dà un'ulteriore conferma di questa ipotesi secondo cui quel "vagare di notte" sia, appunto, un modo per deviare la tensione verso vie di scarico motorie.

Come ci dobbiamo comportare di fronte a un episodio di sonnambulismo?

Innanzitutto, dobbiamo chiederci se nostro figlio stia vivendo un particolare momento di tensione o di ansia. Questo potrebbe essere connesso a problemi della vita familiare, a nostri disagi, a conflitti, difficoltà e/o a situazioni collegate alla vita scolastica e/o sociale del bambino. Pertanto potremmo aiutarlo, con dolcezza, a raccontarci le sue preoccupazioni, evitando (come diciamo sempre) sia i rimproveri sia la ridicolizzazione. Il nostro compito, infatti, è quello di ridimensionare le sue ansie e di aiutarlo a trovare una via "più normale" di canalizzazione della tensione. Ad esempio, potremmo individuare con lui modalità alternative per liberare l'ansia. In tal senso sono sempre utili attività corporee da svolgere durante il giorno come sport, passeggiate e, perché no, anche il gioco più vecchio del mondo: la lotta con i cuscini o con il papà. Se però gli episodi di sonnambulismo dovessero continuare, o magari essere accompagnati da altri sintomi come l'enuresi notturna o sogni di angoscia, allora sarà bene consultare un esperto che sappia aiutarci a capire e sappia consigliarci la via da seguire in quel caso specifico.

IN SINTESI

1. Ricordiamo che il sonnambulismo è un disturbo del sonno che compare nella prima parte della notte interferendo con la normale evoluzione del sonno stesso. Si manifesta di solito nei bambini fra i sette e i dodici anni.

2. Ricordiamo che nei bambini più piccoli gli episodi di sonnambulismo sono spesso legati ai primi tentativi di elaborare le tensioni: essi cercano di scaricare, anche di notte, la tensione emotiva attraverso l'attività corporea.

3. Analizziamo se nostro figlio stia vivendo un particolare momento di tensione o di ansia (problemi di vita familiare, nostri disagi, conflitti, difficoltà e/o anche a situazioni collegate alla vita scolastica e/o sociale del bambino...).

4. Aiutiamolo a raccontare le sue preoccupazioni, evitando sia i rimproveri sia la ridicolizzazione.

5. Ridimensioniamo le sue ansie e aiutiamolo a trovare una via "più normale" di canalizzazione della tensione. Se però gli episodi di sonnambulismo dovessero continuare, o magari essere accompagnati da altri sintomi come l'enuresi notturna o sogni di angoscia, allora consultiamo un esperto che sappia aiutarci a capire e consigliarci la migliore via da seguire in quel caso specifico.

PER SAPERNE DI PIÙ

GIOVANNI BOLLEA, *Compendio di psichiatria dell'età evolutiva*, Edizioni Bulzoni, Roma 1980.

DANIEL MARCELLI, *Psicopatologia del bambino*, Masson, Milano 1999.

Quando soffre di bruxismo

Uno strano rumore, a volte, ci sveglia di notte. Un rumore che proviene dal lettino di nostro figlio. I pediatri parlano, in questo caso, di bruxismo o semplicemente dicono: «Non si preoccupi, suo figlio, quando produce quello strano rumore, sta solo digrignando i denti...». Che cos'è esattamente il bruxismo?

Il bruxismo è un disturbo tipicamente infantile, che rientra nel campo degli "automatismi motori". Si tratta di movimenti ritmici, regolari, che il bambino compie soprattutto durante le ore notturne. Normalmente tali movimenti hanno la durata di qualche secondo e si ripetono in modo abbastanza regolare, per circa due o tre volte, nel corso della notte.

Quando è normale che accada?

Il "digrignare i denti" è una manifestazione molto frequente nei bambini, e può comparire in diversi stadi dello sviluppo, più frequentemente tra il primo anno di vita e i 3-4 anni.

Considerarlo o meno un vero e proprio disturbo del comportamento dipende dal grado con cui interferisce con il sonno del bambino e da quanto esso si prolunghi nel tempo, andando ben oltre l'età sopra indicata.

Perché i bambini digrignano i denti?

Il bruxismo, al pari di altre condotte (borbottii, vocalizzazioni ripetute, l'atto di succhiarsi il pollice o il tirarsi i capelli), è una modalità infantile di scaricare la tensione emotiva interna. Il piccolo, che nei primi anni di vita non è ancora in grado di elaborare mentalmente l'ansia, esprime un forte stato di tensione, un sentimento interno di rabbia o di risentimento utilizzando quale canale di espressione la manipolazione del corpo.

Un'altra possibile spiegazione del bruxismo è suggerita dal suo manifestarsi esclusivamente nelle ore notturne: il bambino attraverso quei movimenti ritmici tenterebbe di padroneggiare l'area dell'addormentamento; quest'ultimo costituisce pur sempre un momento ansiogeno, in quanto rappresenta per il bambino l'incontro con le sue paure inconsce, i suoi impulsi, nonché con tutto quanto è ignoto. Digrignando i dentini o dondolandosi il bambino trova un conforto per i suoi timori e una sorta di "sostituto" della presenza genitoriale.

Che atteggiamento assumere di fronte a comportamenti del genere?

La remissione di questi sintomi è nella stragrande maggioranza dei casi spontanea, ed è più veloce quando i genitori riescono a instaurare un clima di grande serenità intorno al bambino.

Infatti, diminuendo le fonti di stress nell'ambiente familiare è probabile che il piccolo abbia maggiori possibilità di gestire le sue tensioni. Può aiutarlo, inoltre, un comportamento parentale che sostituisca l'automatismo motorio nella sua funzione consolatoria: ad esempio, si può sostituire il suo autodondolarsi, o il "ciucciarsi" il dito, stringendolo forte, abbracciandolo, cullandolo, anche se l'età della culla è passata da un pezzo.

Oppure si può intensificare la razione di coccole e l'ascolto in un periodo in cui, evidentemente, ha bisogno di maggiori attenzioni.

E quando, invece, ci si accorga che il bambino digrigna i denti, scalcia o borbotta solo in momenti specifici e non sempre?

Può trattarsi, allora, di tensione in eccesso. Anche nel caso degli automatismi motori, come per tutte le situazioni in cui i bambini presentano la tendenza ad accumulare tensioni senza riuscire a farle defluire all'esterno, il rimedio migliore è sempre quello di insegnare loro a esprimere l'aggressività e la rabbia.

Sarà poi il bambino a scegliere il "linguaggio" più adeguato: attività corporea, disegno, plasmare la creta o fare giochi con il pongo potranno essere utili nella misura in cui si adattano al modo di essere del bambino stesso, alla sua individualità. Anche e soprattutto perché è da piccoli che cominciano a modellarsi quelle strategie di gestione dello stress che poi, nell'età adulta, diventano modalità specifiche di affrontare la tensione quotidiana.

Non a caso molti individui che da bambini digrignavano i denti continuano a farlo anche da adulti: la loro modalità di contrastare lo stress, di arrabbiarsi con se stessi e con gli altri è rimasta identica.

E altissime sono, per costoro, le spese da affrontare allorquando sono obbligati a chiedere al loro dentista un apparecchio da "indossare" di notte per arginare i danni del bruxismo.

IN SINTESI

1. Ricordiamo che il bruxismo è un disturbo tipicamente infantile, che rientra nel campo degli "automatismi motori". Si tratta di movimenti ritmici, regolari, che il bambino compie soprattutto durante le ore notturne.

2. Ricordiamo che considerarlo o meno un vero e proprio disturbo del comportamento dipende dal grado con cui interferisce con il sonno del bambino e da quanto esso si prolunghi nel tempo, andando ben oltre i 3-4 anni di vita.

3. Ricordiamo che il bruxismo, al pari di altre condotte similari (borbottii, vocalizzazioni ripetute, l'atto di succhiarsi il pollice o il tirarsi i capelli) è una modalità infantile di scaricare la tensione emotiva interna. Il fatto, poi, che si manifesti esclusivamente nelle ore notturne sta a indicare che il bambino, attraverso quei movimenti ritmici, cerchi di padroneggiare l'area dell'addormentamento, che per lui rappresenta pur sempre un momento particolarmente ansiogeno.

4. Ricordiamo che la remissione di questi sintomi è, nella stragrande maggioranza dei casi, spontanea e tanto più veloce quanto più i genitori riescano a instaurare un clima di grande serenità all'interno della famiglia, diminuendo le fonti di stress e intensificando la razione di coccole e ascolto.

5. Insegniamo ai bambini a esprimere l'aggressività e la rabbia attraverso attività corporee, disegnare, plasmare la creta, fare giochi con il pongo, citare, inventare storie, ballare, fare musica insieme.

PER SAPERNE DI PIÙ

Piergiorgio Foglio Bonda, *Disturbi psicologici dello sviluppo infantile,* Franco Angeli Editore, Milano 1993.

Francesco Montecchi, *Problemi psichiatrici in pediatria*, Borla, Roma 1991.

2.
UN GENITORE PER TUTTE LE STAGIONI

Autunno

Quando è tempo di tornare a scuola

Che si tratti dell'inizio della scuola materna, di quella elementare, media o della ripresa di attività scolastiche di ogni ordine e grado, il ritorno a scuola può rappresentare, per bambini e ragazzi, un "momento difficile". La vacanza in luoghi ameni, o anche in città, rappresenta quasi sempre una sorta di "zona franca" in cui i doveri diminuiscono notevolmente.
Mamme e papà sembrano essere (e, nella stragrande maggioranza dei casi, lo sono!) più comprensivi, più disponibili all'ascolto e all'attenzione.
Soprattutto, hanno più tempo per farlo. Anche i ritmi biologici si adattano all'estate: c'è più tempo per dormire, per stare all'aria aperta, per giocare, per incontrare gli altri, per godere degli innegabili effetti positivi di sole e luce. Rinunciare a tutto ciò per tornare a concentrarsi sul "lavoro" scolastico può essere decisamente faticoso. Certamente, non per tutti i bambini: infatti alcuni sono ben felici di ritornare a scuola, di godere della compagnia degli altri ragazzini e degli insegnanti. Ma per quelli che hanno un rapporto

conflittuale con la scuola e/o che sono a disagio con insegnanti e compagni o che sono reduci da bocciature o hanno crediti formativi da estinguere, questo può essere veramente un "momentaccio".
Come si può fare affinché il rientro a scuola sia un momento "positivo" e di socializzazione?

La collaborazione dell'adulto, anche in questo caso, è fondamentale. Io credo che tutti, genitori, insegnanti, istituzioni, dovrebbero collaborare affinché la scuola, l'istruzione, la cultura, il sapere divengano soprattutto occasioni di piacere, di crescita, di coinvolgimento, di scoperta, di socializzazione e di creatività.

Vero è che, in moltissime scuole, questa sinergia tra insegnanti, genitori, allievi esiste già. Bisogna che tutto ciò diventi, però, patrimonio comune di tutti, espressione qualificante della cultura dell'infanzia.

Ecco, allora, qualche suggerimento per favorire il ritorno a scuola dei nostri ragazzi.

a) Organizzarsi affinché i bambini abbiano un periodo di tempo per riabituarsi in modo graduale ai ritmi invernali: perciò fare in modo che per le prime settimane dopo il ritorno a casa i ritmi biologici dei bambini non subiscano scossoni improvvisi. Le nostre estati sono troppo lunghe per pretendere che, soltanto perché le vacanze sono terminate, i bambini debbano subito riadattarsi alla regola ferrea del "a letto dopo cena!", rinunciando, ad esempio, al riposino pomeridiano o a qualche ora all'aria aperta.

b) Evitare i soliti "predicozzi" di inizio anno, specialmente se i figli sono reduci da un anno scolastico fallimentare o poco brillante. Cercare, invece, di comprendere le ragioni di quegli insuccessi, per prevenire il loro ripetersi.

c) Favorire l'amore per la cultura con opportune integrazioni agli insegnamenti impartiti a scuola: visite a musei e a città d'arte; gite in campagna; cinema e teatro per ragazzi; attività creative in laboratori scolastici o extrascolastici; lettura e frequentazione di librerie; partecipazione a esperienze di musica, danza o studio di queste discipline. La scuola potrebbe così diventare, per i ragazzi, un luogo dove si acquisiscono ulteriori strumenti per il sistematico approfondimento di ciò che già costituisce una "passione" della famiglia ovvero l'amore per la cultura e l'arte.

d) Fare in modo che l'acquisto di oggetti e gadget per la scuola (zainetti, quaderni, astucci colorati, diari, ecc.) non rappresenti l'unico momento di gratificazione o di allegria collegato alla scuola.

e) Mantenere un dialogo costante con gli insegnanti e favorirlo laddove gli insegnanti o i genitori siano poco disponibili.

f) Ricordare, da adulti, le proprie esperienze di studenti, il rapporto con gli altri bambini, gli insegnanti e il lavoro scolastico.

g) Organizzare una grande festa a casa e a scuola per celebrare l'inizio di un nuovo ciclo scolastico. Ogni "inizio" richiede un "rito di iniziazione", una festa, un momento di espressione e di socializzazione che fa proprio bene a tutti!

h) Preparare un "doppio album" (o un "album parallelo") con, da una parte, le foto in ordine cronologico dei genitori, da quando erano bambini e andavano a scuola fino al completamento dei loro studi e, dall'altra, le foto dei figli attualmente scolari. Il "doppio album" serve a mostrare ai nostri figli un iter comune attraverso il quale sono passati e continueranno a passare nonni, genitori e nipoti.

IN SINTESI

1. Teniamo conto dei ritmi biologici dei bambini quando devono affrontare nuovamente l'anno scolastico.

2. Evitiamo di aprire il nuovo anno scolastico ricordando gli insuccessi dell'anno precedente.

3. Cerchiamo, quanto più è possibile, di favorire l'amore per la cultura supportando l'insegnamento con opportune integrazioni: visite a musei e a città d'arte; gite in campagna; cinema e teatro per ragazzi; attività creative in laboratori; lettura e frequentazione di librerie; partecipazione a esperienze di musica e danza o studio di queste discipline.

4. Celebriamo positivamente l'inizio del nuovo anno scolastico con una festa tra bambini da svolgersi in casa o a scuola.

5. Ripercorriamo il nostro iter scolastico e commentiamolo insieme ai nostri figli affinché ci sentano veramente vicini a loro e imparino a conoscerci anche attraverso le nostre imprese scolastiche. (Come dire: anch'io sono stato a scuola, anch'io ho avuto i miei momenti di disagio, le mie paure, i miei insuccessi e i miei trionfi!)

PER SAPERNE DI PIÙ

GIORGIO BLANDINO - BARTOLOMEA GRANIERI, *La disponibilità ad apprendere*, Raffaello Cortina Editore, Milano 1995.

FRANCESCO DE BARTOLOMEIS, *La ricerca come antipedagogia*, La Nuova Italia, Firenze 1993.

Quando vogliamo collaborare con gli insegnanti

Sia che un bambino non abbia problemi con insegnanti e professori, sia – e soprattutto – che il suo rapporto con la scuola non sia dei migliori, i colloqui con i suoi educatori costituiscono per molti genitori un momento difficile.

Qual è, dunque, il modo migliore per entrare in relazione con gli insegnanti? Come evitare errori che possono compromettere il nostro rapporto con loro e il loro con i nostri figli?

Anzitutto è bene ricordare che tra famiglia e insegnanti si dovrebbe instaurare, nell'interesse del bambino, un rapporto di dialogo, di collaborazione, di alleanza. Solo in questo modo è possibile creare una rete di supporto alla sua crescita e al suo benessere. Anche se, spesso, a questa "dichiarazione di intenti" non segue immediatamente la realizzazione dell'accordo stesso. Frequentemente, poi, lo scolaro descritto da insegnanti e professori presenta ben pochi aspetti in comune con il bambino che noi conosciamo.

Che cosa può ostacolare, allora, l'intesa tra genitori e insegnanti in merito al metodo educativo?

Io credo che le divergenze si esasperino quando, inconsciamente, i genitori e gli insegnanti considerano il bambino non una "persona in crescita" a cui si deve tutto il rispetto ma un "oggetto" di loro esclusiva appartenenza o in quanto figlio o in quanto allievo. Questo atteggiamento è tipico di chi, pur essendo adulto, non ha ben operato dentro di sé la distinzione "io-tu". In genere si tratta di persone che tendono a stabilire con i bambini un rapporto "fusionale". Esse sono assai spesso insicure, inconsapevolmente animate da sensi di inferiorità che ne alimentano l'esigenza di dominare, di far valere i propri punti di vista, di sfidare chiunque la pensi in maniera diversa poiché hanno bisogno della conferma al loro ruolo attraverso la sudditanza dei figli o degli allievi. Pertanto tendono a considerarli non persone autonome da aiutare a crescere e alle quali fornire strumenti culturali, informazioni e formazione, bensì appendici subalterne dei propri bisogni e di quelle inespresse parti di sé alle quali sperano i bambini possano dare voce tramite l'educazione che essi impartiscono a loro. In questi casi, il conflitto tra genitori e insegnanti che non la pensano allo stesso modo in merito al metodo educativo con il quale far crescere e istruire i bambini diventa pesante e, a volte, perfino insanabile. Tale tensione si riverbera sui bambini creando in loro dubbi e la caduta delle loro speranze in merito alla capacità degli adulti di essere sereni, obiettivi, contenitivi, non competitivi e non conflittuali tra loro.

Tutto ciò fa nascere nei bambini l'esigenza di sviluppare "un falso sé" a tutela di tutto ciò che, in loro, non è stato né riconosciuto, né rispettato, né educato, né amato dagli adulti. C'è da aggiungere, poi, che proprio in grazia di questi "furbeschi" marchingegni infantili, a volte basta pochissimo per trasformare in disaccordo o in aperto antagonismo quello che dovrebbe essere un sereno rapporto di comunicazione tra genitori e insegnanti.

Ciò accade, ad esempio, quando i genitori si lasciano influenzare da accuse o provocazioni del bambino, senza verificare la verità di ciò che il bambino riferisce sulla vita scolastica o sul comportamento dell'insegnante. Con questo non vogliamo assolutamente dire che i bambini non debbano essere ascoltati o presi in considerazione. Al contrario, vorremmo sottolineare come l'onda emotiva che viene innescata dal malessere scolastico di un bambino (che può essere legato anche a situazioni che lo riguardano proprio in relazione alla famiglia!) possa determinare poi, come in una sorta di processo a catena, un clima di sfiducia rispetto alla scuola; questa sfiducia, a sua volta, fa sentire sotto accusa l'insegnante. Il quale (se a torto o a ragione non è utile stabilirlo in questo contesto!) sente di "doversi" difendere e a volte lo fa assumendo un atteggiamento di chiusura o di sfida (ad esempio: «Lei crede più alle parole del suo bambino che alle mie e alla mia professionalità...»).

Può accadere anche il contrario, cioè che il bambino, a scuola, manifesti disagio, problemi, malessere e l'insegnante, nel tentativo di aiutarlo, interpelli i genitori per sapere che cosa succede a casa. La necessità dell'insegnante di approfondire le ragioni del disagio del bambino, infatti, può minare alcune sicurezze dei genitori e farli sentire "imperfetti", inadeguati, "non sufficientemente buoni". Così, sia che l'iniziativa muova da una o dall'altra parte, ognuno finisce per rimanere fermo sulle proprie posizioni, in difesa, dunque, non del bambino, ma del traballante ruolo di genitori e/o di insegnanti vissuto con tale insicurezza da non sopportare normali contrapposizioni, conflitti, difficoltà. Genitori e insegnanti rinunciano così in partenza a un dialogo di vitale importanza per il bambino stesso e a una palestra necessaria, anche e soprattutto a loro, per fare esperienza, per crescere, per maturare e per individuare strumenti educativi sempre più mirati ed efficaci a favore dei bambini.

Qual è, dunque, l'atteggiamento che si dovrebbe tenere per evitare equivoci e per instaurare un valido rapporto di collaborazione tra genitori e insegnanti?

Intanto, è bene ricordare che scuola e famiglia sono le due basilari "agenzie educative"; che, insieme, costituiscono un'insostituibile palestra nella quale si formano gli adulti di domani e che possono collaborare a proteggere i bambini dalle difficoltà e dalle insidie umanamente e socialmente più temibili.

È importante, dunque, che i colloqui tra insegnante e genitore diventino un momento in cui si parla del bambino come persona e non solo come figlio o allievo. Infatti, verificare come il bambino, in quanto individuo, si esprime a scuola è importante quanto conoscere il suo rendimento scolastico. L'accordo tra genitori e insegnanti moltiplica le energie e le forze, e il bambino è il primo ad avvalersi di tale sinergia e a sentirsi, così, veramente protetto, tutelato, guidato, aiutato e sostenuto nel crescere.

Se però questo in talune occasioni non è possibile, invito genitori e insegnanti a formare ed educare se stessi. Jung sostiene, infatti, che la vera problematica dell'educazione dei bambini «è la formazione dei formatori». Si possono leggere libri, frequentare conferenze e lezioni promosse, su questi argomenti, un po' ovunque, anche dalle università, dalle associazioni sindacali, dalle associazioni culturali, da Regioni, Provincie e Comuni; si possono chiedere consulenze a pedagogisti, psicologi, psicoterapeuti; si può anche intraprendere un percorso di studi psicopedagogici o un percorso terapeutico personale. Infine, si può lottare insieme affinché nella scuola le già previste "équipe medico-psicopedagogiche" funzionino veramente e forniscano strumenti di mediazione tra scuola e famiglia.

IN SINTESI

1. Ricordiamo qual era il nostro rapporto con la scuola e gli insegnanti e qual era il rapporto tra i nostri genitori e le autorità scolastiche.

2. Evitiamo di trasformare (per motivi legati ad antichi rancori e/o complessi d'inferiorità) il rapporto tra gli insegnanti e i genitori in un "braccio di ferro" o in un conflitto tra "autorità".

3. Ricordiamo che scuola e famiglia sono le principali "agenzie educative" sulle quali i bambini devono poter contare e che da genitori e insegnanti essi si aspettano concordia, coerenza, rispetto, contenimento per loro.

4. Consideriamo l'alleanza e la collaborazione tra insegnanti e genitori come il traguardo più importante da raggiungere per educare meglio i ragazzini.

5. Cerchiamo alleati anche al di fuori del contesto scolastico (lettura di testi specialistici, frequentazione di conferenze e lezioni, consulenze di pedagogisti, psicologi, psicoterapeuti; percorsi di studi psicopedagogici o percorsi terapeutici personali...).

La scuola di Zuel: la scuola dei genitori e dei bambini

"Piccolo è bello" diceva il grande economista Schumpeter e niente è più vero per rispondere ai bisogni dei singoli o di una piccola scuola. È il caso del Centro Infanzia aperto dal 1997 a Zuel, frazione di Cortina D'Ampezzo, nato dalla volontà e dal progetto concreto di un gruppo di genitori desiderosi di offrire ai loro figli un'educazione non aggressiva né autoritaria ma tale da esaltare le loro potenzialità. Una scuola che valorizzi l'originalità di ciascuno, in un'ottica di ecologia e di rispetto di vita. L'idea del gruppo è nata dopo aver conosciuto per una breve stagione un maestro Montessori di rara apertura, che aveva realizzato per i loro figli una "W la scuola nel bosco".

Questa esperienza, comune in molti Paesi del Nord europeo, era stata rivelatrice per i bambini e per gli adulti. Aveva mostrato la bellezza di una relazione pedagogica fondata sulla fiducia, all'interno di spazi di libertà su misura dei bambini. Aveva indicato come proprio questa offrisse il miglior contenimento indiretto alle molte ansie dei bambini e come li portasse naturalmente a un diverso rapporto con gli altri. I genitori avevano constatato che è possibile educare i bambini senza imporre esercizi o compiti, senza sgridare, fare continue prediche, senza stimolare artificiosamente. I risultati erano parsi subito notevoli: crescente sicurezza individuale, capacità di scambio spontaneo e di aiuto, fusione tra fare e capire, passione di apprendere, non per ottenere voti e premi ma per il piacere di superare se stessi. Un passo dopo l'altro, con l'aiuto di tanti e il generoso lavoro volontario di alcuni, i genitori si sono costituiti in Associazione (che ha nome "Facciamo un Nido") e hanno organizzato la scuola: oggi i bambini prima dei tre anni sono circa 40 (alcuni frequentano mattina e pomeriggio, altri solo il pomeriggio o solo la mattina); circa 20 sono dai tre ai sei anni; un gruppetto di sei, di sei anni, costituisce la prima elementare. Infatti, malgrado il numero limitato, si è voluta avviare questa sezione del progetto, richiamandosi anche qui a Montessori. Ecco un nome largamente noto in Olanda, Germania, Svezia, Inghilterra, Nord America, Giappone ma pressoché sconosciuto e frainteso da noi. Qui sembra spesso risuonare come roba vecchia, del passato, mentre è vitale il contenuto di intelligente libertà, di sospensione dal giudizio e dal confronto continui per promuovere al meglio le forze dell'Io.

Questa via pedagogica che si fonda sul rispetto della persona e che ha avuto tanti illustri seguaci non è stata ancora interamente esplorata. Meno che mai nel nostro Paese in cui regnano un pesante conformismo pedagogico, ossequiente alle norme ministeriali, e una grande povertà di ricerca. Ci si accontenta del "Così fan tutti" ignorando il malessere di tanti bambini e la mortificazione della loro autonomia. Montessori è una proposta delle più innovative che libera le forze migliori dei bambini, riconosce il loro diritto a non subire l'apprendimento come una condanna, tra promesse e minacce, tra il miraggio dei bei voti e le umiliazioni imposte a ogni errore, a ogni fallimento come se fosse definitivo.

La scuola Montessori – dal nido alle medie –, come centinaia di esperienze in tutto il mondo dimostrano, è la riprova che i bambini imparano tanto meglio e con inesauribile entusiasmo quanto meno si fa uso di premi e castighi, promesse e minacce.

È facile immaginare che un progetto educativo che procede in senso opposto alla comune prassi scolastica sia malvisto, susciti timori, ansietà, giudizi negativi a priori. Ma a favore della scuola di Zuel ci sono ad esempio il plauso e l'approvazione delle Autorità scolastiche di Belluno da cui la scuola dipende; l'incoraggiante aiuto in denaro da parte di enti pubblici e privati; infine il Parco naturale delle Dolomiti d'Ampezzo ha messo a disposizione della scuola ele-

mentare un suo guardaparco per conoscere meglio la natura del luogo.

Una piccola scuola come questa fa paura perché mette a nudo – indirettamente – le pecche della scuola tradizionale, pubblica o privata che sia, che troppo spesso impone, obbliga, condanna con i compiti a casa e con il sistema dei voti; di fatto mette i bambini gli uni contro gli altri rendendoli dipendenti, gregari.

Altra caratteristica della scuola tradizionale, sia pure ammantata di modernità come vuole apparire oggi, è che i bambini, sotto la guida del maestro-regista, fanno contemporaneamente la stessa cosa. Se i bambini sono divisi in gruppi, si vedono comunque assegnare dall'adulto il compito da svolgere.

Nella scuola Montessori, invece, i bambini – anche piccoli – scelgono direttamente il lavoro che preferiscono e ne sono responsabili. Si rispettano le scelte e i tempi di lavoro di ciascuno, pur con il dovuto buon senso e nei limiti imposti dal vivere in una collettività. L'osservazione sistematica fatta dal maestro, insieme alla fiducia nelle forze autoformative del singolo, sostituisce il continuo insegnamento verbale e, al posto di lezioni più o meno teoriche, si offrono ai bambini materiali da esplorare e da sperimentare, dando loro gli strumenti per controllare gli sbagli eventuali. Questo modo di conoscere non educa al conformismo, ma all'indipendenza di giudizio e riconosce nella diversità e nell'originalità di ciascuno un bene inestimabile. È ovvio, dunque, che molti degli sforzi del Centro di Zuel siano dedicati alla formazione continua delle sue educatrici che, pur convinte della loro inconsueta scelta pedagogica, hanno periodicamente bisogno di sostegno e di supervisione, oltre che di affinare la propria capacità di ascolto.[*]

---

[*] GRAZIA HONEGGER FRESCO, *Il centro infanzia Zuel*, da «Il quaderno Montessori», 62, estate 1999.

L'alfabeto delle proposte della scuola di Zuel

A. come **attenzione** a ciascun bambino, come persona che sente, che esprime le proprie esperienze, che costruisce se stesso attraverso l'agire e lo stare in mezzo agli altri.

B. buono è ciò che favorisce in ogni bambino la capacità di scegliere, di costruire, di inventare, di pensare in modo personale.

C. collaborare con i genitori alla crescita equilibrata del bambino è aspetto prioritario delle nostre scelte educative: il come è però da realizzare insieme, di volta in volta.

D. i **desideri** del bambino di rado coincidono con quelli degli adulti, genitori e maestre che siano: in ogni caso meritano considerazione e rispetto.

E. gli **errori** quando capitano sono i nostri amici. Ci aiutano a capire, fin dai primi anni di vita, come possiamo agire meglio: non ci fanno paura.

F. come **fiducia**: dobbiamo averne tanta in ogni bambino, anche se ha difficoltà, ritrosie, timori e incertezze. Più gliene daremo, più esprimerà le proprie energie vitali e imparerà ad autogestirsi.

G. il **gioco** è il loro fondamentale modo di esprimersi, di capire il mondo, di entrare in rapporto con gli altri: un piacere che non si esaurisce mai e non deve mancare.

H. hurrà a una scuola che i bambini vorrebbero aperta anche nei giorni di vacanza!

I. immaginare è il grande potere dell'infanzia e dell'adolescenza: immaginare di essere come papà o mamma, immaginare i numeri e la natura, i dinosauri e i castelli, immaginare di cambiare il mondo.

L. la **libertà** non può essere donata, ma va costruita fin dai primi anni di vita.

M. materie? Preferiamo parlare di **materiali** come aiuti allo sviluppo, come occasioni di esperienza.

N. i **no**, quando è necessario, bisogna saperli dire con fermezza, senza severità o toni minacciosi, senza paura. E non devono mai diventare ni.

O. ospiti nella scuola? I genitori possono venire quando vogliono, anche se la cautela non è mai troppa, per evitare ansie ai bambini, propri o altrui.

P. come **possibilità** di fare emergere quanto di meglio c'è in ogni bambino.

Q. la **qualità** della vita collettiva si misura sulla capacità di ascoltarsi, di darsi delle regole e di obbedire a esse. Quanto più ogni bambino è rispettato, tanto più facilmente essa si eleva.

R. le **regole**, poche, semplici, valide per tutti, sono la base della vita collettiva.

S. sostituirsi al bambino che agisce è il più pesante degli errori. Ogni aiuto inutile è un ostacolo allo sviluppo.

T. come **tempi**, ognuno ha i propri e sta tanto meglio quanto più può seguirli.

U. come **usufruire** di un ambiente accuratamente preparato in cui il bambino trovi tante cose da fare.

V. come **volare** con l'immaginazione attraverso il **vissuto** e i libri: grandi, piccoli, poesie e filastrocche, fiabe e leggende, libri di una sola parola, di due, di molte parole…

Z. se organizziamo la scuola in **zone** di libertà cui i bambini possano accedere direttamente, permettiamo loro di scegliere, ma anche di scoprire la responsabilità di ciò che hanno scelto. Non fanno quello che vogliono, ma *vogliono quello che fanno*.

PER SAPERNE DI PIÙ

GIORGIO BLANDINO - BARTOLOMEA GRANIERI, *La disponibilità ad apprendere. Dimensioni emotive nella scuola e formazione degli insegnanti*, Raffaello Cortina Editore, Milano 1997.

DONATA FRANCESCATO - ANNA PUTTON, *Stare meglio insieme. Oltre l'individualismo: imparare a crescere e a collaborare con gli altri*, Mondadori, Milano 1990.

ANNA OLIVERIO FERRARIS, *Il bambino in casa e a scuola*, Zanichelli, Bologna 1977.

Quando celebriamo insieme la festa dei morti

Il giorno dei morti è quello in cui, tradizionalmente, ci si reca ai cimiteri per onorare i nostri cari defunti. Come si può aiutare i bambini ad accettare la perdita di una persona cara?

Anzitutto lavorando su noi stessi per comprendere in quale modo abbiamo affrontato la morte di una persona cara, come ciò ha lasciato traccia nella nostra vita e come abbiamo (se lo abbiamo!) elaborato quel lutto. Infatti, una persona adulta che non abbia affrontato ed elaborato, almeno in parte, il problema del distacco legato alla malattia, alla perdita e alla morte non può essere in grado di contenere il disagio, il dolore, la paura di un bambino che scopre la morte.

Per i bambini, come del resto per gli adulti, l'esperienza di doversi separare "per sempre" da una persona che amano è sconvolgente.

I bambini possono avere reazioni diverse: esprimere il loro dolore piangendo, gridando, lamentandosi e questo consente loro di manifestare la sofferenza e di elaborarla. Oppure chiudersi in se stessi rifiutando ogni consolazione o rimuovere, almeno in apparenza, il lutto. In questi ultimi casi, il bambino fa, comunque, l'esperienza di un distacco definitivo ma non riesce a esprimere il dolore che prova, a elaborare il lutto piangendo, ricordando, domandando.

Che cosa fare, allora?

Per imparare a superare il doloroso momento del distacco è importante fare prendere coscienza al bambino del ciclo della vita nell'arco del quale si nasce, si cresce, si invecchia, si muore. Questa consapevolezza ci educa ad accettare i distacchi, i cambiamenti, le trasformazioni, la fine terrena delle persone, delle cose, delle esperienze.

È importante, dunque, far comprendere tutto questo ai bambini, aiutarli a elaborare il proprio lutto, a mostrare il proprio dolore e ad attraversarlo magari anche arrabbiandosi con le persone da loro amate che, morendo, li hanno lasciati soli, a sentire il vuoto di una presenza cara venuta meno. Importante, comunque, è rispondere alle loro domande con sincerità, chiarezza, disponibilità.

Chi crede, poi, nell'aldilà può, ad esempio, parlare di una vita che va oltre la morte, spiegare che la morte è un viaggio nella luce che ciascuno di noi dovrà fare e che, un giorno, nella luce, tutti ci ritroveremo. Che chi ci vuole bene non ci abbandona mai; non ci lascia perché trova posto nel nostro cuore, è presente, rimane lì. Che chi abbiamo amato ed è morto ci rimane accanto poiché il suo amore e la sua energia sono con noi, intorno a noi, a nostra disposizione quando pensiamo ai "cari defunti". Ancora, che la vita che abbiamo fatto, forse, quando saremo andati "oltre la vita", nel calore di "quella" luce, ci sembrerà un'esperienza di crescita, di dolore, di amore e/o comunque un "viaggio importante", un percorso significativo del quale solo da fuori potremo apprezzare e comprendere tutto il valore e il mistero.

Quando un bambino deve accettare la morte della persona più cara, un genitore, ad esempio, come si può aiutarlo?

Il bambino a cui muoia un genitore, specie se si tratta della madre nei primissimi mesi o anni di vita, sente di essere privato, per via di quella perdita, anche di una "parte buona" di sé. Quella "parte buona" che la madre e il padre rappresentano dentro di lui e che egli ha interiorizzato come "base sicura" e "modello" a cui fare "riferimento" nel crescere. Come reazione immediata il bambino si sentirà, sia internamente sia esternamente, minacciato dalle "cose cattive" poiché a tutelarlo dalle sue paure, dai suoi fantasmi, dalle sue rabbie, dall'aggressività e dai sensi di colpa non c'è più la figura protettiva del padre o della madre.

Di certo, il bambino potrà sostituire il genitore che ha perso con altre figure affettive; ma questo accadrà veramente soltanto se egli sarà riuscito a elaborare il lutto della perdita che ha subito parlandone con gli adulti.

Se blocca il proprio dolore nel timore che i "grandi" possano allarmarsi o preoccuparsi vedendolo soffrire, o se si trova di fronte ad adulti talmente disperati, sconvolti, annientati dal lutto che hanno patito da essere "fuori di sé", oppure ostili, indifferenti, allora può cadere vittima del timore di esprimersi. Può, da quel momento, sviluppare una serie di complessi di colpa, amplificare paure, dubbi, ecc. fino ad arrivare a ipotizzare, con infantile senso di onnipotenza, di aver causato lui stesso, in qualche modo, la perdita dell'oggetto d'amore.

Come affrontare con un bambino la perdita di una persona cara?

Secondo Murray Bowen, noto psicoterapeuta familiare, la capacità dei bambini di affrontare la morte dipende moltissimo dagli adulti. La cosa più saggia, quindi, di fronte a un evento luttuoso all'interno della famiglia è presentare ai bambini la morte come un evento naturale, spiegandola in termini comprensibili.

Ma per loro sarà importante anche che gli adulti li lascino partecipare al funerale dando loro l'esempio sociale e culturale di quale importanza, valore, significato abbia il celebrare insieme agli altri, religiosamente o laicamente, la morte di una persona cara (o, comunque, la morte di qualcuno) con il rito di elaborazione del lutto per eccellenza, costituito, appunto, dal funerale.

Di fronte a questa posizione ci saranno sicuramente reazioni di disapprovazione molto forti da parte di amici e parenti. Tuttavia solo esprimendo le nostre emozioni e permettendo ai bambini di esprimere il loro dolore, di partecipare a quell'evento che li coinvolge in prima persona, di prendere atto di una realtà "inevitabile" e che fa parte integrante delle iniziazioni della vita di tutti sarà possibile evitare che essi neghino l'evento non parlandone più e che trasformino la perdita in un peso nascosto, in una fragilità della mente e del cuore che non consentirà loro di crescere serenamente.

PER SAPERNE DI PIÙ

JOHN BOWLBY, *Costruzione e rottura dei legami affettivi*, Raffaello Cortina Editore, Milano 1982.

–, *Attaccamento e perdita*, Bollati Boringhieri, Torino 1989-1992.

JUDITH VIORST, *Distacchi*, Frassinelli Editore, Milano 1993.

Inverno

Quando celebriamo insieme il Natale

Il Natale, l'Avvento sono momenti magici per i bambini e per le famiglie. Come possiamo spiegare ai nostri figli l'importanza, oltre che religiosa, culturale, di questo periodo, senza connotarlo soprattutto con la possibilità di ricevere regali?

Nella tradizione cristiana il giorno in cui nasce Gesù Bambino rappresenta la festa del "Mondo a Misura di Bambino". Il 25 dicembre, infatti, si realizza quella rivoluzione copernicana che mette "al centro del mondo un bambino" che nasce proprio per "salvare il mondo".

Come si può far comprendere ai bambini la modernità di questa storia, il suo valore immenso e immutato nel tempo?

Basta collegare questa storia religiosa del passato con le odierne tragedie umane e anche al superamento positivo delle stesse. Infatti, Maria dà alla luce Gesù in condizioni disumane.

Condizioni che ricordano tanto quelle dei dannati della terra, delle famiglie in fuga; dei milioni di esseri umani che lasciano la loro casa spinti dalla povertà, dal pericolo, dalla paura poiché devono fuggire, con i loro figli, da luoghi dove infuria la guerra, la persecuzione, la malattia, la paura.

Maria e Giuseppe, però, proteggono il Bambino Gesù ed egli riesce a nascere; accolto dalla natura, Gesù nasce in una grotta, riscaldato dagli animali (il bue e l'asino lo scaldano con il loro fiato), accolto con rispetto sia dagli uomini umili (pastori, contadini) sia dai potenti (i Re magi) sia dal cielo (angeli e stella cometa).

Gesù Bambino rappresenta ogni bambino della Terra che, se viene al mondo, "deve" essere accolto, rispettato, protetto, amato poiché è stato "invitato" a nascere. Nella festa del Natale viene rappresentata, non a caso, una "sacra" famiglia in cui Maria e Giuseppe svolgono con amore, alleanza, responsabilità il loro ruolo "genitoriale". Nella tradizione cattolica Maria e Giuseppe sono genitori a "totale" disposizione del bambino che è venuto al mondo per testimoniare la sacralità di tutti i bambini e di tutti gli esseri umani. Volendo attingere a questa tradizione, il compito genitoriale, anche qualora tra i coniugi mancasse la passione amorosa e si separassero, riveste sempre un ruolo importantissimo, da conservare intatto, nella forza della sua simbolica espressione, a tutela e difesa dei bambini e della loro crescita. Anche questo insegnamento a rispettare i sentimenti, le speranze, le aspettative dei bambini è un dono del Natale. Per chi non fosse cristiano, infine, valga l'osservazione che in ogni grande tradizione religiosa i bambini svolgono un ruolo di primaria importanza. Si pensi al buddismo, secondo cui il Dalai Lama si reincarna in un bambino che i fedeli debbono ricercare e individuare.

Quando dobbiamo spiegargli chi porta i doni

Che cosa rappresentano per i bambini Babbo Natale e la Befana?

Nella fantasia dei bambini Babbo Natale è una sorta di "superpapà", un po' nonno, un po' papà e anche un po' eroe. Una figura che racchiude in sé la regalità e la forza di tutte le figure maschili che contano per i bambini: il papà e il nonno prima di tutti gli altri. Quanto alla Befana, un po' strega, un po' nonna, rappresenta la saggezza femminile che porge i suoi doni, che riempie la calza di cose buone e che appaga con fantasia l'anima e il corpo. La Befana è, infatti, una donna vecchia e saggia, forse una nonna ma in versione dimessa e imbruttita, che premia con i doni i bambini buoni e ammonisce con il carbone chi non è stato obbediente o buono affinché non ripeta gli errori fatti. La Befana e Babbo Natale formano una sorta di "famiglia ultraterrena", a metà strada fra i bisogni quotidiani e il cielo.

Come si può fare per spiegare ai bambini che sono i genitori a portare i doni? Oppure, come si può rimediare alla loro delusione quando scoprono, dal fratellino o da un compagno, che in qualche modo, illudendoli, li abbiamo ingannati?

Babbo Natale e la Befana sono figure mitiche per i bambini, figure alle quali essi si rivolgono direttamente, nutrendo aspettative sul loro intervento, alle quali scrivono lettere e dalle quali sperano di ricevere doni ma anche appoggio e aiuto nelle difficoltà. Scoprire che questi personaggi di mediazione fra fantasia e realtà non esistono è, sempre e comunque, una delusione.

Per affrontare questa delusione consiglio ai genitori di spiegare ai bambini che Babbo Natale e la Befana esistono nel profondo dell'anima di ogni adulto, di ogni mamma, papà, uomo e donna che amano i bambini e che, una volta all'anno, "vengono fuori" e si mettono in maschera per portare doni ai più piccoli, per ascoltarli, per leggere le loro lettere con attenzione, per esaudire i loro desideri, per dare vita alla parte più generosa, buona, attenta all'infanzia che ciascun adulto porta dentro di sé. Questo è anche un modo per accorciare le distanze fra la vita quotidiana e queste due leggendarie, generose, fantastiche figure. Se, pertanto, questo argomento verrà affrontato con dolcezza e disponibilità, nessun bambino rimarrà male scoprendo che i genitori, una volta all'anno, si mettono in maschera per celebrare insieme a loro la magia delle feste. Sono il calore, l'affetto, la comprensione il dono più vero e gradito che la "Befana/mamma/nonna" e il "Babbo Natale/papà/nonno" possano portare.

DA FARE INSIEME

Sono tante le cose che si possono fare insieme, nell'attesa del Natale o durante le festività invernali. Utili i consigli contenuti in:

LUIGI LEONARDI (a cura di), *Origami e Natale*, Edizioni Demetra, Verona 1986.

Tra i tanti film che si possono guardare in famiglia ricordiamo:
Miracolo sulla 34ª strada (regia di Les Mayfield con Richard Attenborough);
Canto di Natale (Walt Disney).

Una lettura particolarmente indicata è:
CHARLES DICKENS, *Canto di Natale*.

PER SAPERNE DI PIÙ

FRANÇOISE DOLTO, *Come allevare un bambino felice e farne un adulto maturo*, Oscar Mondadori, Milano 1994.
WAYNE W. DYER, *Buone feste*, Rizzoli, Milano 1989.

Quando festeggiamo insieme il carnevale

Il gioco del mascherarsi rappresenta per i bambini una grandissima possibilità di espressione. Come fare per conservare la tradizione delle maschere e, nel contempo, evitare che i bambini la ricolleghino, ancora una volta, all'imperativo del "comprare" qualcosa di già fatto, magari, alla moda?

La strumento più efficace per entrare in contatto con il mondo dell'infanzia rimane, ancora volta, la capacità dell'adulto di recuperare la propria parte bambina, cercando di ritornare indietro nel tempo e di ricollegarsi alle esperienze, ai vissuti, alle emozioni della propria infanzia e preadolescenza.

Chi di noi, infatti, non ricorda di aver giocato a "mascherarsi"? Chi di noi, almeno una volta, non è salito in soffitta e trovando in scatoloni o bauli un vecchio abito della nonna o del nonno non ha trascorso ore facendo finta di essere una dama dell'Ottocento, una principessa del passato o un principe in palandrana?

Se gli adulti favoriscono o accettano il gioco del "mascherarsi" nei bambini, invece di comprare loro abiti già confezionati o di infastidirsi per il disordine quando i bambini attingono agli armadi per indossare abiti, soprabiti e scarpe non loro, rendono un grande servizio all'equilibrata crescita dei loro figli.

Per i bambini travestirsi è un gioco magico, speciale, affascinante poiché hanno la possibilità di sperimentare cento ruoli ma nel contesto protetto del gioco e di esprimere senza condizionamenti la loro creatività. Essi possono, così, lasciare agire liberamente emozioni e sentimenti, sia positivi sia negativi, interpretando personaggi familiari e non, inventati o appartenenti alla loro realtà.

C'è, pertanto, da sottolineare come "mascherarsi" serve a "smascherarsi" e che una festa importante come il carnevale va intesa e valorizzata proprio in questo senso.

PER SAPERNE DI PIÙ

V. Della Croce - G. Guerra, *Per fare maschere, mascherine, mascheroni*, Demetra, Verona 2000.

Simone Frasca, *Ma dov'è il carnevale (racconto per bambini)*, Il Battello a Vapore, Piemme, Casale M. 2000.

Roy Gibson, *Maschere*, Ed. Usborne, Gran Bretagna 1994.

–, *Vestiamoci in costume*, Ed. Usborne, Gran Bretagna 1994.

Cosetta Zanotti, *La maschera magica (racconto per bambini)*, Jaca Book, Milano 2000.

Primavera

Quando apriamo insieme l'uovo di Pasqua

Il fascino delle uova di Pasqua e delle sorprese ha origini antichissime. È vero?

L'uovo è presente da sempre in miti e leggende. Ad esempio, per gli egizi il dio Ptah forgiava l'uovo della creazione; per gli indù il mondo ha avuto origine da un uovo covato sulle acque da un cigno. Così nell'uovo di Pasqua, che alla fine si apre e dal quale esce la sorpresa, c'è la metafora della vita. Questo spiega anche il successo di certi prodotti alimentari che ripropongono proprio l'abbinamento tra uovo e sorpresa. Quest'ultima si collega al bisogno di magico proprio di ogni bambino, al suo desiderio di scoprire e, scoprendo, stupirsi e godere della scoperta. Vorrei che la vita fosse così anche per gli adulti: una continua ricerca, un bisogno di riscoprire qualcosa di nuovo e di vitale, un esercizio a trovare, dentro l'uovo della vita, le cose migliori, le più importanti, quelle che hanno veramente valore. Un suggerimento a chi sceglie le sorprese: sarebbero opportuni oggetti che valorizzino proprio il significato della vita. Meno mostri, soldatini, armi e più simboli di vita, di allegria, di pensiero; piccoli strumenti musicali, libri in miniatura, animali. E anche frasi incoraggianti, amorose, sagge. O ironiche, divertenti, provocatorie. Insomma, parole che alimentano l'anima e inneggiano al senso positivo della vita.

PER SAPERNE DI PIÙ

ALEXANDER LOWEN, *La spiritualità del corpo*, Astrolabio, Roma 1991.

Quando sente il cambio di stagione

La primavera dovrebbe essere un momento di "rinascita": basta guardarsi intorno per accorgersene. Eppure proprio in questo periodo siamo tutti un po' "sottotono". I bambini, in particolare, sembrano stancarsi subito, sbadigliano in continuazione, sono pallidi. Come mai? È normale che ciò accada?

La stagione primaverile, anche in relazione all'entrata in vigore dell'ora legale, comporta uno sfasamento del nostro orologio interno e in qualche modo altera i nostri ritmi biologici. La conseguenza può essere un "rallentamento" generale che, nei bambini, è accentuato da diversi fattori. Prendiamo ad esempio il ritmo veglia-sonno: il maggior numero di ore-luce determina, di per sé, un'alterazione che, per i bambini, può risultare disorientante. Questo accade perché, pur andando a letto più tardi, essi devono comunque alzarsi presto la mattina, in quanto l'ora della "sveglia" non si può, comunque, modificare in ragione degli impegni scolastici non ancora terminati. Ma anche l'aumento, a volte improvviso delle temperature gioca il suo ruolo. Sempre più spesso, infatti, capita di passare repentinamente dall'inverno all'estate con incrementi record delle temperature: ciò comporta uno stress non indifferente per gli organismi più giovani (anche per quelli degli anziani!) mentre esami e lezioni scolastiche ancora incombono e le agognate vacanze sono tutt'altro che vicine.

Come possiamo aiutarli?

Principalmente tenendo conto della momentanea *défaillance* che stanno vivendo. Ma anche occupandoci del nostro "stress primaverile". Non dobbiamo dimenticare che qualsiasi nostro momento critico (di stress, di stanchezza sia fisica sia mentale) inevitabilmente si ripercuote sui bambini, determinando una condizione di disagio. Nel contempo sarà utile osservare una serie di semplici regole per aiutare il bambino ad adattarsi ai nuovi ritmi stagionali e a vivere meglio questo periodo dell'anno.

1) Dedicare più attenzione ai bisogni dei bambini, sia da un punto di vista psicologico, sia fisico.

2) Cercare alleati negli insegnanti: accordarsi con loro affinché i ritmi scolastici possano riadattarsi in funzione dei nuovi ritmi biologici dei bambini.

3) Ricordarsi che in primavera soprattutto i più piccoli hanno bisogno di un maggior numero di ore di sonno. Aiutarli a "ritarare" i ritmi veglia-sonno.

4) Adattare il tipo di alimentazione alle nuove temperature: meno calorie e più vitamine.

5) Aiutare i bambini ad affrontare lo stress anche con rimedi naturali.

6) Permettere ai bambini di trascorrere un maggior numero di ore di gioco all'aperto. Aiuta ad accelerare i loro meccanismi di recupero.

7) Favorire, quanto più è possibile, il contatto con la natura. In tal modo si accresce il benessere psicofisico dei bambini (e dei genitori), potenziando e rafforzando la loro capacità di resistenza allo stress.

8) Aiutarli a "ricaricarsi" e a smaltire le tensioni in eccesso attraverso la pratica di sport all'aria aperta.

9) Fare in modo che non svolgano i compiti nelle ore più calde del pomeriggio ma che dedichino quelle stesse ore a una salutare "riposino": spostare di qualche ora l'impegno intellettivo non potrà che migliorare la loro resa nello studio.

Quando deve fare le verifiche di fine anno scolastico

La conclusione dell'anno scolastico porta con sé una grande gioia. Finalmente! Niente più scuola! Niente più compiti! Gli ultimi giorni di scuola coincidono, però, anche con un momento che molti scolari vivono come un vero e proprio incubo: le verifiche di fine anno. Necessarie, certo, per valutare la preparazione degli alunni, per sapere se e fino a che punto siano stati efficaci gli insegnamenti impartiti da insegnanti e professori, ma anche, inevitabilmente, fonti di stress. Siamo proprio sicuri che questo strumento didattico serva realmente a qualcosa?

Le verifiche potrebbero essere utili se fossero strutturate in modo diverso. Allo stato attuale proprio per l'accento che pongono sul fattore "giudizio", esse rischiano di compromettere il rapporto degli studenti con l'apprendimento e l'amore per la scuola.

Se i ragazzini, infatti, vivono le verifiche come una sorta di "giudizio universale", come una "sentenza" ineluttabile che sancisce la loro capacità o inadeguatezza, qualche motivo dovrà pure esserci! E, peraltro, non sono, forse, proprio loro, le verifiche che imponiamo ai ragazzi, la cartina di tornasole non della loro ma della nostra incapacità educativa? Parlando con i bambini ci si rende immediatamente conto di quanto gli educatori (genitori, insegnanti, adulti in genere) rendano difficile ai ragazzi andare a scuola, apprendere e considerare questo processo e la scuola stessa come qualcosa che appartiene veramente a loro e della quale possono usufruire con interesse e piacere e senza paura. Infatti, combattere quotidianamente per essere all'altezza delle aspettative degli adulti, per vincere la mancanza di concentrazione, per imparare anche nozioni estranee ai loro interessi deve essere molto pesante! E poi, le verifiche, prospettate come qualcosa imposto dall'autorità e appartenente unicamente al mondo adulto, vengono vissute dal bambino non come una possibilità che può dare a se stesso per capire se ha acquisito o meno contenuti e competenze, ma, al contrario, come uno strumento di "giudizio" in mano all'insegnante.

Non auspico, pertanto, l'abolizione delle verifiche, in quanto esse possono essere uno strumento utile agli allievi per rilevare a che "punto" sono nella loro crescita formativa (ad esempio nel sostenere una prova, confrontarsi, comunicare...) oltre che cognitiva, ma ritengo sia indispensabile che perdano, al più presto, il loro carattere "persecutorio" a uso di insegnanti e genitori.

Per raggiungere tale obiettivo, la scuola dovrebbe trasformarsi in un perenne laboratorio di sperimentazione che dia ai ragazzini la possibilità di esprimere e coltivare la propria creatività e le proprie conoscenze.

Prima che la nostra scuola cambi in modo radicale, che cosa possiamo fare nel nostro piccolo?

Bambini e ragazzi nella scuola dell'obbligo hanno un percorso da compiere che deve essere appoggiato, sostenuto, incoraggiato.

Nel dispiegarsi di tale percorso, quindi, dovrebbero trovare negli adulti punti di riferimento solidi, comprensivi, competenti. Genitori, insegnanti, educatori dovrebbero pertanto collaborare per trasmettere ai bambini un'idea diversa della cultura e della scuola.

Una scuola proposta come contenitore buono e utile, dove ci si mette alla prova, si lavora con i compagni, si è amati, apprezzati, sostenuti. Una scuola in cui la verifica nasca dal desiderio dei ragazzi di scoprire, come in un gioco, il livello di abilità raggiunta per poter individuare nuove mete e programmare nuove scoperte.

All'insegnante, invece, le verifiche dovrebbero dare la misura non tanto del livello di apprendimento raggiunto dal bambino, quanto della qualità del suo rapporto con lui, di come i suoi codici di insegnamento si incontrino con i codici di apprendimento dell'allievo. È evidente che anche la famiglia deve contribuire a creare un rapporto positivo con la scuola, sostenendo i ragazzi, contenendo le loro ansie, sgravandoli da aspettative o pretese di "buon rendimento a ogni costo" come se l'obiettivo fosse: "competere e vincere" e non: "sperimentare, apprendere e crescere". In fondo, le capacità di concentrazione e attenzione sono anche e soprattutto frutto dell'equilibrio all'interno dell'ambiente familiare e scolastico, della serenità e della fiducia che siamo in grado di dare ai nostri bambini e ai nostri allievi.

Dieci "no" per mamma e papà. L'esame è un po' anche per loro

1) Non diventare protagonisti degli esami dei propri figli. Ricordare che sono loro a dover affrontare gli esami e non i genitori!

2) Non mostrarsi ansiosi, spaventati, preoccupati. Anzi, non esserlo davvero! Questi atteggiamenti rischiano di contagiare "emozionalmente" i ragazzi, già tanto coinvolti nella prova di esame che li attende.

3) Non minacciare i ragazzi, qualora fossero bocciati, di chi sa quali castighi.

4) Non umiliarli con paragoni relativi ai personali successi scolastici o ai successi scolastici dei fratelli più bravi o di altri ragazzi.

5) Non promettere, viceversa, regali esorbitanti ai ragazzi se saranno promossi.

6) Non coinvolgere parenti, amici e altri adulti affinché spingano i ragazzi a studiare di più.

7) Non cercare stratagemmi o facilitazioni (vedi raccomandazioni, ecc.) affinché i ragazzi passino gli esami anche se sono impreparati.

8) Non assillare con eccessivi controlli i ragazzi. Lasciare che abbiano la libertà di studiare come, quando e quanto vogliono.

9) Non rinfacciare a ogni piè sospinto quanti soldi si spendono per i loro studi o per le ripetizioni. Parlare, dunque, apertamente con i figli delle difficoltà che essi hanno e cercare di andare loro incontro se hanno bisogno di sostegno.

10) Non dimenticare che gli esami rappresentano una prova, anche dura, di "iniziazione", ovvero di ingresso in una nuova fase della vita dei ragazzi. In momenti come questi, pertanto, i ragazzi hanno bisogno di trovare, accanto a loro, degli adulti, soprattutto se genitori, che costituiscano punti di riferimento autorevoli, amorosi, forti, attenti. I ragazzi hanno bisogno di rispetto, di affetto e di carica umana di comprensione. Insomma, hanno bisogno di sentirsi compresi, amati e rispettati sia se l'esame andrà bene sia se non si risolverà positivamente.(*)

PER SAPERNE DI PIÙ

GIORGIO BLANDINO - BARTOLOMEA GRANIERI, *La disponibilità ad apprendere*, Raffaello Cortina Editrice, Milano 1995.

SCHACHTER R. - C. S. MC CAULEY, *Paure normali e fobie nel bambino,* Ferro edizioni, Milano 1990.

(*) MARIA RITA PARSI, *Dieci regole per mamma e papà. L'esame è un po' anche per loro*, da «Il Giorno», «La Nazione», «Il Resto del Carlino», 23 giugno 1999.

Estate

Come sopravvivere alle vacanze: in viaggio con papà

Durante le vacanze si viaggia spesso in compagnia dei figli. Che cosa fare affinché il tempo trascorso in viaggio si trasformi per tutti in un'occasione di approfondimento conoscitivo, di dialogo, di affettività?

Il viaggio può rappresentare l'occasione, da tempo attesa, di intensificare il rapporto con i propri figli. Diventa quindi un modo per riconquistare spazi di intimità e di dialogo a lungo trascurati durante l'anno e, proprio per favorire tutto questo, dovrebbe essere programmato insieme ai ragazzi evitando che l'itinerario scelto rappresenti per loro soltanto una "scelta obbligata", imposta dai genitori senza tenere conto delle loro esigenze. Molto spesso, infatti, gli adulti dimenticano che quel che è interessante o piacevole per loro può essere, invece, poco interessante o, addirittura, stressante per un bambino. Dovremmo tenere conto del fatto che i più piccoli hanno ritmi biologici ed esigenze specifici che vanno rispettati anche perché, in caso contrario, essi accumulano disagi tanto fisici quanto psicologici che esplodono, poi, in capricci, pianti, somatizzazioni. I ragazzini più grandi, invece, dovendosi adattare a una vacanza " a misura di adulto", possono sentirsi nuovamente defraudati di quegli spazi di gioco e di dialogo ai quali, già durante l'anno, devono assai spesso rinunciare.

Qualche consiglio pratico?

Basta tener conto di alcuni piccoli accorgimenti.

1) Non costringere bambini e ragazzi a fare una vacanza con gli adulti programmata soltanto "a misura di adulto".

2) Se i bambini sono piccoli, optare per la soluzione "villaggio" o, comunque, per luoghi in cui ci siano spazi di contenimento e di svago "ad hoc" per loro; se sono più grandi anche i viaggi in macchina possono rappresentare un'ottima esperienza ma a patto che siano rispettati i loro tempi ed energie. È bene tenere presente che se è vero che anche gli adulti possono stancarsi, magari più dei bambini, è altrettanto vero che essi hanno altri tempi di recupero e una capacità di gestione dello stress diversa. Infatti i bambini non sono in grado di gestire lo stress e di metabolizzarlo ma tendono a esprimerlo soprattutto attraverso disturbi del comportamento (sono dispettosi, aggressivi, fanno mille capricci, ecc.) o somatizzazioni.

3) Organizzare il viaggio insieme ai bambini, coinvolgendoli, facendoli partecipare attivamente, mostrando sulle cartine la geografia dei luoghi che si andranno a visitare o, quanto meno, tenere conto nell'organizzazione di cosa interessa "veramente" loro.

4) Preparare l'itinerario del viaggio stabilendo tappe e momenti di sosta all'interno del percorso. Fare in modo che i bambini possano vivere il viaggio come un percorso nel quale si raggiunge, attraverso una serie di passaggi, la meta. In questo modo il viaggio diventa meno faticoso, più comprensibile e, conseguentemente, più gestibile e interessante.

5) Proporre ai bambini l'idea del viaggio come metafora della vita. Insomma, la vita stessa è come un viaggio nel quale ci sono delle tappe, nel quale, con gioia ma anche con difficoltà e fatica, si devono affrontare degli ostacoli, il cui superamento permette, ogni volta, di diventare un po' "più grande".

6) Quando si è realmente in viaggio e si raggiungono delle mete è importante festeggiare e scambiarsi le impressioni. Serve a dare un senso a ogni "tappa" del percorso.

7) Fare in modo che la vacanza sia pur sempre un'occasione per far acquisire ai bambini nuove informazioni e per arricchirli con nuove esperienze e scoperte.

8) Organizzare fin dal primo giorno di vacanza un album fotografico (oppure, girare dei piccoli film) che possa, poi, far ricordare ai bambini, anche visivamente, le esperienze fatte. Se possibile, scrivere insieme anche un "giornale di bordo" nel quale ciascuno possa commentare le impressioni e le emozioni che riceve dal viaggio.

Come sopravvivere alle vacanze: dolce come un nonno

D'estate in molte occasioni i bambini passano con i nonni periodi più lunghi del solito: giorni e giorni assolati al mare o rilassanti settimane in montagna. Capita anche che papà e mamma finiscano per essere un po' gelosi del rapporto "speciale" che si instaura tra i loro genitori e i loro bambini, o che trovino sbagliati certi comportamenti troppo teneri e/o troppo possessivi e/o troppo invasivi e/o troppo tolleranti dei nonni nei confronti dei nipoti.

Quanto sono importanti i nonni?

La protettiva ala dei nonni, come molti adulti certamente ricordano, è assai dolce. Complici di marachelle, compagni di giochi, confidenti e consolatori dei primi dispiaceri, i nonni, nella maggioranza dei casi, costituiscono nella vita dei bambini dei punti di riferimento insostituibili. Una presenza fondamentale, quindi, anche al di là delle figure dei genitori e ai quali i bambini possono (o dovrebbero poter) fare riferimento quando le mamme e i papà, per varie ragioni, non sono in grado di contenerli e/o di aiutarli e/o di capirli e/o di dare loro tempo e attenzione. Così, a volte, i bambini individuano proprio nei nonni i loro modelli di riferimento affettivi più solidi.

I nonni, dunque, sono molto importanti per la crescita di un bambino. Con la saggezza e la tolleranza che di solito è legata all'età essi possono infondere ai bambini il rispetto per i valori essenziali della vita e compiere un'opera di sostegno e di iniziazione fondamentale.

Con la loro dolcezza, poi, essi possono mostrare loro anche gli aspetti meno piacevoli dell'esistenza; possono fare in modo che essi si avvicinino, con naturalezza, anche a realtà dolorose e complesse come il decadimento fisico, la malattia, la morte.

Sono il "porto sicuro" nel quale rifugiarsi quando i genitori non sono in grado di assolvere al loro compito o non sono disponibili; sono gli alleati fidati quando mamma e papà sono troppo severi, intransigenti, indifferenti, distratti; sono quegli adulti "saggi" che stanno dalla parte dei bambini. I nonni, poi, possono anche tenere testa alle mamme e ai papà che, di fronte a loro, sono pur sempre dei figli. I nonni, infatti, possono intervenire sui genitori per aiutare i bambini, difenderli, arginare le loro difficoltà. Sono anche in grado di stabilire con i bambini un rapporto veramente speciale, diverso da quello che questi ultimi normalmente hanno con i genitori.

Questo non perché i nonni siano in assoluto migliori o più capaci: forse anche loro, un tempo, sono stati genitori troppo severi, rigidi, intransigenti o troppo permissivi, incapaci e non contenitivi. In fondo, il rapporto con i loro figli è stato completamente diverso da quello che ora riescono a stabilire con i nipoti.

Ciò accade perché hanno avuto, con il tempo, la possibilità di accorgersi degli errori che hanno fatto. Scoprono, assai spesso, di essere stati poco disponibili, di non aver avuto sufficiente pazienza nel comprendere i propri figli o di aver avuto poco tempo o cura per loro. Così, attraverso i nipoti, riparano quelle mancanze ed esprimono nel rapporto con i bambini tutta quella amorevolezza, quel senso pieno e ampio della maternità e della paternità che non sono riusciti a esprimere con i loro figli.

Come debbono comportarsi, allora, i genitori e i nonni per favorire, con la loro presenza e armonia, la crescita dei bambini?

I nonni sono (o dovrebbero essere!) una "riserva affettiva" preziosissima, sempre a disposizione nei passaggi difficili del crescere.

Pertanto è opportuno tenere fuori quanto più è possibile la relazione tra nonni e bambini dai conflitti generazionali, dalle crisi matrimoniali e/o dalle separazioni dei genitori e, ancora, dalle sterili dispute tra famiglie di origine e nuove coppie, dispute che tante volte seguono o accompagnano malumori, fraintendimenti, separazioni, divorzi. Il che significa, se i nonni vivono distanti dalla famiglia del bambino, approfittare dei periodi di vacanza per riavvicinare i bambini a quelle inesauribili fonti di saggezza e di calore che i nonni rappresentano (o che dovrebbero rappresentare!), mettendo da parte sentimenti di personale ostilità per il bene di chi è, comunque, troppo piccolo e inesperto per comprendere, a pieno, le ragioni degli adulti e le loro dinamiche conflittuali.

Il supporto emotivo ed educativo dei nonni, poi, è molto importante e lo è ancora di più nelle situazioni di "emergenza", quando, ad esempio, esiste nella famiglia del bambino una situazione di disagio più o meno grave a causa della quale il punto di riferimento affettivo costituito dai genitori traballa o, addirittura, viene meno. In questi casi, i bambini ricevono i primi conforti, i primi aiuti proprio dai nonni: vuoi perché essi sono abituati a dare la loro presenza quando non ci sono i genitori; vuoi perché spesso allevano i bambini quando i genitori sono al lavoro; vuoi perché hanno più tempo e sono più disponibili ad ascoltarli.

Teniamo conto del valore di tutto questo sia nelle situazioni di tranquillità e di gioia, sia in quelle di emergenza o conflittuali e facciamo in modo che i bambini continuino a poter contare sui nonni, sulla loro rassicurante presenza, sulla loro funzione di "territorio franco", di zona protetta, libera da conflitti e rancori. Ma soprattutto, e in ogni caso, insegniamo loro, con il nostro stesso comportamento di affetto e rispetto nei loro confronti, a rispettare, onorare e amare gli anziani.

Come sopravvivere alle vacanze: e ora, che cosa facciamo?

L'estate, le vacanze: finalmente stiamo un po' insieme. A volte, però, affiora quasi una paura: che cosa possiamo fare affinché i bambini non si annoino, affinché apprezzino il tempo che passiamo insieme?

Spesso i genitori mi chiedono consigli su come impiegare con i figli il loro tempo libero. Non è raro, infatti, che travolti dai ritmi frenetici dell'inverno essi desiderino ardentemente trascorrere più tempo con i figli, ma che poi, di fronte al periodo estivo, si sentano in qualche modo spaesati, inadeguati. E che si chiedano: "E adesso, che cosa faccio?". Forse leggendo i miei suggerimenti su come impiegare il tempo libero "dei" e "con i" figli, molti penseranno: "Ma queste cose io già le faccio da tempo!". Infatti, sono certa che molti genitori con la "psicologia del buon senso" si sono già ampiamente sintonizzati sulla lunghezza d'onda dei loro figli e riescono a decodificare anche i messaggi, soprattutto non verbali, che essi inviano, a comprendere le loro esigenze, a mettersi "nei loro panni".

A essere, insomma, "empatici" con loro, tornando, per immedesimazione, alla propria infanzia e adolescenza. È vero che per un adulto tutto ciò può non essere facile; si tratta di una modalità introspettiva che permette di tornare a frequentare il profondo di noi stessi e, nel contempo, di entrare in contatto con i nostri figli: una modalità comunicativa che, una volta acquisita, diventa occasione di crescita e di arricchimento anche per noi. Pertanto il problema non è "che cosa fare" o, meglio, non è soltanto "che cosa fare insieme". È soprattutto "come stare" insieme ai propri figli facendo qualcosa di coinvolgente, di divertente, di interessante, di liberatorio.

Se, infatti, lo stare insieme ai figli non rappresenta per i genitori un momento di profonda, rigenerante piacevolezza, bensì l'espressione di un obbligo, di un dovere difficile e pesante da espletare e che entra, perfino, in conflitto con assilli, preoccupazioni, conflitti personali ed esistenziali non risolti, il risultato delle vacanze sarà deludente, stancante e, comunque, foriero di allontanamenti emotivi e di ulteriori blocchi della comunicazione, dell'alleanza, dell'affettività tra genitori e figli. In queste occasioni, è importante che i genitori si rendano perlomeno conto del loro personale stato d'animo.

Questa consapevolezza, infatti, potrà impedire loro di "scaricare" sui figli il disagio della propria disturbata condizione. E, anche, ricercare soluzioni, alleanze con altri adulti (parenti, amici o persone competenti) e, ancora, chiarimenti e aiuti, anche per se stessi, che possano limitare e/o modificare e/o far superare, a tutti positivamente gli effetti sgradevoli e deludenti di vacanze passate all'insegna del "peso" che i figli possono costituire quando si è stanchi, stressati, fragili e/o oppressi da altri problemi.

Ecco, allora, un elenco di attività da svolgere con figli e nipoti, da non considerare come una provocazione!

Si tratta, al contrario, di un modo simpatico per sottolineare come stare con i bambini, con i ragazzi sia, in fondo, semplicissimo. Basta soltanto attingere alle preziose risorse del proprio tempo a disposizione e ricordare che siamo stati bambini e adolescenti, che avevamo fiducia e che ogni età ha i suoi passatempi, le sue esigenze e che esse vanno rispettate.

Con un bambino (fino a 10 anni)

1. Camminare insieme.
2. Dialogare su argomenti che lo interessano e raccontargli le vostre esperienze alla sua età.
3. Leggere un fumetto insieme.
4. Leggere un libro insieme.
5. Andare in bicicletta insieme.
6. Praticare uno sport insieme.
7. Fare una nuotata insieme.
8. Giocare sulla spiaggia insieme.
9. Inventare una storia un po' per ciascuno e, poi, scriverla e disegnarla. Drammatizzarla. Scrivere una fiaba, disegnarla. Fare collage insieme.
10. Giocare con il computer insieme.
11. Ascoltare musica o fare musica (anche "far rumore"!) insieme.
12. Andare a mangiare la pizza o andare al ristorante insieme.
13. Andare al cinema insieme.
14. Vedere la televisione o una videocassetta insieme.
15. Fargli un dono inaspettato.
16. Scattare foto insieme e farne degli album con le foto poste in ordine cronologico e con commenti scritti al lato.
17. Visitare un museo insieme.
18. Fare passeggiate in campagna o scalate insieme.
19. Andare sulle giostre insieme.
20. Ballare insieme.

Con un preadolescente (fino ai 12 anni)

1. Cantare insieme.
2. Suonare e/o ascoltarlo mentre suona e/o canta.

3. Aiutarlo “da fuori” a mettere in piedi una band: trovare uno spazio adatto per le prove.
4. Andare a vedere con lui uno dei suoi film preferiti di guerra, horror e/o sentimentali.
5. Condividere le sue lacrime e i suoi sfoghi. Rispondere alle domande sul suo sviluppo fisico e sessuale.
6. Urlare al concerto del suo gruppo preferito, farsi istruire da lui negli ultimi balli; insegnargli i “vostri balli”; accompagnarlo a chiedere un autografo al suo cantautore preferito.
7. Condividere i suoi gusti di collezionista.
8. Ascoltarlo e dialogare con lui su argomenti che lo interessano. Raccontargli le vostre esperienze alla sua età.
9. Cercare di conoscere e dialogare con i suoi nuovi (e vecchi) amici, senza esprimere giudizi.
10. Stimolarlo a scrivere lettere, cartoline ed e-mail ai suoi amici e ai parenti con i quali è in sincero contatto affettivo.

11. Aiutarlo a preparare un pranzo o una cena per i suoi amici.
12. Andare in libreria e comprare insieme dei libri.
13. Entrare con lui in un negozio di abbigliamento per fargli scegliere delle cose o sceglierle insieme.
14. Scattare foto insieme e farne degli album con le foto poste in ordine cronologico e con commenti scritti a lato.
15. Fargli un dono inaspettato.
16. Visitare un museo insieme.
17. Fare una passeggiata in campagna o una scalata insieme.
18. Consentirgli di fare un breve viaggio con gli amici.
19. "Navigare" con lui su Internet.
20. Iscriverlo a un club o a una Associazione della quale, magari, abbiamo fatto anche noi parte.

Come sopravvivere alle vacanze: insieme, in città

Se si rimane tutti insieme ad agosto in città, senza potersi muovere?

Credo che a tutti sarà capitato, almeno una volta, di rimanere in città nel periodo estivo. I motivi possono essere diversi: improrogabili impegni lavorativi, esigenze economiche, imprevisti vari che in qualche modo hanno impedito, alle famiglie, di organizzarsi per tempo. O magari anche la scelta di andare in vacanza in un periodo diverso dal mese di agosto. Fortunatamente oggi non è più come anni fa quando rimanere in città a Ferragosto rappresentava un disagio enorme. Molte città italiane, infatti, si sono organizzate anche da questo punto di vista. Rimanere a casa in quel periodo, quindi, non costituisce più una sorta di lotta per la sopravvivenza in megalopoli deserte in cui anche fare la spesa è un'impresa. Al contrario, può rappresentare per adulti e bambini un momento molto piacevole. Il momento più opportuno, forse, per riscoprire la propria città. Basta semplicemente organizzarsi.

La situazione però, anche rispetto al bombardamento di messaggi pubblicitari che mostrano famigliole felici correre sulla sabbia o scalare alte cime, è un po' frustrante: come affrontarla?

Se noi, per primi, sentiamo l'impossibilità di partire per i luoghi di vacanza come un'esperienza frustrante, anche i bambini vivranno la vacanza in città come una punizione. Al contrario, se si tratta di una scelta della quale si sono accettati i pro e i contro, le vacanze in città si possono trasformare in occasione di socializzazione e di riscoperta di persone, luoghi, situazioni i cui benefici si protrarranno anche in seguito, durante l'inverno o nel tempo a venire, favorendo un vissuto migliore dei luoghi nei quali abitualmente si abita.

Come possiamo organizzarci praticamente?

Una vacanza in città va pensata in anticipo. È importante, infatti, organizzarsi per tempo e informarsi su tutte le attività che, sia a livello pubblico che privato, vengono programmate per i bambini durante l'estate. Molte città italiane, infatti, offrono nel periodo estivo attività culturali, di gioco, di animazione, di intrattenimento predisposte *ad hoc* per venire incontro ai bisogni dei bambini e degli adulti che rimangono in città. Animazione nelle piazze più belle; scuole che si trasformano in centri culturali polivalenti; laboratori creativi, associazioni sportive che organizzano corsi e tornei per bambini (ad esempio, di basket e nuoto), rassegne di cinema all'aperto per grandi e piccini, associazioni che, per modiche rette, organizzano il tempo libero dei bambini dal mattino fino al pomeriggio inoltrato. Nel tempo libero, poi, possono aprirsi ancora nuovi scenari. Ad esempio, per molti le chiese e i musei della propria città sono un mondo da scoprire: l'estate può rappresentare l'occasione giusta per approfondire le conoscenze proprie e quelle dei bambini. Non dimentichiamo le sagre paesane, le gite nei paesini dell'entroterra, le passeggiate nei boschi vicini, gli sport che durante l'anno non possono essere praticati insieme, le passeggiate in bicicletta e il pattinare. Insomma le possibilità sono veramente tante.

Basta trasformare il proprio modo di intendere le vacanze, "sintonizzarsi" sulle nuove lunghezze d'onda della città. Ricordando che la vacanza è nel cuore, nello spirito. Se dentro di noi non esiste il desiderio e la gioia di vivere dei momenti di svago e di spensieratezza, anche il posto più bello del mondo, la meta vacanziera più ambita non riusciranno mai ad appagarci.

Come sopravvivere alle vacanze: lontano da casa

Le vacanze sono comunque un'occasione di distacco. Che, a volte, può essere vissuto come doloroso. Rischiamo di sottovalutare un momento critico?

Chi di noi non ricorda il dolore provato e al contempo la gioia di staccarsi dalla propria casa per raggiungere un luogo di vacanza (la casa dei nonni o il rifugio o il campeggio per una trasferta con gli amici "lupetti" o anche la casa al mare, magari con viaggio in compagnia di mamma e papà)? Che si parta da soli o con i genitori, l'allontanamento dai punti di riferimento abituali è pur sempre un distacco: dagli amici della scuola, dal quartiere, dai giochi di ogni giorno, dall'abbraccio sicuro dei parenti. In quanto tale, può essere doloroso, anche se si parte per un'avventura a lungo desiderata.

Per molti bambini, poi, l'arrivo dell'estate coincide proprio con le prime separazioni dall'ambiente familiare le quali, anche quando sono molto brevi, rappresentano pur sempre un momento critico che viene vissuto in modo diverso a seconda del clima nel quale il bambino vive all'interno della sua famiglia. Quando, infatti, i bambini possono contare su un ambiente familiare sereno, rassicurante, contenitivo, attento alle loro esigenze, la crisi del distacco è solo temporanea. Certo, c'è, comunque, un momento di dolore, quel piccolo senso di timore, di nostalgia, di voglia di tornare indietro. Questo dolore fa parte dell'"iniziazione" a crescere. Si cresce anche, e soprattutto, per progressivi piccoli (o a volte, ahimè!, grandi) distacchi. Il distacco può essere poi superato dal piacere della novità, dalla gioia delle nuove esperienze, dall'attrattiva di nuove scoperte. C'è pur sempre la possibilità di chiedere aiuto se ce n'è bisogno.

Se però il bambino lascia dietro di sé conflitti, situazioni drammatiche in atto, momenti di disagio non adeguatamente elaborati e/o se ha dentro sé un'insicurezza profonda perché non ha interiorizzato la figura materna come "una base sicura" o non sente il padre come un riferimento forte, una presenza reale, attiva, capace di infondere sicurezza, o, ancora, non ha stabili punti di riferimento ai quali sente di poter sempre tornare ritrovandoli, può accadere che anche il più breve allontanamento da casa possa essere vissuto come una minaccia, un pericolo, un traumatico strappo, un abbandono, un dolore. Il dolore di chi vorrebbe rimanere a casa per controllare quel che accade poiché fantastica che durante la sua assenza potrebbero verificarsi cambiamenti anche drammatici; di chi ha paura che, distaccandosi, non troverà al ritorno quel che ha lasciato, poiché non esiste stabilità nel suo cuore; di chi, da una parte, vorrebbe, allontanandosi, fuggire da conflitti e tensioni familiari, mentre dall'altra vive il senso di colpa dell'abbandono, pensando anche al dolore che i genitori proveranno nel distaccarsi da lui. Infatti, non sono solo i bambini a vivere le ansie da distacco. Gli adulti che vivono solo in funzione del loro ruolo di genitori si sentono persi senza i loro figli. Sentono di perdere il proprio ruolo, la loro identità; la loro vita si svuota. Capita così che essi proiettino le loro ansie da distacco sui figli impedendo loro di compiere le naturali e importanti esplorazioni che anche un piccolo spostamento dall'ambiente familiare può comportare.

Come aiutare in queste occasioni i nostri figli? Come evitare che una "bella avventura" venga rovinata da paure o ansie?

I distacchi temporanei dei bambini costituiscono un grande momento di iniziazione che va gestito da grandi e piccini con molta cura, affinché rappresenti per tutti un'occasione di crescita e arricchimento. Per quanto riguarda i genitori, va detto che, se è del tutto comprensibile qualche piccolo timore, un'ansia eccessiva, al contrario, va analizzata e tenuta a bada. Bisogna comprenderne le motivazioni per fronteggiarla meglio e, soprattutto, per impedire che nostro figlio sia a sua volta "paralizzato" e bloccato nel suo naturale percorso evolutivo da quell'ansia, o perda un'esperienza che può essere molto arricchente per lui. Insomma, è necessario che i genitori si misurino con se stessi proprio in merito ai personali vissuti relativi ai "distacchi" che hanno sperimentato nella loro vita sin dall'infanzia e, soprattutto, che essi abbiano coscienza di quanto sia consistente (se c'è) la loro ansia e di come un suo eccesso sia espressione anche di aggressività nei confronti dei figli. Un'aggressività spesso determinata dalla paura inespressa di non essere all'altezza dei propri compiti genitoriali e/o anche dalla "pesantezza" con la quale la responsabilità di essere genitori viene vissuta. In questi casi si tratta di persone che vivono forse il ruolo genitoriale più come una "prova di forza", che come un'occasione di completezza ed armonia della propria vita; insomma come un tentativo di affermazione di se stessi e delle proprie capacità educative che li coinvolge al punto di far loro sacrificare emozioni, vissuti, desideri, bisogni esprimendo e agendo i quali, invece, potrebbero essere meno inconsciamente "aggressivi" (e di conseguenza meno ansiosi) nei confronti delle esperienze di autonomia dei propri figli.

Ai bambini, dunque, va trasmessa fiducia perché la nostra serenità è imprescindibile per la loro. Certo, è importante prepararli, allertarli circa i rischi che possono correre, stabilire dei punti di riferimento alternativi a noi su cui possano contare in nostra assenza e accompagnarli a destinazione se necessario. Ma sempre con calma e serenità. Ricordiamoci che il modo con cui i bambini vivono le prime separazioni da casa è, assai spesso, la cartina di tornasole del tipo di rapporto che essi hanno con noi e del clima che vivono in famiglia. In una parola, della nostra capacità di aver creato, in casa, una "base sicura" da cui partire per ogni esplorazione della vita senza troppe paure, ansie e/o angoscia di staccarsi.

Come sopravvivere alle vacanze: quando sole fa rima con amore

L'estate, si sa, è la stagione degli amori, per grandi e bambini, con tutti i piaceri e con tutte le insidie che questo comporta. Come possiamo aiutare i nostri figli (e noi stessi) a vivere l'amore di stagione e/o le stagioni degli amori senza problemi?

L'innamoramento di bambini, preadolescenti e adolescenti costituisce una tappa importante del loro sviluppo e, in quanto tale, va rispettata. Si sa che per molti preadolescenti e adolescenti la vacanza estiva costituisce il giusto scenario per il "primo bacio", mentre all'evenienza che agli amori dei più piccoli si affianchino quelli dei grandi si pensa raramente. Può accadere, invece, che si utilizzi proprio la pausa estiva per "ufficializzare" nuove unioni, per presentare ai bambini il nuovo "fidanzato" della mamma e/o la nuova "compagna" di papà. Oppure che l'estate diventi il "catalizzatore" di una crisi di coppia e finisca per favorire la nascita di nuovi interessi sentimentali in uno o in entrambi i partner. Con conseguenze che spesso si protraggono ben oltre.

Le vacanze estive sono, tanto per i bambini quanto per gli adulti, un'occasione di rinnovamento e divertimento: una sorta di week-end perenne in cui la nascita di interessi e piccole passioni è tutt'altro che infrequente. Ma se lo sbocciare dei primi amori infantili e adolescenziali rappresenta un momento importante di crescita per i ragazzi, lo stesso non si può dire del fatto che essi si ritrovino testimoni involontari del nascere di passioni adulte. Inutile appellarsi al fatto che "tanto loro sono presi dai giochi e dagli amici della vacanza": i bambini hanno un sesto senso speciale per capire quando un genitore "sta perdendo la testa" o quando la coppia è in crisi. A volte, questi eventi costituiscono nella storia personale del bambino un'esperienza traumatica, difficile da superare.

Che cosa fare allora?

Anzitutto non coinvolgere i bambini nelle esperienze amorose degli adulti. Non parlare loro, come se fossero de-

gli "amici", di nuovi amori o di crisi matrimoniali. E, ancora, non utilizzare i bambini come scudo protettivo contro le trasformazioni del rapporto di coppia che si vanno mettendo in atto. Cercare di vivere queste trasformazioni e/o queste nuove storie sentimentali in spazi e tempi che non consentano "confusioni" tra la vita con i bambini e la nostra vita personale.

Se poi i bambini, che, come abbiamo visto, percepiscono subito ogni mutamento, chiedono cosa stia succedendo, si può dire loro, con sincerità, che c'è un momento di crisi tra la mamma e il papà ma che questo riguarda la coppia dei genitori e non loro.

Se, invece, c'è già una separazione in atto e/o un nuovo partner, bisognerà evitare ai bambini la condizione di testimoni volontari o involontari o di depositari di segreti, emozioni e responsabilità che non competono loro. Non si può, infatti, pretendere che sia un bambino a decidere se i genitori debbano o no separarsi o se il nuovo compagno/a della mamma o del papà vada bene o meno.

Come sopravvivere alle vacanze: caduta libera

Nel periodo estivo un altro aspetto della tensione che provano i genitori è legato alla paura che i figli incappino in un incidente anche minimo, una malattia infettiva, una caduta che possano rovinare loro le vacanze. Può accadere di sentirsi inadeguati rispetto al compito di controllare e contemporaneamente divertire i nostri figli. Come affrontare queste ansie?

La preoccupazione delle mamme e dei papà è più che legittima: l'estate offre mille occasioni in più di pericolo e tanto tempo libero a disposizione dei bambini. Così i genitori, all'improvviso, si rendono ancora di più conto di quanto sia difficile vegliare su di un bambino soprattutto se piccolo. Certo, quando si decide per una vacanza in un villaggio turistico, il discorso è un po' diverso. Ci sono, infatti, animatori che nei *Kinderheim* tengono compagnia ai bambini, assicurando così un adeguato controllo. Nelle vacanze "fai da te", invece, i genitori sono, talvolta, i soli custodi e le uniche guide che il bambino ritrova accanto a sé nell'esplorazione del mondo circostante che d'estate diviene scenario di speciali e fantastiche avventure da vivere in "totale" libertà. I pericoli più grandi? Vediamoli insieme. Nei casi più frequenti sono cadute, piccoli traumi e contusioni, ginocchia sbucciate, grandi bevute d'acqua di mare. Spesso si tratta di incidenti dovuti anche al fatto che i ragazzini passano, senza mediazione, dal controllo di "routine" operato giornalmente da genitori, educatori, baby sitter alla maggiore libertà dei luoghi di vacanza.

Non dimentichiamo, poi, che certi incidenti possono essere il risultato di "provocazioni" rivolte agli adulti: una sorta di richiamo all'ordine per mamme e papà troppo occupati durante l'anno e adesso troppo stanchi per giocare con i figli. Adulti che desiderano stare in pace e riposare sono costretti, invece, a dare "almeno" un'attenzione continua, costante, senza soste.

Gli incidenti troppo frequenti o la grande attrattiva per giochi pericolosi, quindi, vanno analizzati con cura: possono rappresentare un modo per richiamare l'attenzione, una modalità specifica di sfogare tensioni in eccesso e aggressività represse a lungo. Infine, i piccoli malanni (febbri improvvise, mal di pancia, infezioni, allergie) possono essere un segno di tensioni che vanno allentandosi, di stress non metabolizzati durante l'anno. Come se il bambino, o meglio il suo organismo, si rendesse conto che durante il tran tran invernale non è opportuno "mollare", mentre in estate, con mamma e papà vicini, ci si può concedere il lusso di ammalarsi e di recuperare così presenza, protezione, attenzioni, coccole anche se a scapito di libertà, divertimenti e giochi.

Come affrontare, invece, "le provocazioni" infantili costituite da pericolosi atteggiamenti di esplorazione?

Non bisogna reagire con ansia alle azzardate esplorazioni ovvero alle "avventure pericolose" dei bambini. Lo spirito di avventura dei bambini, infatti, è già abbastanza sacrificato nella vita quotidiana. Nelle grandi città, poi, c'è ben poco a sostegno delle esplorazioni infantili. A differenza di quanto accade nelle piccole comunità dove, assai spesso, i bambini possono giocare all'aperto, nelle strade dei paesi o nei campi, e dove è la comunità tutta a fornire un controllo ad amplificazione e integrazione di quello genitoriale e parentale, in città i bambini, per timore di incidenti e dei pericoli "metropolitani", vengono trasportati da un luogo all'altro come pacchi postali e depositati in contenitori "protetti" che limitano la loro possibilità di esplorare e sperimentare. Limitare i bambini anche in vacanza significa, quindi, imporre loro stress e ritmi che finiscono per ricalcare quelli invernali.

Cerchiamo, dunque, di non caricare i bambini di quell'ulteriore malattia della comunicazione rappresentata proprio dall'"ansia genitoriale". Al contrario, educhiamo anche i più piccoli alle esplorazioni, al contatto con la natura facendo loro sperimentare, con il nostro supporto, possibilità e limiti di tali esperienze. Solo in questo modo possiamo aiutare i bambini a prendere vera coscienza di ciò che è "a rischio", di ciò che, invece, si può "osare" con cautela e perizia, di come si misurano le proprie forze. I bambini capiranno poi l'importanza che queste esperienze fatte insieme hanno per acquisire una disciplina e una conoscenza non soltanto delle energie del proprio corpo ma anche e, soprattutto, di quelle della propria mente. Ogni esplorazione, infatti, dovrebbe riguardare non soltanto il mondo intorno ma anche il proprio mondo interiore. Esplorare è crescere e conoscere: dentro e fuori. Questo, naturalmente, non dovrebbe "capitare" solo d'estate, ma sempre, durante tutto il corso dell'anno.

La carta dei diritti

In estate, molto spesso i genitori si trovano costretti a mediare fra esigenze di lavoro, impegni, crisi personali e difficoltà di vario genere e la necessità dei figli di essere sottratti all'inquinamento e al caldo delle città. Allora si costruiscono, faticosamente, reti di alleanze e protezioni con i bambini che vanno dall'apporto dei nonni a quello delle baby sitter, dal mese in Inghilterra a periodi in centri specializzati o in college dove si svolgono, soprattutto, attività sportive (tennis, equitazione, nuoto, rafting*). Come difendere i bambini dal pericolo che una stagione di riposo e di vacanze, come l'estate, finisca per trasformarsi in un* tour de force*?*

Tenendo in considerazione una sorta di "decalogo" che permette ai genitori di rispettare i diritti dei bambini in vacanza.

1) Il bambino ha diritto, compatibilmente con l'età, a un lungo periodo di vacanza prima di tornare a scuola. Non dimentichiamo, infatti, che le attività scolastiche rappresentano per lui un impegno e, assai spesso, anche uno stress quotidiano per molti mesi.

2) Il bambino ha diritto a stare sia con gli adulti, sia con i suoi coetanei. È, dunque, importante che trascorra la sua vacanza avendo contatti e divertendosi sia con "la comunità dei pari" ovvero con i suoi coetanei, sia con quelle figure di riferimento affettivo con le quali, durante l'inverno, ha occasioni di interazione molto probabilmente più limitate che in vacanza.

3) Per il bambino è importante recuperare le sue radici. Se i nonni, gli zii, i cugini abitano lontano e quindi non sono facilmente raggiungibili durante l'inverno, facciamo in modo che l'estate costituisca anche un'occasione per incontrarli, per trascorrere momenti di gioia con loro e per rientrare in contatto con le sue e nostre "radici affettive".

4) Ricordiamo di non imporre ai bambini i ritmi degli adulti "anche" durante le vacanze e facciamo in modo che abbiano ritmi in sintonia con il loro equilibrio psicofisico; i bambini hanno diritto al rispetto dei loro ritmi.

5) Tener conto che il piacere della colazione, del pranzo e della cena tutti insieme, ora che il tempo a disposizione è maggiore, è un'ottima "reintegrazione affettiva". Dopo i ritmi frenetici dell'inverno è bene, insomma, ripristinare la funzione socializzante dei pasti in comune. Dedichiamo, inoltre, un'attenzione maggiore all'alimentazione dei più piccoli. La voglia di gelati e di pizze, unitamente al desiderio delle mamme e dei papà di interrompere la loro attività di cuochi "full time", infatti, può favorire l'insorgenza di fastidiose intolleranze e indigestioni.

6) I bambini, in vacanza, hanno diritto a un'attenzione ancor più grande che in altre fasi dell'anno al corpo e alle sue delicate funzioni biologiche. "Sì" ai giochi con la sabbia, alle nuotate salutari, alle passeggiate all'aria aperta con coetanei e adulti. Un "no", invece, alle esposizioni al sole di mezzogiorno. Se siamo fanatici dell'abbronzatura, stabiliamo dei turni con il partner, in modo tale che i bambini possano godere gli innumerevoli vantaggi dell'aria di mare solo nelle ore più fresche: al mattino presto o nel pomeriggio.

7) Moltiplichiamo le coccole e i giochi insieme in modo tale che i bambini possano "farne il pieno" e/o ritrovare con noi un contatto, un'intimità, un piacere di scherzare e sperimentare che, spesso per ragioni di tempo, durante l'inverno può essere limitato.

8) I bambini hanno il diritto di giocare. Anche se ciò rappresenta una limitazione alla nostra vacanza o, in certi momenti, addirittura un fastidio, ricordiamo che le esigenze dei più piccoli dovrebbero essere armonizzate alle nostre personali e più che comprensibili esigenze. Se proprio non riusciamo a garantire in pieno la nostra disponibilità ai giochi estivi dei bambini, sarà opportuno scegliere, per le nostre vacanze, villaggi turistici con spazi ben organizzati per loro.

9) I bambini hanno diritto a essere ascoltati. Perciò, se non lo desiderano, non imponiamo loro distacchi e separazioni. La colonia, i campi organizzati dai boy scout, i viaggi per imparare le lingue possono essere delle formidabili occasioni di socializzazione e di arricchimento ma solo se i bambini ne fanno esplicita richiesta. Vi possono essere fasi di crescita o momenti particolari in cui i bambini desiderano rimanere con noi, in cui non vogliono allontanarsi dai loro abituali punti di riferimento. Assecondiamoli senza timore che, con noi, possano annoiarsi (o noi con loro?) e incrementiamo ulteriormente i momenti di attenzione e di ascolto.

10) I bambini hanno diritto a non essere coinvolti nei conflitti genitoriali. È necessario che le coppie separate, divorziate o in procinto di sciogliersi non trasformino le vacanze in ulteriori occasioni di dissidio o litigio. Organizziamoci, dunque, affinché i bambini possano trarre il meglio dalle vacanze soli con noi o anche con il nostro nuovo partner se, però, già lo conoscono e lo hanno accettato. Cerchiamo di evitare di far trapelare malumori o, addirittura, ripicche e odi. Ricordiamo, infine, che anche i più piccini sono bravissimi a "leggere tra le righe" di sorrisi e false cortesie.

PER SAPERNE DI PIÙ

Mario Lodi, *I diritti dell'uomo e della natura*, Edizioni Sipiel, Milano 1991.

SECONDA PARTE

STORIE DI BAMBINI RACCONTATE DAI LORO GENITORI

Premessa

E una donna che reggeva un bambino al seno domandò: Parlaci dei Figli.
Ed egli disse:
I vostri figli non sono i vostri figli.
Sono i figli e le figlie della brama che la vita ha di sé.
Essi non provengono da voi, ma attraverso di voi,
E benché stiano con voi non vi appartengono.
Potete dar loro il vostro amore ma non i vostri pensieri,
Poiché essi hanno i propri pensieri.
Potete offrire rifugio ai loro corpi ma non alle loro anime,
Poiché le loro anime abitano la casa del domani
che neppure in sogno potrete visitare.
Potete sforzarvi di essere simili a loro
ma non cercate di renderli simili a voi
Poiché la vita procede e non s'attarda su ieri.

Gibran Kahlil Gibran
da Il Profeta, *Piemme, 2002, p. 29.*

Queste cinque storie sono emblematiche di situazioni che riguardano "da vicino" tanti di noi. Sono state poste nella seconda parte del libro perché consentono di comprendere le ragioni per le quali i bambini soffrono e reagiscono al dolore in maniere che i genitori, lì per lì, non comprendono, ma che li costringono a rivisitare e a modificare sia la loro vita di coppia e familiare, sia i loro rapporti con i figli. Si tratta di storie nelle quali, proprio parlando con la psicoterapeuta, i genitori prendono coscienza degli errori commessi nel "percorso" educativo e affettivo che hanno fatto con i loro figli.

Errori comuni, dovuti a incompetenza, dubbi, paure, problemi personali e di coppia; al sistematico spostare e/o delegare ad altri la cura dei propri figli per dare loro (soltanto economicamente!) un futuro migliore. Si tratta di errori che si tramandano di padre in figlio, di madre in figlia, fino a quando il disagio infantile, il malessere psicologico, la patologia non vengono a spezzare, in modo forte e netto, quei falsi equilibri.

Leggendo queste cinque storie (quella di Guido, figlio "non voluto"; quella di Edoardo, "bambino soldato"; quella di Alessandro, piccolo "tiranno"; quella di Valentina, "ragazzina capolavoro" e, infine, quella di Emma e della sua famiglia felice) si è stimolati a fare delle considerazioni sull'importanza, il valore, il significato individuale e sociale della funzione genitoriale.

La scelta di raccontarle vuole essere pertanto un atto di sensibilizzazione per aumentare il grado di consapevolezza e responsabilità di ciascuno rispetto alla famiglia e all'educazione dei bambini, siano essi figli nostri o "figli della vita" come li definisce lo scrittore Kahlil Gibran.

Le cinque storie non presentano, pertanto, l'iter della "cura" messo in atto per lenire il dolore di questi bambini e far loro elaborare il lutto del disagio patito. La "cura", infatti, consiste proprio nel far comprendere come i genitori, raccontando gli eventi e rifacendo, con la terapeuta, il percorso del disagio del bambino, scoprono essi stessi le "radici" di quel disagio e il ruolo che, nel determinarlo, hanno giocato l'incompetenza, la distrazione, le frustrazioni, i conflitti di coppia, gli egoismi, le paure, le ambizioni, ecc. La cura, insomma, consiste nel proporre a genitori, educatori, adulti responsabili, di allearsi tra loro per costruire **una rete di affetti e di competenze a favore dei bambini**. Ciò non solo nel rispetto dei bambini che sono "intorno a noi" ma anche nel rispetto del "bambino interiore" che è in ciascun adulto. "I bambini sono i nostri bambini e quei bambini siamo anche noi!". Poiché l'amore, la volontà, la consapevolezza, la competenza sono le sole possibili cure il cui effetto è sicuro; poiché ogni cambiamento individuale, sociale, culturale, ogni rovesciamento del mondo "dai calzini", per trasformarlo in un mondo "a misura di bambino", inizia dalla volontà e dalla disponibilità degli adulti a mettersi in discussione e dalla convinzione che per educare i bambini non basta la famiglia: ci vogliono la scuola, la società ma, anzitutto, bisogna "formare i formatori".

Storia di Guido

Guido, che oggi ha 13 anni, è un bambino nato "per caso": un bambino non voluto, non aspettato. Quando Anna, sua madre, rimase incinta, proprio non desiderava avere un figlio. Aveva 24 anni e faceva la segretaria. Da due anni aveva una relazione clandestina con il suo datore di lavoro, un uomo sposato che diceva di volersi separare dalla moglie, casalinga e coetanea, che gli aveva dato quattro figli. L'uomo era un avvocato sessantenne, noto, benestante, affermato e molto paterno nei confronti della giovane amante. Infatti, oltre allo stipendio, le pagava l'affitto di un piccolo appartamento. Poco esigente in fatto di sesso, s'accontentava di rapporti brevi e insoddisfacenti dai quali, però, era comunque sortito, inatteso e sconvolgente, il concepimento di un bambino. Anna, all'inizio, voleva abortire. «Ero troppo giovane e priva di mezzi» dice «per prendermi la responsabilità di crescere un bambino». Ma l'amante si era opposto. Forse per il bisogno morale di non aggiungere "colpa a colpa" (l'uomo era, a suo modo, religioso!) o, forse, perché quel figlio non voluto gli confermava, nonostante tutto, la sua virile capacità di procreare e lo "ringiovaniva", egli convinse Anna a non abortire. Poi decise di agire "per il meglio" e di mettersi a posto la coscienza. Pertanto, invece di separarsi dalla moglie, chiuse la relazione sentimentale con Anna, la licenziò ma acquistò per lei una licenza di rivendita "sali e tabacchi" e si impegnò a mantenere il bambino purché Anna non ne rivelasse la paternità. In un sol colpo, a sette mesi dal concepimento del bambino, Anna aveva così perso il maturo amante ma ottenuto un decente vitalizio con il quale affrontare la solitaria vita di ragazza-madre.

I genitori di Anna erano molto anziani; il fratello più grande viveva in America e la giovane donna non aveva parenti prossimi che potessero interessarsi a lei e alla sua storia personale. Perciò dopo un'iniziale rifiuto, una ribellione da ragazzina infelice, messa alla stretta dai sensi di colpa di un paterno amante "in fuga", Anna aveva accettato la garanzia economica che questo nuovo stato di cose le offriva. Rassicurata dal fatto di poter contare ogni mese su una cifra abbastanza consistente per vivere e su una licenza commerciale, ella accettò, infine, di mettere al mondo "un bambino senza padre". Avrebbe, poi, lavorato per assicurarsi un futuro e per comprare una casa senza l'incertezza di trovarsi a corto di denaro o di dover scegliere un lavoro insoddisfacente e aleatorio per tirare avanti. Insomma, quel figlio non voluto si trasformò, per Anna, in una rendita, in un "trampolino di lancio" ed ella lo accettò non come un dono ma come un mezzo, come un necessario "percorso" da fare per garantirsi, alla fine, autonomia e benessere. Quanto a crescerlo, dopo averlo messo al mondo, ella pensò di risolvere il problema delegandolo ad altri.

Così, sin dalla nascita, avvenuta per parto cesareo (la giovane mamma non ne voleva sapere di un parto naturale che l'avrebbe fatta soffrire troppo!), Anna affidò Guido alle cure della madre settantenne, del padre quasi ottantenne e, all'occasione, a quelle di baby sitter "improvvisate": la vicina di casa, la studentessa del piano di sopra, la ragazza alla pari.

I primi anni della vita di Guido furono, dunque, caratterizzati dall'esperienza dolorosa e affettivamente sradicante del "pacco postale": perennemente in viaggio, spedito ora qui ora là, abituato a passare da una mano all'altra, da una casa all'altra, da un letto all'altro nel quale riposare in attesa della mamma. Anna, del resto, per ragioni di lavoro, nei primi anni della vita di Guido aveva modo di vederlo soltanto la sera e, spesso, quando rientrava il piccino si era già addormentato. «Guido» ricorda «era un bambino buonissimo. Mangiava e dormiva. Mai un lamento, mai una notte di veglia per lui. Sembrava avesse capito, da subito, che non doveva procurare alcun disturbo né ai nonni, né alle sue baby sitter, né a me. Cresceva sereno, sempre allegro, giocherellone. Aveva un grande appetito e bastava un biberon in più per farlo contento. A sei mesi pesava come un bambino di nove.» Anna, naturalmente, non aveva allattato Guido al seno. «Latte non ne avevo» afferma «e lui era perennemente affamato. Ancora oggi, non fa che mangiare. È molto tranquillo ma vuole sempre il frigorifero pieno. A un anno e mezzo, Guido era già al nido. Subito dopo cominciò ad andare all'asilo fino alle quattro e, in seguito, a scuola, dalle suore, fino alle sei.» In estate, però, affidare Guido alle cure di qualcuno diventava un problema. «A giugno» spiega Anna «lo mandavo, per un mese, al paese con i nonni e la baby sitter. Se potevo, li raggiungevo per il fine settimana. Era una grande fatica per me, e fino a tre anni fa, cioè fino a quando non ho incontrato Alessio, il mio attuale compagno, ho continuato a sacrificarmi per lui. Non appena mi vedeva, però, Guido cominciava a strillare. Mi rifiutava, non voleva che mi avvicinassi, si nascondeva dietro le gonne della nonna che chiamava "mamma".»

Fu allora che Anna prese l'abitudine di portargli, ogni volta, giocattoli e dolci per ingraziarselo e per farsi perdonare delle sue prolungate assenze. «Quando gli porgevo i doni, Guido si calmava. Si avvicinava a me, divorava i dolciumi e iniziava a giocare con i nuovi giochi che gli avevo comprato. Quando me ne andavo, non piangeva più e mi diceva sempre: "Mamma, ricordati di portarmi i giocattoli e i dolci". Quando tornavo, neppure mi abbracciava e voleva subito i regali e i dolci.» La stanza di Guido, quella che egli occupa nella casa dei nonni, è ancora oggi stipata all'inverosimile di giocattoli. «Guido non ha mai voluto buttare via nessuno dei miei doni» racconta Anna. «Ha conservato ogni mio regalo, anche quelli che ha rotto giocando! Quando Guido aveva cinque anni, la nonna cercò di fare pulizia nella stanzetta. I giocattoli erano dappertutto e lei voleva mettere un po' di ordine. Così gettò via una gran quantità di vecchie cose: peluche, orsi, soldatini, una maschera di Zorro, qualche pistola inutilizzabile, un album da disegno, dei piccoli gessetti. Quando Guido tornò dall'asilo e vide che la nonna aveva toccato le sue cose, quasi impazzì dal dolore e dalla rabbia. Iniziò a battere i piedi, a piangere, a tremare. Correva per tutta casa urlando: "No, no, no!". Dopo un'ora, aveva la febbre alta. Così mia madre dovette chiamare il medico e mio padre andò nel cassonetto dei rifiuti per cercare di recuperare quello che mia madre aveva buttato via. Per fortuna il pacco delle vecchie cose era ancora là. Solo quando rivide i suoi giocattoli e poté toccarli con le mani, Guido si calmò. Da allora, non abbiamo più osato toccare i suoi oggetti. Abbiamo capito che Guido ci tiene troppo, che è legato a quelle cose più che ai suoi parenti!»

A sei anni, Guido uscì per la prima volta da casa senza dire nulla a nessuno. «Mentre la ragazza alla pari gli preparava la cena e i nonni guardavano il telegiornale alla TV» racconta Anna «Guido uscì dalla porta di casa, scese le scale e, in pigiama, con il suo orsacchiotto prediletto, se ne andò in cortile. Era buio, faceva freddo. Io rientrai mezz'ora dopo e lo trovai sulla panchina, accanto all'aiuola grande che mi aspettava. Mi spaventai e mi arrabbiai moltissimo. Gli detti, perfino, un ceffone. Ma Guido era calmissimo. Non pianse neppure. Disse soltanto: "Ti aspettavo qui perché sapevo che dovevi arrivare!". In casa, nessuno si era accorto di niente. Feci una scenata ai miei genitori, cacciai la ragazza alla pari ma Guido continuò a farci, ogni tanto, di queste sorprese. Quando tornava a casa da scuola, si nascondeva oppure usciva di casa, eludendo la vigilanza dei nonni e saliva dalle signore al piano di sopra, oppure esplorava le cantine, il garage o si spingeva fino al chiosco dei giornali per comprare i fumetti o andava al bar per acquistare gomme, merendine, patate fritte, Coca-Cola. Bisognava cercarlo, chiamarlo, supplicarlo perché uscisse dai suoi nascondigli o bisognava aspettare, con il cuore in gola, che tornasse. Quando, finalmente, lo trovavamo, nascosto da qualche parte, a casa di qualcuno o per strada, Guido sopportava, senza fiatare, sgridate e ceffoni. Una volta che tardava più del solito chiamammo il 113. Fu un errore perché, da allora, iniziarono a venire delle assistenti sociali inviate dal Comune che facevano mille domande a noi e a Guido. Per fortuna, si resero subito conto che eravamo brava gente, che Guido non era un bambino trascurato dalla sua famiglia e, a un certo punto, quelle fastidiose visite cessarono. Io ero terrorizzata all'idea che gli potesse accadere qualcosa, che potesse incontrare qualche malintenzionato o che qualcuno lo rapisse o gli facesse del male. Così obbligavo i miei genitori a mettere il paletto alla porta di casa. A 7 anni, in occasione delle feste di Natale, Guido ci scrisse la sua prima letterina. Chiedeva tra gli altri doni (tanti, ma tanti doni!) anche la chiave di casa. Alessio, il mio compagno, che era separato da poco e aveva due figli, mi consigliò di accontentarlo. "Guido è un bambino autonomo" mi disse "e magari vuole dimostrarti d'essere più grande di quello che è! Se gli dai la chiave di casa, forse si calmerà!" Feci così e da allora Guido non scappò e non si nascose più per farci spaventare ma prese l'abitudine di segnalare ai nonni quando usciva e dove andava. "Torno subito" diceva "tanto ho la chiave." La teneva sempre in tasca appesa a un portachiavi con i colori della sua squadra di calcio.»

La scuola di Guido era a pochi isolati dalla casa dei nonni e il bambino, dall'età di sei anni, si recava da solo a scuola. I nonni erano troppo stanchi, troppo malati per accompagnarlo. Anna doveva aprire la tabaccheria alle sette. Perciò ogni mattina, alle otto, Guido usciva da solo col suo zainetto, faceva la strada con i compagni e le loro mamme e arrivava a scuola, puntualmente. «Ha sempre voluto i soldi per comprarsi le merendine» spiega Anna. «E guai a non darglieli! Guido, del resto, fin dai sei anni, ha sempre avuto un po' di soldi in tasca. Glieli davano i nonni» continua Anna «per regalo, come "paghetta" settimanale e per le feste. Guido li metteva nel suo portafoglio di plastica con Paperone stampato sopra che io gli avevo regalato e che utilizza ancora oggi. Ha, poi, un "porcellino" dove mette le monetine dei resti della spesa, gli spiccioli che trova a casa e dove metteva quelli che il nonno gli regalava quando, ogni mese, prendeva la pensione. Ha sempre usato il denaro per comprare dolci, giocattoli, album da colorare e fumetti. Guido non fa mai regali a nessuno, ma chiede sempre. Vuole che gli compriamo dolci, giocattoli, fumetti e, poi, che gli diamo dei "soldini" da spendere allo stesso modo o da mettere da parte. È avaro con gli altri, accumula e, nel contempo, è prodigo quando si tratta di far regali a se stesso. Quando ha i soldi, la chiave di casa in tasca, il frigorifero pieno, si sente a posto. Sembra un adulto, un "giovanotto nullafacente" che considera la casa come una sorta di albergo dal quale entra ed esce a piacere suo, nonostante i divieti e i controlli.»

Entrare e uscire di casa, del resto, è per Guido un'abitudine acquisita prestissimo. Se la sa cavare, si orienta con facilità, ricorre all'aiuto dei ragazzi più grandi o delle persone adulte se ha bisogno di qualcosa o se teme di essersi perso. «A otto anni» racconta Anna «dopo la morte del nonno a cui era attaccatissimo prese l'abitudine di salire sul tram, per fare il giro della città da capolinea a capolinea. Stava via un'ora, un'ora e mezza e, poi, tornava dalla nonna che dopo la morte di mio padre era regredita. Lei, infatti, non mi parlò mai delle avventurose spedizioni di Guido. Mi informò una vicina di casa che l'aveva visto più volte sulla circolare, con gli occhi incollati al finestrino. Allora lo sgridai e minacciai di mandarlo in collegio. Fu peggio! Si ribellò con violenza e, a sua volta, minacciò di fuggire. "Non mi troverai più" disse. "Mi farò adottare da una famiglia vera, dove la madre e il padre stanno sempre a casa con i figli." Ci rimasi malissimo, lo picchiai e poi scoppiai a piangere. Guido, allora, si spaventò e si commosse. Mi abbracciò cercando di consolarmi. Parlammo per la prima volta del perché lavoravo tanto, del progetto di comperare una casa e di far venire Alessio a vivere stabilmente con noi "come una famiglia vera". Non gli raccontai di suo padre, non gli dissi di come era nato e perché. Guido non mi fece domande indiscrete. Chiese soltanto: "Anche tu ti senti un po' sola?". Gli risposi che, da quando lui era nato, io non mi ero mai più sentita sola. Queste parole lo resero addirittura felice e, da qual momento, tra noi qualcosa cambiò. Oserei dire che Guido mi "adottò". Rinunciò ai suoi viaggi in tram e si prese cura della nonna tenendole compagnia quando tornava da scuola. Inoltre metteva a posto la sua stanza ogni giorno e se la domestica, al mattino, dimenticava di comprare qualcosa, pensava lui a fare la spesa.

Una sera, preparò la cena per me e per Alessio. Fu in quella occasione che chiese al mio compagno di comprargli un computer e a me di regalargli un televisore più grande con il videoregistratore incorporato. "Così" spiegò "se mi viene la voglia di uscire, posso farmela passare subito." Lì per lì trovammo che l'idea non fosse affatto cattiva. Così lo accontentammo ma, da quel momento, computer e TV divennero i suoi amici più stretti. Dopo aver fatto i compiti, Guido passava le ore davanti al televisore o al computer. La sera lo trovavamo calmo ma inebetito. Alessio allora, con gentilezza, gli fece notare che abusava sia dell'uno che dell'altro. Cercò di spiegargli che troppa televisione fa male e che ci sono programmi inadatti ai bambini; che il computer stanca la mente e gli occhi. Ma Guido non lo ascoltò e disse soltanto che aveva trovato il modo migliore "per ammazzare il tempo dell'attesa". Perciò non volle saperne di rinunciare ai suoi passatempi!

La nonna, poi, mi riferiva che Guido davanti alla TV non faceva che mangiare. Infatti la sera non aveva fame e cominciava a ingrassare troppo. Guido non è mai stato magro ma il suo peso, fino ad allora, si era mantenuto nella norma. Da quando, però, aveva iniziato a rimanere di più in casa, a rinunciare alle sue fughe, ai suoi giri esplorativi in tram; da quando non andava più a giocare in cortile o a passare il tempo per strada o in casa di altri (dei suoi amici, dei vicini), il suo peso era praticamente raddoppiato. A dieci anni, prima della morte della nonna, Guido era obeso!»

La tendenza di Guido a ingrassare, già presente nei suoi primi mesi di vita, si accentua, pertanto, non appena egli rinuncia alla sua falsa "autonomia", alla dolorosa, necessaria "autosufficienza" che gli eventi della vita gli hanno imposto.

La morte della nonna, poi, determina in lui un nuovo mutamento di strategie difensive. «Ora comprendo che Guido non ha mai accettato la morte della nonna» spiega Anna. «La considerava una madre e io non provavo alcuna gelosia per il loro rapporto affettivo, così stretto, così complice, così profondo. Forse è per questo motivo che quando mia madre, dopo un'influenza trascurata e apparentemente trascurabile, è morta, spegnendosi all'improvviso, Guido non ha più accettato nessuna delle mie proposte. Non ha voluto più condividere nessuno dei progetti miei e di Alessio. Finalmente con il mio compagno avevamo deciso di andare a convivere e, dopo il suo divorzio, di sposarci. Perciò cercavamo una casa grande, da comprare per noi, per Guido e per i figli di Alessio quando sarebbero venuti a trovare il loro padre e, naturalmente, per la nuova famiglia che desideravamo costruire.

Ma Guido si è opposto: subito, decisamente, duramente senza dare alcuno spazio ad accordi o a possibili adattamenti. È come se avesse già stabilito dentro di sé la linea di condotta da tenere nei nostri confronti. "Andate voi a vivere nella nuova casa" ci ha detto. "Io resto qui, da solo. Questa è casa mia e due case non le voglio avere!" Gli abbiamo fatto presente, anche con fermezza, che lui è un ragazzino, che deve obbedire ai grandi e accettare le loro decisioni. Guido ha sorriso in modo strano.

Ho ancora impresso in mente quel suo "spaventoso" sorriso. Un sorriso cattivo, un misto di furbizia, malvagità, disprezzo, minaccia. È un sorriso che non potrò mai dimenticare, come le poche frasi che ha detto poi. Frasi pensate e ripensate, forse. Comunque, frasi da adulto, da "vendicatore". "Se sono stato abbastanza grande per crescere da solo, sarò abbastanza grande per continuare a vivere qui da solo! La casa è dei nonni e l'hanno lasciata a me. Non puoi venderla! Io qui ho tutto quello che mi serve, ho tutte le mie cose. Spenderai" ha aggiunto, guardandomi dritto negli occhi, "quel che hai sempre speso per me. Non una lira in più! Il libretto postale della nonna è mio. Me lo ha dato lei due giorni prima di morire. Ci sono trenta milioni e sono miei! Serviranno a pagare il condominio, la luce, il gas. Al mangiare, ai vestiti, agli studi devi pensarci tu, fino a 18 anni, perché mi hai messo al mondo e 'devi' mantenermi. Puoi minacciarmi quanto vuoi, puoi chiamare chi ti pare, fare pazzie. Io, da qui, non mi sposto. Preferirei morire." Poi, ha girato le spalle e ci ha lasciato lì ammutoliti, sconvolti. È andato in cucina, ha aperto il frigorifero, ha preso un piatto di pasta al sugo che era avanzato, ha acceso il televisore e, mangiando, s'è messo a guardare i cartoni animati.»

Guido oggi vive da solo, in casa dei nonni. Sua madre pulisce la casa una volta alla settimana e provvede a lavargli i panni sporchi.

Lui fa la spesa, cucina, paga le bollette, studia, invita i suoi amici a giocare o va a casa dei suoi amici, dalle "famiglie di adozione" abituate da sempre a ospitarlo per i pasti e, assai spesso, per la notte. Oppure se ne sta solo, in casa, a guardare la televisione, a giocare con il computer, a disegnare. «Quando gli ho ripetuto, per l'ennesima volta, che guarda troppa televisione, sta troppo tempo davanti al computer, quando gli ho proposto di venire con me da lei, a parlare un po'» racconta Anna «mi ha risposto: "Di venire dalla psicologa non se ne parla. Sei tu che ne hai bisogno. Quanto a me, verrà il momento che sentirò di poter fare a meno del troppo cibo e della TV. Allora mangerò meno, dimagrirò e spegnerò il televisore. Adesso lasciami stare! Mangiare mi aiuta a vivere sereno. La televisione e il computer mi aiutano a tenere a bada i pensieri 'neri', a non ricordare che il nonno e la nonna sono morti e che tu non mi hai ancora detto il nome e il cognome di mio padre!".»

Storia di Edoardo

Edoardo, detto Edo, che oggi ha 11 anni, è figlio di una coppia di genitori anziani. «L'abbiamo avuto quando io avevo 41 anni» racconta Alda, la madre «e mio marito 49. All'inizio della nostra vita matrimoniale proprio non volevamo figli e così è stato per 15 anni. Poi, però, ci siamo decisi. Volevamo qualcuno a cui lasciare le case e la fabbrica.» Egidio e Alda sono figli unici, ormai orfani e non hanno che parenti anziani. «Allora ci siamo chiesti: "A chi affidare la continuità del nostro lavoro, su chi contare per la nostra vecchiaia?".» Perciò la nascita di Edoardo è stata decisa "a tavolino". «Avere figli è un impegno serio, crescerli è un sacrificio e una fatica» spiega Egidio, il padre «ma se i bambini vengono educati con rigore e imparano a obbedire sin dall'inizio; se fanno "i bambini e basta"; se vengono tenuti al loro posto senza che nessuno permetta loro di "invadere" gli spazi degli adulti, non c'è alcun pericolo che possano prendere il sopravvento e scalzare l'autorità degli adulti.» Per questo motivo, Edoardo è stato affidato, dalla nascita fino ai sette anni, a una bambinaia tedesca molto seria ed efficiente il cui compito è stato quello di "irregimentare" Edoardo; di fare di lui un "soldatino" incapace di dire "no", abituato a mangiare tutto quello che gli viene servito senza poter esprimere i suoi gusti alimentari e senza protestare; attento a mettersi sull'attenti a ogni comando; inibito nei giochi e nelle amicizie, educato a parlare solo se gli adulti gliene danno il permesso o gli rivolgono la parola; vestito e calzato senza poter mai scegliere, capace di inchini e formalità non soltanto nei confronti degli adulti e delle autorità ma, perfino, dei suoi compagni di scuola; controllato nelle letture, negli svaghi, nei bisogni di ogni natura, da quelli fisici a quelli intellettuali, a quelli spirituali.

Edo, pertanto, non ha mai pranzato o cenato con i suoi genitori durante la settimana ma soltanto la domenica o in occasione delle feste; è andato puntualmente a letto, ogni sera, non oltre le ventuno; non ha mai acquistato del cibo, un libro, un vestito a suo piacimento; non ha mai potuto spendere i suoi soldi, prudentemente conservati in un libretto bancario sin dalla sua più tenera età, per seguire l'estro di un capriccio o di una voglia. Durante le vacanze, non ha mai accompagnato nei loro viaggi i genitori. Ha fatto vita a sé, con la bambinaia tedesca; è cresciuto "appartato", curato come un fiore di serra ma senza il "calore del sole". I suoi genitori, onnipotenti e lontani, più che crescerlo hanno preso atto negli anni, supervisionandola, dell'educazione da "piccolo militare" che la "bonne" tedesca gli ha impartito, congratulandosi con lui o muovendogli delle critiche a seconda dei risultati ottenuti.

Verso gli otto anni, però, il "soldatino" s'è ribellato. Non apertamente, certo, ma iniziando una sistematica "resistenza passiva". Per non rispondere "Signorsì" a ogni ulteriore imposizione, Edoardo ha iniziato a non rispondere; per non andare a dormire sempre alle nove, ha iniziato, pur stando nel suo letto, a non dormire fino all'alba; per non fare i compiti, ha iniziato a "dimenticare" di registrarli sul diario; per non scattare a ogni comando ha iniziato a essere distratto, a far finta di non aver sentito o di aver "capito male"; per non accettare le scelte fatte al suo posto in materia di cibo, vestiario, letture, viaggi, svaghi ha iniziato a non interessarsi più a nulla, a mangiare poco, a non cambiarsi d'abito («Mi piace stare in tuta» diceva all'istitutrice che insisteva perché mutasse d'abito due volte al giorno, prima di andare a pranzo e a cena. «La tuta, per me, è come una "divisa". Va bene per tutte le occasioni, non le pare, signorina?»); a non leggere più un libro («Leggere mi è impossibile» spiegava Edo all'istitutrice, lasciando ogni libro aperto alla prima pagina, «ci provo, mi creda, ma le righe stampate mi ballano davanti agli occhi!»); ad avere crisi d'ansia per ogni spostamento. Con la sua "resistenza passiva" Edoardo ha così ottenuto che la "bonne" tedesca, ormai impotente a gestirlo, venisse "defenestrata" e che i suoi genitori iniziassero, pur se con riluttanza, a prendersi "direttamente" cura di lui. Li ha, insomma, costretti a porlo "al primo posto" e "al centro" dei loro problemi.

Edoardo ha attirato la loro attenzione costringendoli a pensare a lui ancor prima che al lavoro, ancor prima che alle loro personali esigenze di coppia. Infatti, pur avendo educato (anzi, pur avendo fatto educare) Edoardo a "filo di bacchetta", come dice il padre, i suoi genitori ora temono di non poter controllare la sua strisciante ribellione passiva; la "cattiva piega" che potrebbe prendere Edoardo se essi non provvedessero a raddrizzare, in qualche modo, il carattere di "quel soldatino", il cui addestramento avevano delegato, per tanti anni, all'istitutrice tedesca e che ora è fallito.

«La nostra casa non somiglia a una caserma!» si scusa Alda. «Ma avevamo organizzato la vita di Edo in modo che, in nessun caso, egli venisse meno ai suoi doveri. Anzitutto il rispetto degli orari, poi l'obbedienza, poi lo studio e, alla fine, il piacere degli svaghi. Ma non abbiamo ottenuto il risultato che desideravamo. Oggi Edoardo è pigro, a scuola non rende, è distratto, svogliato, assai spesso malinconico. Piange per un nonnulla, si offende per ogni osservazione che gli viene fatta e, poi, mette il broncio. Si lamenta perfino con i domestici di come viene trattato da noi, senza mai avere la forza di affrontarci direttamente e di esporci i suoi problemi, le sue richieste, le sue proteste. Non prende mai un'iniziativa e ha paura di esprimere in modo chiaro e diretto il suo parere. Ci chiede sempre prima: "Tu cosa faresti (o penseresti, o diresti) mamma? Tu che cosa vorresti (o sceglieresti o decideresti) papà?". Quando riceve le nostre risposte, adatta le sue richieste, i suoi pensieri, le sue parole a quel che abbiamo detto noi. Apparentemente si "uniforma" a ciò che desideriamo in maniera così servile da sembrare sciocco. Però, poi, fa sempre quello che vuole.»

«Da bambino» sostiene Egidio «io non mi mostravo mai subalterno nei confronti dei miei genitori, degli adulti, delle autorità. Magari, al contrario, rischiavo un rifiuto, una sgridata, una punizione per esprimere ciò che pensavo o desideravo. Non ero dipendente e pavido come mio figlio! Da me, non può aver certo imparato a comportarsi così!» I genitori di Edoardo, dunque, non hanno gran stima della nascente personalità del loro figliolo, né collegano il ripiegamento di Edoardo su se stesso, la sua resistenza passiva, la sua insicurezza, la sua estrema dipendenza, la paura di scontentarli o di contraddirli, l'atteggiamento di manifesta "subalternità" che caratterizza il suo rapporto con loro ai forti condizionamenti educativi messi in atto, per loro conto, dall'istruttrice al fine di "modellare" Edoardo esattamente nel modo che essi desideravano. Si sentono, perciò, scontenti, delusi, preoccupati e non sanno da dove cominciare per scuotere l'evidente "ignavia" (così la definiscono, ma si tratta, invece, di una seria depressione infantile!) del loro figliolo.

«Ho provato» spiega il padre «a stimolarlo, a fargli prendere "gusto" a qualcosa: uno sport; la pesca e la caccia che io pratico da sempre; un viaggio; una bella colazione all'aperto; ho provato a parlargli di me, delle cose che ho fatto per raggiungere la mia posizione, delle fatiche, dei successi; gli ho fatto intravedere un futuro di benessere e di lavoro. Quando l'ho portato in fabbrica, ho detto perfino la fatidica frase: "Un giorno tutto questo sarà tuo, figlio mio!". Ma niente da fare. Edoardo ascolta e non dice nulla. Mi fissa, muto, con occhi da ebete e, forse, si domanda: "Sarò all'altezza di continuare quel che ha fatto mio padre?". O forse» ironizza l'uomo «sono io che me lo domando!» Alda, poi, ha provato a coinvolgere il figlio ricorrendo alla seduzione del denaro.

«Ho cominciato» racconta «a fargli capire che era un bambino "ricco" e a dargli dei soldi senza neppure dirlo a suo padre, che in fatto di quattrini è troppo severo. I ragazzini, si sa, desiderano avere dei soldi da spendere per soddisfare i propri "capricci". Edo non ha mai potuto farlo prima. Ogni spesa che lo riguardava, cibo, abiti, vestiti, giochi, libri, viaggi, svaghi, veniva decisa da noi e il denaro lo davamo alla sua istitutrice perché provvedesse a non fargli mancare nulla. Ma il denaro, adesso, sembra non avere alcun interesse per lui. Non sa che farsene, non sa come spenderlo. Lo mette da parte e, dopo qualche tempo, mi riconsegna quasi l'intera somma che ha ricevuto e mi prega di depositarla sul libretto di risparmio che abbiamo aperto per lui, sin dalla nascita. In questi ultimi tre mesi le sole spese che ha fatto sono state quelle per acquistare un *war game*, delle riviste di armi e un gran pacco di soldatini. Infatti appena può Edo se ne va nella sua camera e si mette a giocare alla guerra. Fa strage di soldatini combattendo immaginarie battaglie nelle quali ora fa vincere un esercito ora l'altro. Parla da solo, a voce alta, s'arrabbia, minaccia e, poi, si scarica sui "soldati nemici" con tutta la forza dei suoi pugni. Accende conflitti in tutta la stanza e si sbraccia senza risparmiare energie. Alla fine, sudato, stanco ma sedato ricompone ogni cosa, rimette i soldatini nei contenitori e si stende sul letto a leggere le "sue" riviste.»

La passione per la guerra e le armi, che Edo così evidentemente manifesta, lascia stupefatti e confusi i suoi genitori. «Ma» conclude il padre «né io né mia moglie osiamo contrastare questo che sembra essere il suo unico interesse. Certo, ci chiediamo da dove possa essere scaturito lo spirito guerrafondaio che lo spinge a dar vita, in solitudine, a tante battaglie. Lui, così pigro, spaventato, insicuro; così incapace, nel quotidiano, di mettere in atto strategie, di misurarsi in confronti e scontri con se stesso e con gli altri, prova piacere a vincere, nel gioco, le battaglie che mai, forse, sarebbe in grado di combattere nella vita.»

Così, di fronte all'inerzia di Edoardo, di fronte al suo silenzioso, svagato, inerme modo di ribellarsi, i genitori non trovano altra soluzione che "disfare" quel che la "bonne" tedesca, con tanta meticolosa cura, ha costruito, seguendo le loro indicazioni. Cercano di stuzzicare i suoi assopiti, nascosti appetiti; indagano sui suoi interessi, lo invogliano, anche con il denaro, a comprare qualcosa che possa "combattere" l'inerzia, il disinteresse, l'apatia dei quali sembra, ormai, essere vittima. Ma la sola risposta che egli dà ai suoi genitori, preoccupati e delusi, è la completa adesione ai programmi del "soldatino" Edoardo che la loro educazione ha confezionato. Un militare, infatti, indossa una divisa, sempre la stessa, che altri hanno pensato e confezionato per lui; ha rigidi orari da rispettare, regole precise alle quali obbedire, come dire: «Signorsì!» ogni volta che l'autorità lo interpella; prende una paga modesta, si prepara alla guerra. «Quando ho chiesto a mio figlio cosa vuol far da grande» racconta il padre «mi aspettavo che rispondesse: "Il tuo lavoro, papà!". Invece ha detto: "Voglio fare il militare per andare in guerra".» Così Edoardo, che non è, però, un guerriero pronto alle sfide, ai conflitti, alle battaglie della vita, a 11 anni non vede l'ora di "mettere in scena" le sue frustrazioni. Per reagire alla sua impotenza e alle sue paure vuole andare in guerra al più presto e dare battaglia ai suoi "nemici interni" scovando nemici all'esterno da combattere.

Nella sua anima, privata del calore degli affetti, dell'attenzione, dell'ascolto, dell'accoglienza, della tolleranza; nella sua mente impoverita dal mancato esercizio del confronto aperto e costruttivo con l'autorità genitoriale, sono pronte a esplodere le pericolose "bombe" da cui è minato il suo cuore. Il suo "corpo" non c'è: si è già trasformato in un "corpo militare" da fondere col corpo di altri soldatini in divisa e privi di identità, pronto a un destino di negazione, di morte, di sacrificio per "ideali" pensati e programmati da altri: dagli onnipotenti "signori della stanza dei bottoni" (genitori ora, generali poi) obbedire ai comandi dei quali è giocoforza poiché ogni libertà è stata negata, ogni espressione personale interdetta, ogni "Signornò!" piegato, spezzato, vinto.

Significativo, in tal senso, è un tema scritto da Edoardo a 11 anni, in prima media, e che l'insegnante di lettere ha segnalato ai suoi genitori come "allarmante". È un tema nel quale Edoardo dimostra di aver ben compreso quali siano le radici antiche di ogni guerra e quali siano gli interessi economici che le muovono, pur collocandosi, a motivo della già evidente sofferenza psicologica che lo affligge, tra coloro che sono intenzionati ad alimentarne, in qualità di terroristi e infiltrati, le penosissime conseguenze distruttive e i devastanti effetti per il genere umano.

Tema in classe di Edoardo

Titolo: Inventa un personaggio e fanne l'eroe di un tuo racconto di fantasia.

Il personaggio da me inventato si chiama Alex Boon ed è un soldato mercenario a servizio dei trafficanti di armi che vogliono fare le guerre per vendere le armi a tutti. Alex Boon ha scelto di fare il soldato per andare in guerra. E così, a 18 anni, si è arruolato nella Legione straniera. Mentre si trovava nel deserto con altri soldati, ha sentito due suoi superiori che parlavano tra loro. «Dobbiamo far scoppiare le bombe in ogni parte del mondo, dove ci sono persone che non si possono vedere tra loro», diceva uno dei due, a bassa voce, perché nessuno li potesse scoprire. «Faremo credere agli uni che è colpa degli altri. Così scoppieranno le guerre e potremo guadagnare tanti

soldi.» «Va bene» diceva l'altro. «Ma come faremo a convincerli a far scoppiare le bombe?» E l'altro rispose: «Ho qui la mappa di tutti i posti del mondo dove ci sono dei popoli che non vanno d'accordo. Dobbiamo, però, trovare un agente segreto che possa infiltrarsi dappertutto, in modo da non essere mai riconosciuto e che, segretamente, faccia capitare dei terribili incidenti di sangue dopo i quali le guerre scoppiano sicuramente e noi vendiamo tutte le armi che abbiamo messo da parte».
Allora Alex Boon uscì dal nascondiglio, si presentò ai suoi superiori e disse: «Io vorrei fare l'agente segreto per voi. Ma, per ogni guerra che farò scoppiare, voglio 10 medaglie d'oro e diventare il capo di tutti i generali del mondo». I superiori furono contenti e acconsentirono perché Alex era un ragazzo molto coraggioso. Così gli affidarono le prime missioni e lui, travestito da terrorista arabo, mise una bomba sotto la Statua della Libertà americana che saltò per aria e andò distrutta. Così gli americani se la presero con i mussulmani e iniziarono i bombardamenti. Anche i mussulmani, allora, presero le armi e cominciò la guerra. Americani e mussulmani comprarono tante armi dai superiori di Alex Boon e lui prese 10 medaglie subito e partì per una nuova missione. Tutte le guerre che scoppiano le fa scoppiare lui, anche se nessuno lo sa. Tutti pensano che i terroristi siano i loro nemici e così si armano per abbatterli. Io, soltanto, conosco il segreto di Alex Boon.

Commento dell'insegnante

Il tema è scritto molto bene e su grammatica e sintassi non desidero fare commenti! Il contenuto, però, mi ap-

pare decisamente "allarmante". Un soldato mercenario che gira il mondo per scatenare guerre a favore dei trafficanti di armi mi sembra, infatti, un eroe negativo e disperato che nega ogni pace, a se stesso e agli altri, in nome del potere, del denaro e della morte. Vorrei parlarne con te e con la tua famiglia per capire meglio che cosa c'è dietro questo tuo racconto di fantasia!

Storia di Alessandro

«Mio figlio Alessandro ha 8 anni ed è un piccolo, odioso tiranno» afferma Vinicio, 47 anni, chirurgo. «La fatica di crescerlo» spiega addolorata Annamaria, la madre, 40 anni, assistente sociosanitaria, «ci ha convinti a non fare più figli! La nostra vita, dopo la sua nascita, si è trasformata in un tale inferno che la sola idea di allevare un altro bambino ci terrorizza. Eravamo una coppia affiatata, equilibrata, serena. Ci sembrava che mettere al mondo un figlio avrebbe rappresentato il coronamento della nostra felicità.

Così non è stato, però. Sin dalla sua nascita, avvenuta con due mesi di anticipo, dopo un parto dal quale sono uscita viva per miracolo, Alessandro non ha fatto che darci problemi. Per un anno non abbiamo dormito poiché il bambino aveva "scambiato" il giorno per la notte. Infatti durante il giorno dormiva e la notte piangeva. Ininterrottamente. Io volevo tornare subito al mio impiego» si lamenta Annamaria «ma non è stato possibile. Alessandro cresceva a stento, rifiutava il latte artificiale, voleva stare sempre in braccio. Appena lo mettevo in culla, cominciava a frignare e bisognava tirarlo su. Per fortuna mia madre, che adorava il suo primo nipote, è venuta a darmi una mano. Mia madre è rimasta vedova ancora giovane. Ha cresciuto, da sola, tre figli e ha una grande esperienza di bambini. Con lei, Alessandro si calmava subito.

Forse, si sentiva rassicurato dalla sua presenza. Non so! Quando c'era mia madre, comunque, Alessandro sembrava un altro bambino. Non piangeva più, mangiava, s'addormentava subito. Non appena, però, ero io a prendermi cura di lui, ricominciava a piangere, a star male, a rifiutare il cibo. Più che il cibo» confessa Annamaria «sembrava rifiutasse me.»

«Quando aveva 13 mesi» ricorda Vinicio «ho messo fine, di forza, a questi incomprensibili "capricci". L'ho lasciato piangere per una notte intera nella sua stanzetta, impedendo a mia moglie di alzarsi per andare a consolarlo.

Fino a quel giorno, infatti, mia moglie era solita accorrere a ogni richiamo del bambino per prenderlo in braccio e portarlo a letto con noi. Così, ogni notte, Alessandro si svegliava verso l'una, si metteva a piangere e costringeva mia moglie e me, di conseguenza, a svegliarci, a prelevarlo dal suo letto e a metterlo nel nostro. Un vero inferno! Nessuno dormiva, anche perché Alessandro voleva stare in mezzo a noi due e si muoveva in continuazione, cercando una posizione più comoda. Avevo perfino l'impressione che volesse separarci e scalzarmi dal letto. Inoltre, non s'addormentava subito. Voleva giocare, ci tirava i capelli, faceva vocalizzi, s'aggrappava ai nostri pigiami. Così, quella notte, ho reagito e ho detto: "Basta!". È stata un notte terribile ma, alla fine, l'ho "domato". Alle quattro del mattino si è addormentato e non si è svegliato più fino alle dieci del giorno dopo.» «Ma al risveglio» confessa la madre «non era più lo stesso. Certo non piangeva, né di giorno, né di notte e, da allora, non ha più chiesto di essere preso in braccio. S'era fatto, all'improvviso, silenzioso, e aveva uno sguardo ostile, nemico. Uno sguardo pieno di rabbia, di tristezza, di scontento. Uno sguardo che ha ancora adesso, dopo sette anni. Uno sguardo pieno di rancore che sembra contenere tanti rimproveri e anche qualche inespressa minaccia». Vinicio non è d'accordo con sua moglie. «Annamaria» dichiara «è troppo sensibile ed è in balìa del bambino. S'intenerisce e si sgomenta con facilità. È "debole" e ha paura di traumatizzarlo, di farlo soffrire. Per me, invece, Alessandro è soltanto un bambino aggressivo e ribelle. Un bambino da "tenere a freno", da "dominare". Bisognerebbe fargli sentire il peso dell'autorità dei genitori ma questo non è possibile. Infatti mia moglie, e mia suocera più di lei, hanno favorito, in Alessandro, ogni tipo di sfrontatezza.

Così mio figlio è un bambino viziato, iperprotetto dalla nonna e troppo assecondato dalla madre. Alessandro ha ben compreso come tiranneggiarle e sfrutta questo suo potere in ogni modo! Quel che con me non gli riesce di fare, lo fa con sua nonna e con sua madre ed esige, da loro, tutta l'attenzione possibile. Da quando è nato, poi, tutta la famiglia gira intorno a lui come i pianeti intorno al Sole! Mia moglie, ad esempio, lavorava e lavora tutt'oggi ma lui non ha mai sopportato di vederla uscire. Così, sin da quando era piccolissimo, la nonna, che ogni mattina veniva a tenerlo poiché si è sempre rifiutato di andare all'asilo, gli portava un regalino. Un giocattolo al giorno, si figuri! E mia moglie, tornando dal lavoro, ogni giorno, per ingraziarselo, portava ad Alessandro un piccolo presente. Come se dovesse giustificarsi, agli occhi del bambino, per avergli sottratto le ore della giornata nelle quali lavorava. Questa manfrina continua anche adesso che Alessandro ha otto anni. E sa che fine fanno i doni della nonna e della mamma? Vengono calpestati, sventrati, gettati dalla finestra, tagliuzzati e perfino affogati nel water. È come se Alessandro volesse, provocatoriamente, far intendere che, per lui, quei regali non valgono niente; che non bastano, che non servono a pacificarlo.»

«Guai, però,» spiega la madre «a non ricordarsene. Se non riceve i suoi regali quotidiani, Alessandro diventa furioso, batte i piedi, rompe tutto quello che c'è in casa. Ha delle vere e proprie crisi di furore dalle quali esce disfatto, sudato, febbricitante. Allora si chiude nella sua camera, non vuole far entrare nessuno; tira calci e pugni se ci accostiamo, ci riempie di parolacce e non teme nessuna delle punizioni che suo padre minaccia di dargli e che regolarmente gli ammanisce. Non ha paura dei rimproveri, non si spaventa quando mio marito lo minaccia e arriva a picchiarlo. Ci provoca, ci sfida. Se urliamo, urla più forte di noi; se lo picchiamo, ci si avventa contro come un toro inferocito: morde, sputa, fugge e si nasconde. Soltanto quando ci vede confusi, preoccupati, incapaci di fare alcunché, si calma. Allora si mette in un angolo della sua stanza, accovacciato sulle gambe, con le braccia intrecciate intorno alle ginocchia e si dondola, in avanti e indietro, come per cullarsi. Vederlo agire in quel modo ci spaventa assai più che tentare di arginare le sue crisi di furore. Sembra un bambino malato che rifiuta il mondo, che vorrebbe non essere mai nato.»

Alessandro, poi, da qualche mese ha preso in odio gli animali che pure amava tanto. «Ha iniziato» ricorda il padre «tagliando e sventrando tutti gli animali di peluche che gli avevano regalato. Inizialmente, gli animali di pezza erano i suoi giocattoli preferiti e non li distruggeva come era solito fare con gli altri giocattoli.

L'inverno scorso, però, Alessandro ha cominciato a distruggere anche quelli. Quando gli ho domandato perché tagliuzzasse e sventrasse i peluche che prima amava tanto, mi ha dato una risposta, a dir poco, sconvolgente: "Anche tu fai queste cose con le persone addormentate (si riferiva all'anestesia) e loro non sono neppure di pezza!". "Ma io sono un chirurgo!" gli ho risposto. E lui: "Anch'io farò il chirurgo da grande e taglierò a pezzi i corpi della gente". Non credevo alle mie orecchie perciò l'ho incalzato: "Ma guarda", ho detto, "che io opero le persone per guarirle. Non lo faccio perché mi piace o perché sono arrabbiato. Lo faccio per necessità e per curare i malati". Mi ha guardato con aria incredula e, dopo un po', ha detto: "Il cuore, però, non dovevi tagliarlo mai!". Non ho capito bene di che cuore parlasse ma, dall'espressione che aveva sul viso, sembrava alludere al suo. Poi, un giorno, Alessandro ha preso a calci il gatto della vicina di casa. Pensavo che l'avesse fatto perché il gatto l'aveva graffiato.

Alessandro, infatti, giocava spesso con quel gattone tigrato e, a volte, lo stuzzicava più del necessario. Ci accorgemmo però, in seguito, che non era il gatto ad aver reagito ai modi bruschi di Alessandro, graffiandolo, ma era lui che lo tormentava fino a fargli veramente del male. Anche questa estate, poi, abbiamo scoperto che Alessandro prova piacere a molestare gli animali.

In campagna, durante il mese di agosto che passiamo sempre insieme a lui, andava a caccia di lucertole per tagliare loro la coda; faceva, con un accanimento insolito, strage di insetti, staccava le zampe ai grilli, torturava i rospi, bastonava galline, pecore, gatti e cani. È arrivato, perfino, a mettere dell'ortica nei finimenti di un vecchio somarello cavalcando il quale, sin da bambino, si è sempre divertito un mondo.»

«Zuele, l'asinello, è sempre stato il suo compagno di giochi prediletto sin da quando Alessandro aveva tre anni» ricorda la madre. «Un animale dolcissimo, mansueto, che si lascia montare, carezzare, stuzzicare senza mai reagire. Alessandro, dopo la prima estate passata in campagna con i nonni, aveva voluto addirittura un asinello di pezza per poter sopportare il distacco da Zuele. E noi avevamo girato molti negozi prima di trovargliene uno. Quel giocattolo mio figlio se lo portava anche a letto e, fino all'episodio dell'ortica nei finimenti, non l'aveva distrutto come, invece, ha fatto con tutti gli altri peluche. Zuele era, per lui, una sorta di "coperta di Linus", di "alter ego". Se voleva chiederci qualcosa lui, sempre così scontroso, così taciturno e ostile, utilizzava l'asinello di pezza. Diceva: "Zuele vuole andare al cinema"; "Zuele vuole le figurine"; "Zuele ha fame" e, perfino, "Zuele vuole essere abbracciato". Zuele era lui, naturalmente, e noi ben volentieri esaudivamo le richieste di Alessandro fatte attraverso il somarello di pezza. Perciò non ci aspettavamo che tentasse di fare del male proprio a un animale che sembrava amare tanto e per vedere il quale voleva sempre andare in campagna!»

«Quest'anno, quando siamo arrivati dai nonni» racconta Vinicio «Zuele stava male. I miei genitori pensavano addirittura che morisse. Io, allora, l'ho curato. Sono cresciuto in campagna, m'intendo di animali e, poi, sono un medico. Insomma, ho inciso l'ascesso che lo stava uccidendo e Zuele è subito stato meglio. Credevo che Alessandro sarebbe stato contento e fiero di questa mia operazione. Invece, prima ha tirato un calcio a Zuele per "vedere se stava bene" e se "tirava i calci" anche lui e, poi, all'improvviso mi ha detto: "Tu tratti meglio quell'asino di me!".

Sono rimasto talmente interdetto che, lì per lì, non gli ho saputo neppure rispondere. Lui, allora, mi ha voltato le spalle ed è andato via. Più tardi, ho cercato di riprendere il discorso: "Scusa Alessandro" gli ho chiesto "perché hai detto che tratto meglio Zuele di te? Non puoi certo paragonare l'affetto che ho per te con quello che ho per lui!". Mio figlio ha scosso la testa, testardo: "Tu fai vedere l'affetto solo se uno ha la 'bua' (malattia, N.d.R.) e tu la togli via. Tu sei più un medico che un papà!".»

«Sono rimasta senza fiato» incalza Annamaria «quando mio figlio, un bambino di otto anni, ha dato queste risposte a suo padre. In verità, mio marito si interessa molto di Alessandro quando il bambino è ammalato. Allora lo cura con grandissima attenzione e dolcezza ed è affettuoso, comprensivo, tollerante. Insomma molto diverso da come è di solito con lui. Più di una volta ho notato che Alessandro finge di sentirsi male per avere le cure del padre. Infatti, nonostante i suoi comportamenti rabbiosi, nonostante il modo aggressivo e tirannico che ha di comportarsi, Alessandro è molto attaccato a suo padre, lo ammira, cerca di emularlo. Non a caso, i suoi telefilm preferiti sono quelli sui medici. Si ferma incantato ogni volta che appaiono sul teleschermo medici, cliniche, ospedali e poiché usa il videoregistratore e il computer in modo egregio, come noi certo non sappiamo fare, ha registrato tutte le puntate di *Amico mio* e le guarda in continuazione. Gli altri bambini amano i cartoni animati, le fiabe, le storie di pirati, di esploratori, di astronauti. Alessandro, invece, s'appassiona soltanto ai medici. E io credo» s'infervora Annamaria, con l'aria di contestare Vinicio «che lo faccia perché cerca un contatto con suo padre. Cerca la strada che gli permetta di accedere al suo cuore.»

Ma Vinicio non è d'accordo. «Alessandro mi provoca, mi prende in giro, mi contesta in continuazione; coglie ogni occasione per irritarmi e sembra quasi desiderare gli schiaffoni che, regolarmente, mi strappa dalle mani. Contesta la mia autorità in modo tale che, invece di favorire dolcezza, abbracci, manifestazioni di affetto e dialogo, tra noi alla fine è lo scontro. È questo che vuole da me. Non cerca carezze ma ceffoni!» «Ma, forse, è il solo modo per farsi "toccare" da te!» sbotta alla fine Annamaria. «Tu dici che Alessandro è un piccolo tiranno e non hai torto. Ma anche tu lo sei! Tu sei spesso arrabbiato, strilli, urli, minacci. Se qualcuno non la pensa come te, ti accanisci a riprenderlo fino a quando non ti dà ragione. E, poi, tu credi che tutto si possa risolvere con le percosse» sottolinea Annamaria, con tono di rimprovero. «Del resto, sei stato educato così! Hai avuto un padre aggressivo, un despota vero e proprio che alzava le mani per ogni sciocchezza sulla moglie, sui figli. Perciò, tu credi che per educare un bambino lo si debba sottomettere, minacciare, spaventare!»

«Ma Alessandro non ha alcuna paura di me!» ribatte Vinicio, irritato. «Anzi mi sfida, mette alla prova, in ogni occasione, la mia autorità. È come se volesse verificare fino a che punto sono in grado di resistergli e di farmi rispettare. Si misura con me, saggia la mia forza, cerca di destabilizzarmi ma, poi, quando si accorge che sono estenuato, confuso, a disagio e che non so come prenderlo, rimane quasi deluso. Io credo che si senta sconfitto e confuso come me. È allora che si deprime maggiormente e anche lui sembra incerto, spaventato, e, soprattutto, solo. Se lo picchio, invece, pare quasi che se lo aspetti. Anzi, che lo desideri, che provi sollievo. Forse, in quel momento, mi sente, almeno fisicamente, più forte di lui. Capisce che c'è, in casa, chi si ribella alle sue provocazioni, alle sue tirannie; chi può tenergli testa e imporgli delle regole. Non ricordi» commenta, rivolto alla moglie, «cos'ha detto ieri quando, per punirlo dell'ennesimo capriccio, gli ho tolto il computer?: "E adesso non posso più scappare da questa casa nemmeno con i pensieri! Tu sai sempre dove colpirmi, vero, papà?".»

Storia di Valentina

Valentina, 12 anni, fa la modella da quando ne aveva 3. «Era bellissima da piccola. Anche più bella di adesso» commenta Viviana, la madre, ex indossatrice, mostrandomi un album di foto. «Così ho accettato di farle girare degli spot pubblicitari. Ed è stato subito un gran successo! Servizi fotografici, sfilate, piccole parti in film di cassetta. Da allora, la sua vita è stata un succedersi di impegni e di soddisfazioni. Non capisco perché, proprio adesso che sta per girare il suo primo film da coprotagonista, sia così spaventata, piena di tic, insonne, insicura. L'abbiamo cresciuta con ogni accortezza» si sfoga. «Non ha mai perso un anno scolastico, ha sempre fatto dello sport; una settimana di vacanza ogni tre mesi per riprendersi dagli stress, buone compagnie, ottime letture, un po' di danza classica, la ginnastica per tenersi in forma. E, poi, le lezioni di canto, di dizione, di recitazione. Valentina non è una ragazzina. È un capolavoro. Ma che cosa vuole adesso, che cosa vuole di più?»

Viviana non si dà pace. La sua vita è tutta concentrata su Valentina. È quella graziosissima figlia il suo "fiore all'occhiello", la sua più grande speranza di successo! «Quand'ero ragazzina» ricorda «nessuno si curava di me. In casa eravamo troppi e io ho smesso di studiare a 16 anni e ho cominciato a lavorare come apprendista in una casa di alta moda. Per fortuna, il proprietario ha notato che ero carina e avevo una bella linea. Ha provato a farmi sfilare e sono diventata subito molto brava e richiesta. Ma l'ambiente era ostile. Le altre ragazze, le apprendiste con le quali avevo, fino ad allora, lavorato, mi guardavano con invidia e in casa non c'era nessuno che mi consigliasse. I miei genitori erano interessati soltanto ai miei guadagni. Volevo fare una bella carriera, affermarmi, studiare le lingue, invece mi limitai a lavorare il più possibile per portare i soldi a casa. Poi conobbi Angelo, mi sposai e lasciai quel lavoro che pure mi piaceva e mi gratificava. Ora, però, Valentina, mia figlia, ha l'occasione di fare quel che io non ho potuto fare, di realizzarsi come modella e come attrice, anche grazie alle occasioni che ho creato per lei. Ma invece di mostrarsi entusiasta; invece di progredire e di affermarsi, sembra essere sul punto di crollare.»

Angelo, il padre di Valentina, ascolta con attenzione le lamentele della moglie. Ha l'aria di comprenderla, di approvare quel che Viviana dice. Ma, quando parla, esprime molti dubbi e si capisce che non è d'accordo sui ritmi di vita che le ambizioni della moglie impongono a sua figlia. «Viviana» spiega «ha certamente delle ragioni quando esige la "perfezione" da Valentina. Viviana prepara, per lei, un futuro "super". Si dedica completamente a lei, vive per lei, ma in realtà non vuole che Valentina realizzi i suoi sogni di bambina, bensì i sogni di quando mia moglie era una bambina.»

Alle parole del marito, Viviana reagisce con irritazione. È punta sul vivo, si sente attaccata. Valentina, a suo avviso, è una bambina fortunata poiché ha una madre come lei che la cura, le prepara un avvenire di successo e di ricchezza.

«Sono io» esclama «ad averla fatta nascere così bella, ad aver fatto di lei una ragazzina "speciale". Sono io il suo talismano, il portafortuna che le permetterà di vivere felice, ammirata da tutti ed economicamente indipendente. Dovrebbe ringraziarmi! Invece, "crolla" proprio nel momento in cui potrebbe trionfare e "ripagarmi", con il successo, di tutte le fatiche che ho fatto per lei.»

Angelo annuisce e, come prima, sembra essere d'accordo con quel che dice Viviana. Ma, poi, quando parla è per contrastare nettamente le parole della moglie. «Valentina, certo, è stata più fortunata di te! È nata in una famiglia agiata ed è figlia unica» le spiega con calma. «Tu l'hai valorizzata in tutti i modi, le sei stata accanto, magari controllandola troppo, magari esigendo da lei la perfezione. Ma non puoi, però, farle "pesare" tutto questo! Non puoi invidiarla perché la sua infanzia è stata più felice della tua e renderle la vita un *tour de force* perché così è stata la tua vita! E, poi, noi non abbiamo alcun bisogno dei guadagni di Valentina. Il mio lavoro basta a tutti e tre e può assicurare anche il suo futuro!»

Viviana non ha parole per lo stupore. È talmente colpita dalle riflessioni del marito che tace. Fino ad allora non ha mai pensato, neppure per un attimo, che Valentina potesse desiderare una vita diversa da quella che, quotidianamente, le fa fare.

Approfittando del suo silenzio Angelo, il marito, riprende a parlare: «Ti domandi perché Valentina è stanca? Non trovi risposta e vuoi che una psicologa ti spieghi il mistero di un crollo infantile che per te è immotivato?» incalza. «Ma non pensi di conoscere già le ragioni per le quali Valentina si sta trasformando, un po' alla volta, in una ragazzina esattamente all'opposto di come tu la vuoi? Non credi che la sola maniera che Valentina ha per sottrarsi allo stress di essere trattata come un "pollo d'allevamento", con le ore del giorno programmate all'inverosimile, sia fallire? Sono certo che, senza neppure confessarlo a se stessa, Valentina ha talmente paura di non farcela, di deluderti, di non essere all'altezza di tutto quello che pretendi da lei, da desiderare di "crollare" pur di farla finita.»

La parole di Angelo mettono la moglie in estrema difficoltà. Ma Viviana non vuole rinunciare ai suoi sogni. Quella "figlia capolavoro" è il "suo" capolavoro. Non la considera una persona in crescita, ma un'appendice di se stessa. Non rispetta la sua infanzia, la sua preadolescenza che incalza. Vuole ottenere a tutti i costi dei risultati che le garantiscano di aver fatto un "buon investimento" su sua figlia. «Quand'ero una ragazzina», si giustifica, «in casa mia non si parlava d'altro che del poco denaro che c'era. Sono cresciuta tra mille disagi, facendo sacrifici e cercando di essere per i miei genitori un buon investimento. Volevo che i miei (che, pure, si lamentavano tanto!) potessero dire: "Questa figlia è stata, per noi, una 'manna' dal cielo. Non ci ha impoveriti ma, anzi, è diventata un sostegno economico". E sono stata veramente fiera quando ho potuto rendere i miei genitori più sereni con i soldi che portavo a casa! Penso, allora, che Valentina dovrebbe sentirsi gratificata di poter contribuire, con i suoi successi, al maggior benessere economico della famiglia!»

Così Viviana, inconsciamente, ripropone a sua figlia il copione "dannoso" che ha caratterizzato la sua infanzia. Vuole che Valentina emerga, si affermi; sia sempre di più un "capolavoro" da mostrare; la "risarcisca", anche materialmente, dei sacrifici fatti quand'era bambina e le garantisca di poter chiudere trionfalmente, per interposta persona, un ciclo della sua vita che è rimasto, per lei, una sorta di "incompiuto esordio". «I figli» decreta, infine, «devono realizzare i sogni dei genitori per ringraziarli di ciò che hanno da loro ricevuto: la vita!»

Angelo ascolta lo sfogo di Viviana. Ma questa volta non parla, non interviene. Tira fuori dal portafoglio una piccola foto logorata dal tempo. È la foto di una bambina. Ma quella bambina non è Valentina, nonostante le somigli moltissimo.

È, infatti, Viviana preadolescente, seduta sulla panchina di un parco con il vestito del giorno di festa. Ha gli occhi tristi, lo sguardo perso nel vuoto. Tra le mani, ha una piccola scatola e un nastro sciolto che penzola verso il basso, fino a toccarle il biancore dei calzini. Nel vedere quella foto, Viviana ha un moto di stizza. «Perché la mostri proprio adesso?!» esclama. Angelo non le fa caso. Me la porge e, mentre la osservo, spiega: «Quel giorno mia moglie, che allora aveva l'età di Valentina, aveva partecipato a un concorso di bellezza. Ma non era arrivata che seconda! Il primo premio era in denaro, il secondo, invece, era una semplice medaglia d'argento. Viviana non fu festeggiata per quella vittoria bensì rimproverata da sua madre che aveva una calcolatrice al posto del cuore dovendo, ogni giorno, conciliare il pranzo con la cena. Quando eravamo fidanzati, Viviana mi raccontò questo episodio. Stavamo sfogliando insieme un suo album di fotografie e di fronte a questa foto, che poi le chiesi di donarmi, Viviana si fermò e ricordò, con dolore, d'essere stata sconfitta. Le feci notare che si trattava, comunque, di una vittoria anche se al secondo posto e che sua madre non avrebbe dovuto rimproverarla. Mi guardò come se stessi dicendo un'eresia. Viviana non voleva che si criticasse sua madre. Aveva troppa pietà per lei, per le sofferenze che quella donna aveva sopportato, per i sacrifici che aveva fatto. Io credo, però, che se si è stati infelici durante l'infanzia, non bisogna farne pagare i conti ai figli! O invidiare le possibilità che loro hanno e noi non abbiamo avuto; o desiderare che essi ci gratifichino realizzando i nostri sogni irrealizzati o "vendicandoci" delle fatiche e delle frustrazioni di un tempo!».

Viviana non replica nulla alle dure, chiare parole di suo marito. Poi, dopo un lungo silenzio durante il quale sembra riflettere, chiede: «Vorresti dire che i tic di Valentina sono una risposta all'ansia che la invade di fronte a ciò che deve fare per darmi soddisfazione? Vorresti dire che si mangia le unghie, che si tormenta i capelli, che sbatte gli occhi perché ha paura di non farcela? Vorresti dire» incalza «che non dorme perché teme di non avere successo? Che è svogliata, insicura, distratta perché è altro quel che vorrebbe fare e tutte le possibilità che io le offro di diventare sempre più brava, la prima, la migliore, sortiscono l'effetto di deprimerla, di farle desiderare un'esistenza normalissima, senza impegni e senza successi? Vuoi dirmi che devo smetterla altrimenti potrebbe ammalarsi per sfuggire a questo tipo di vita?».

«Sì!» risponde Angelo. «È proprio questo che voglio dire!» e, lentamente rimette la fotografia di Viviana nel portafoglio. La donna è sconvolta da tanta semplicità. Quel «Sì!» le pesa sul cuore. Allora si rivolge a me, mi interroga prima con gli occhi, poi formulando una domanda: «È vero?». Non le rispondo subito ma la guardo dritta negli occhi. «Allora, è vero» dice Viviana. E piange.

Storia di Emma

I genitori di Emma si sono conosciuti molti anni prima di metterla al mondo. «Ho incontrato Alessio all'Università» racconta Rameika, la madre. «È stato subito amore! Quando avevo 20 anni e lui 23, siamo andati a vivere insieme. Ogni tanto, però, io tornavo dai miei, in provincia, per trascorrere con loro un mese o due. Mi piaceva rituffarmi nell'atmosfera di casa mia: stare con i miei fratelli più piccoli, essere coccolata da mia madre e, soprattutto, da mio padre con il quale ho sempre avuto un rapporto "speciale". Alessio non si è mai opposto. Lasciava che io andassi e venissi. Lui studiava per diventare ingegnere. Era ed è un tipo quadrato: molti libri, tanta lettura, tanta musica, poche chiacchiere. Però, mi ha sempre voluto un gran bene; un bene coinvolgente, solido, incondizionato. Infatti, anche se non eravamo d'accordo, se c'era un litigio o un dissapore grave, il nostro rapporto non veniva e non viene mai messo in discussione. Nessuno ha mai "minacciato" l'altro di abbandono. Per noi volersi bene è un valore "per sempre". Potrebbe finire l'innamoramento, la passione, questo sì, lo sappiamo. È un rischio che tutti possono correre. Ma quello che non può finire è il nostro volerci bene fatto di amicizia, di intesa, del piacere si stare insieme, di parlare, di essere intimi nell'anima e nel corpo. Non abbiamo voluto figli subito ma ne parlavamo. I bambini ci piacciono. Io, poi, lavoro con i bambini. Sono insegnante di scuola materna e adoro vivere a contatto con l'energia, la spontaneità, la forza, il calore che i bambini comunicano a chiunque li ami e si prenda cura di loro.

Alessio, invece, che è figlio unico, prima di conoscermi non faceva alcun caso ai bambini. Quando, però, ha incominciato a frequentare la mia famiglia, si è affezionato ad Aldo, l'ultimo dei miei fratelli, il piccolo di casa. Aldo stravedeva per lui e così Alessio si è scoperto un talento per fare il "fratello maggiore", talento che è andato via via trasformandosi in una affettuosa attenzione per tutti i bambini quando, d'estate, ha incominciato a fare il clown nei villaggi turistici per guadagnare e intanto fare una bella vacanza. Perciò, la sua capacità di stare con i bambini, di contenerli, di giocare con loro, di farli ridere e di ridere insieme a loro, è andata aumentando. Alessio, così serio, così assorto nel suo mondo di numeri e di note, con i bambini diventa un'altra persona. Gioca tutti i giochi che da bambino non ha potuto fare e ha il "pollice verde" con i ragazzini che subito si rapportano a lui come a un "compagno di giochi" più grande, autorevole e allegrissimo.»

Alessio ascolta compiaciuto le parole della moglie. Ha negli occhi uno sguardo di tenera complicità. Le parole di Rameika gli accarezzano l'anima. Si sente al suo posto, ben compreso e in sintonia con lei. E quando prende la parola, lo fa con garbo, avendo cura di volgere ogni tanto lo sguardo verso la sua compagna. «Rameika ha ben descritto» sottolinea «quel che io provo per i bambini. Per me, i ragazzini sono stati una scoperta. Sono cresciuto da solo, unico figlio di genitori molto rigidi, poco socievoli e tutti occupati nelle loro rispettive professioni. Rameika è stata il raggio di sole della mia vita e, per me, amare lei è stato come rinascere in una famiglia "diversa"! Diversa dalla mia e dove c'era posto anche per me. Frequentando la casa di Rameika, infatti, ho capito che io volevo avere "quella" famiglia! O, comunque, una famiglia "come" quella: con i genitori espansivi, aperti, sempre disposti ad accogliere le persone senza avere paura di chi viene da fuori. Una "coppia di genitori" ancora innamorati della scelta che hanno fatto sposandosi e felici di aver messo al mondo tanti figli, tutti da amare. Perciò, quando ho iniziato a lavorare e ci siamo sposati, ho subito desiderato avere un figlio. Il primo di tanti. Ed è nata Emma.»

Emma, dunque, è stata un bambina desiderata, ricercata, attesa. Amata fin dal giorno del suo concepimento. Alessio ha parlato al pancione di Rameika e l'ha accarezzato ogni sera prima che Emma venisse al mondo con un parto naturale. «Abbiamo voluto che nascesse in casa» racconta Rameika «e ci siamo messi d'accordo con un ginecologo giovane e bravissimo, che ci ha preparati al parto in coppia e ha fatto nascere Emma nell'acqua.

Un miracolo fatto di emozioni irripetibili. Emma è stata subito attaccata al seno e l'abbiamo allevata, giorno dopo giorno, insieme, dandoci il cambio per sostenere meglio l'impegno, la fatica e la gioia. Lei si chiederà, allora, perché mai siamo qui. Perché, nonostante tutto il nostro impegno e la fatica di crescere Emma nel modo migliore, senza mai rimpiangere la nostra libera vita di coppia (poiché far nascere la bambina è stata una scelta fatta insieme!), noi oggi vogliamo condividere il peso d'essere genitori con una persona competente. Abbiamo i nostri dubbi, le nostre paure. Ora Emma ha otto anni ed è una bambina solare, una "protagonista" della sua vita, in famiglia e a scuola. Noi, però, ci rendiamo conto, da certe reazioni, che quel suo incrollabile ottimismo, frutto del tanto amore che le abbiamo dato, deve potersi misurare, in modo non traumatico, con il piano di realtà. Emma, infatti, è sempre ben disposta verso gli altri, accoglie tutti, ascolta tutti. È curiosa, attenta, generosa in modo "travolgente". Non s'aspetta una ferita o un tradimento perché non ne ha mai ricevuti; rimane male se le storie non sono a lieto fine perché "pretende" solo cose buone dalla vita. Così, alcuni conflitti con delle amiche di scuola l'hanno lasciata dolorosamente stupita.

Quando, con dolcezza, le abbiamo fatto notare che nella vita capita, e capita spesso, di venire lasciati; di essere oggetto d'invidia, di gelosia; che non tutti sono sinceri; che non bisogna sempre fidarsi di quel che viene detto ma che bisogna verificare; quando le abbiamo raccontato, utilizzando gli esempi di fiabe o le storie di libri per ragazzi, che accade nella vita di tutti di doversi confrontare con persone difficili, negative e, perfino, crudeli, ha mostrato di capire benissimo come stanno le cose ma ha anche aggiunto: "Io, però, credevo proprio di essere 'intoccabile'. Credevo che alla nostra famiglia felice non potesse capitare niente di quel che capita nelle altre famiglie. Ho sempre pensato che la nostra fosse una famiglia speciale". Ed è vero» conclude Rameika «la nostra è una famiglia "speciale". Siamo noi ad averlo ripetuto più e più volte a Emma ma, ora, se questo "essere speciali" le impedisce di crescere avendo la capacità di difendersi dalle difficoltà e dai dolori che certamente le capiterà di dover affrontare e sopportare, non è un buon servizio quello che le stiamo facendo.»

Alessio ascolta, assorto, le parole della moglie. Si vede che ne condivide il contenuto ma che c'è altro, tanto altro che vorrebbe aggiungere. Poi, alla fine, si decide a parlare. «Forse», dice, «siamo anche noi a dover cambiare. Anche noi, forse, siamo poco capaci di contenere il disagio che proviamo di fronte ai mali del mondo. Siamo delusi da tante situazioni umane e sociali ma non vogliamo prenderne atto fino in fondo perché aspiriamo a un lieto fine che non sempre la vita è disposta a concedere. Ci rifugiamo nella nostra "famiglia felice" proprio come fa Emma. Io per primo che ho voluto, con tutte le mie forze, creare un'oasi di assoluto benessere familiare nel deserto della vita che avevo condotto quand'ero bambino e fino a quando non ho incontrato Rameika. Io temo che qualcosa venga a turbare questa nostra felicità, che qualcosa la contamini. E perciò, assai spesso, mi accorgo di voler appianare le cose a ogni costo, mi accorgo di non voler far soffrire Emma e di cercare sempre di risolvere ogni difficoltà anche prima che si presenti. Adesso, ad esempio, ho paura che Emma debba confrontarsi con la malattia e, forse, la morte del nonno che ama moltissimo e che non possa sopportare il peso di questa perdita.»

Rameika annuisce: «Sì, questa, ora, è la nostra più grande preoccupazione. Mio padre è ammalato gravemente e questo è un dolore per tutta la famiglia. Ma per Emma, questo, forse, è un dolore troppo grande da contenere a otto anni. Proprio ieri sera mi ha detto: "Perché dobbiamo crescere se, poi, si deve morire? Perché nonno che è il più buono di tutti, deve soffrire per la malattia? E se succedono tante cose dolorose intorno a me, allora vuol dire che, prima o poi, anche io dovrò soffrire!". Allora ho cercato di consolarla spiegandole che tutti i bambini quando scoprono certi aspetti spiacevoli della vita, ad esempio che esistono la malattia e la morte delle persone care, lì per lì non lo accettano e vorrebbero negare la durezza di questa realtà. "E tu" mi ha chiesto allora Emma "come fai a sopportare tutti questi dolori?" "Io credo" le ho risposto "che ogni sofferenza abbia un significato. Considero i mali della vita dei grandi 'maestri' che ci rendono più forti e interiormente 'intoccabili' quando li abbiamo superati." Dopo questa risposta, Emma mi ha guardato incuriosita. "Secondo te, i mali servono a diventare veramente 'intoccabili'?" ha domandato perplessa. "Sì, servono e ci educano" ho concluso. Ma Emma, però, non era disposta ad accettare questa mia filosofia di vita. E, infatti, me lo ha detto chiaramente: "Sai mamma, io non la penso come te! Non è possibile che il male fa bene e che il dolore serve a diventare grandi ed educati. E se è così, io non voglio vivere in questo mondo! Me ne voglio andare via come Peter Pan per abitare nell'Isola che non c'è. Tanto un'isola che non c'è non c'è, e nessuno la può né distruggere né toccare!"».

MANIFESTO
DEL
MOVIMENTO BAMBINO

I bambini sono poeti: agiscono.
L'arte loro è agire la realtà.
I bambini sono flessibili, creativi.
Sono pratici ma non rinunciano alla fantasia.
Sanno mescolare l'acqua del desiderio con la terra della possibilità.
Grandi architetti dalle mani piccine, mai dimenticano il cuore e il futuro.
I bambini hanno fiducia nel cambiamento, nello sviluppo anche se aspirano alla stabilità.

I bambini…

I bambini sono capaci di dare stabilità all'instabile,
di utilizzare l'ambivalenza come altalena della conoscenza e dell'amore.
I bambini sono roccaforti penetrabili, passerotti sparvieri,
precari come le loro ire brevi,
come la disperazione dei loro pianti inconsolabili.
I bambini sono il dolore fatto allegria,
la disperazione che si risolve.
Hanno il cinismo della sincerità,
la qualità dell'innocenza,
l'esercizio violento della verità.

I bambini non aspirano alla gloria poiché sono la gloria e vivono nel mito.
Non aspirano al sesso poiché essi sono il sesso.
Non temono la guerra perché dentro di loro si agita ogni guerra.
Potrebbero semmai patirla nel corpo poiché nell'anima
già la conoscono quale delitto degli adulti
a cui assistere senza poter fare nulla.
I bambini non temono la fame:
essi sono la fame.
Hanno fame di presenze come di cibo,
hanno fame di cibo come d'affetto.

I bambini…

I bambini hanno la prudente seduttività dei deboli,
la loro apparente disperazione,
il senso di onnipotenza dei despoti,
la vocazione al martirio dei santi.
Non attendono il Messia
poiché ogni bambino è Messia e messaggero.
Se delusi o feriti fantasizzano delitti di gelosia e vendetta
ma sanno poi sorridere al perdono per tutto dimenticare
poiché l'amore è alfa e omega.
È alfabeto per sempre.
I bambini aspirano alla pace e la realizzano nell'atto di credere e creare.

I bambini considerano l'infanzia una grotta profonda,
un segreto armadio dove rifugiarsi e attendere il tempo
della crescita, la nascita al mondo degli adulti.
I bambini conoscono l'infanzia come una violenza
necessaria da attraversare, tra incontri, distacchi e incontri, gioie e pianti.
Non esistono bambini bugiardi.
I bambini abitano le bugie
e non raccontano bugie ma fiabe
poiché sono fatti di fiabe.

I bambini…

I bambini non temono il pianto:
piangono con spontaneità e non sfuggono ai colpi della vita
poiché amano il colpire poiché affrontano, come necessario
percorso della loro crescita, il rischio di essere colpiti.
E vengono colpiti: dalle mani degli adulti,
dalla loro indifferenza, dalla loro disattenzione mascherata
di pazienza,
dall'ottusità delle loro buone intenzioni.
È facile colpire i bambini.
Ogni colpo resta impresso,
ogni azione è traccia d'anima.
I bambini osservano e partecipano,
agiscono e stanno a guardare.
Sentono gelo e calore,
si difendono e sono disarmati.

I bambini giudicano senza mai giudicare.
Quel che somiglia a un giudizio è per loro
soltanto un modo di abitare la paura.
I bambini considerano i genitori degli dèi:
li temono, ne invidiano l'apparente onnipotenza,
ne sopportano ogni debolezza,
li giustificano sempre.
Non fategli male,
la loro anima è l'anima del mondo.

Maria Rita Parsi di Lodrone
da *Il Pensiero Bambino*, Mondadori, Milano 1991.

DAL "MANIFESTO DEL MOVIMENTO BAMBINO"

Il Movimento Bambino

Il Movimento Bambino (Associazione "Il Pensiero Bambino[1] Movimento per - con e dei Bambini") nasce il 3 agosto 1992 come Associazione senza scopo di lucro per portare avanti, utilizzando la metodologia e le tecniche della Psicoanimazione[2], un progetto ad ampio respiro, che intende far conoscere e promuovere ovunque "la Cultura dell'Infanzia" e il "Pensiero Bambino".

Il Movimento Bambino, voluto dalla dott.ssa Maria Rita Parsi che ne è la fondatrice, è erede naturale delle attività culturali e sociali, della metodologia e delle tecniche scientifiche ideate e messe in atto dalla SIPA (Scuola Italiana di Psicoanimazione - Società Italiana di Psicoanimazione), fondata nel 1985 e che, ancora oggi, opera in sedi pubbliche e private, per diffondere la Cultura dell'Infanzia attraverso la metodologia della Psicoanimazione intesa come "operatività psicopedagogica a mediazione creativo-corporea". Il Movimento Bambino ha tre centri: a Milano, Roma e Cosenza, e 104 fulcri in ogni Regione italiana e nella Svizzera italiana.

---

(1) Per comprendere cosa si intende per "Pensiero Bambino" si può leggere a pagina 310.

(2) Per comprendere cosa si intende per "Psicoanimazione" – metodologia psicopedagogica a mediazione creativa corporea – si può leggere alla fine del Manifesto.

LA METODOLOGIA DELLA PSICOANIMAZIONE

di Maria Rita Parsi - Angela Gangeri

Un metodo che recupera l'originalità e la potenzialità del pensiero creativo infantile per arricchire la capacità relazionale delle singole persone, della collettività e della società tutta

La terapia a mediazione creativo-corporea denominata Psicoanimazione (dare anima all'anima) si basa sullo studio dell'ontologia del Pensiero dell'Uomo e sulle "forme" di Pensiero. L'attenzione è rivolta in maniera particolare alle radici del pensiero che hanno origine nell'infanzia e, soprattutto, al pensiero laterale, cioè al pensiero creativo; alle metodologie e alle modalità di comunicazione di detto pensiero, alle sue espressioni "concrete" ovvero alla progettualità e alle soluzioni di vita. La Psicoanimazione, inoltre, poiché si riconosce nella Psicologia Umanistica, privilegia, quale metodologia di intervento, l'approccio olistico, ovvero tiene presente nella sua interezza l'Uomo nelle espressioni della mente, dell'immaginario, del corporeo.

Lo studio e le ipotesi sui processi di pensiero

Già negli anni '30 lo psicologo sovietico Vygotskij dimostrò, per primo, che i processi di pensiero, quali l'analisi o la generalizzazione dell'esperienza, che sono alla base di ogni atto intellettuale sono strettamente legati al linguaggio. Vygotskij sottolineò che il significato della parola, che sarebbe quindi la "base delle idee", la "radice di ogni pensiero", si sviluppa durante l'infanzia. Inizialmente il bambino unifica simultaneamente gli "input", le impressioni che riceve dal mondo interno ed esterno a sé.

In seguito, nel pensiero, può "unire" tra loro indizi concreti di un'intera situazione pratica e, infine, può sviluppare la capacità di formulare e di ipotizzare categorie astratte e insiemi di categorie. La stessa ipotesi sullo sviluppo del pensiero e delle idee fu formulata anche da Piaget, che giunse ad analoghe conclusioni pur muovendo da posizioni teoriche e sperimentali completamente diverse da quelle di Vygotskij. Piaget, infatti, formulò la sua teoria sugli "Stadi di pensiero" attraverso l'osservazione attenta e sistematica dei bambini, durante la fase dello sviluppo, nelle loro interazioni, verbali e non, con l'ambiente.

Le osservazioni di Piaget consentono di affermare che inizialmente il bambino sviluppa e possiede delle matrici, degli schemi, delle mappe concreti che riflettono e classificano situazioni reali; Luria definisce questo processo: "Pensiero situazionale". Più tardi queste matrici vengono lentamente e gradualmente sostituite e integrate da matrici astratte, che tengono presenti le relazioni di "comunanza" tra oggetti, eventi, situazioni, esperienze, portano cioè a un pensiero "categoriale".

Ciò che impariamo da bambini

Da bambini, quindi, impariamo e memorizziamo che la mela, la pera, l'uva, l'arancia... appartengono tutti alla stessa categoria, sono frutti e possono essere per noi cibo.

Da bambini impariamo anche che il sorriso, la parola dolce, un "occhietto", uno sguardo attento e sereno, un abbraccio, una carezza, un regalo... possono rientrare all'interno della categoria *Affetto* e quindi possiamo lasciarci andare, possiamo fidarci di chi mostra e possiede queste caratteristiche. Ma se osserviamo un digrignare di denti, sentiamo un urlo, siamo colpiti o schiaffeggiati, minacciati o aggrediti, impariamo a "pensare" che questi elementi fanno parte della categoria *Pericolo* e quindi, impauriti, ci difendiamo, ad esempio aggredendo, fuggendo, negando il problema, facendo finta di niente, fantasticando "vendetta". Se la nostra infanzia è caratterizzata da eventi e rapporti positivi, le basi del nostro pensiero, le fondamenta della nostra esperienza nel mondo porteranno le tracce e i segni indelebili (nella mente e nel corpo) della "positività della vita".

Il bambino che si sente appagato nei suoi bisogni primari, che si sente sicuro, accettato, compreso e amato ha sperimentato e porta nella memoria il pensiero che la "vita" può essere "bella".

Questo modello ideale di crescita che prevede un sano rapporto tra le richieste del bambino e le risposte dell'adulto, che sottolinea l'importanza di un armonico equilibrio tra individuo e ambiente difficilmente si realizza quotidianamente e non soltanto perché intervengono o sono presenti malattie organiche ed ereditarie, incidenti o "fatali sventure".

La comunicazione tra adulti e bambini

Talvolta i modelli educativi che guidano il rapporto tra adulti e bambini sono elaborati e proposti secondo gli interessi e gli obiettivi degli adulti. I bisogni e i desideri dei bambini, spesso, vengono ritenuti irrazionali, "strani", egoistici. I "capricci" dei bambini, di ognuno di noi da bambino, sono il classico esempio di richieste che l'adulto considera immotivate ed eccessive; il bambino capriccioso deve quindi essere corretto, contenuto, punito.

Ma dietro una richiesta inadeguata si cela già un rapporto "domanda-risposta" alterato e la strada che può ristabilire l'equilibrio nella comunicazione "adulto-bambino" non può non considerare entrambi i protagonisti del "problema".

Come afferma Eric Berne nel suo libro *A che gioco giochiamo*: «I giochi di relazione si giocano almeno in due, altrimenti il gioco-rapporto non può esistere».

Consideriamo, ad esempio, l'atteggiamento, ormai classico, del genitore che si occupa e preoccupa del proprio bambino unicamente o principalmente quando il piccolo sta male o mostra sofferenza. La malattia del bambino genera l'attenzione del genitore più di quando è in salute e questo, con buona probabilità, indurrà il bambino a coltivare, attendere e prolungare i suoi momenti di malessere, perché dentro di lui si creeranno associazioni di pensiero e di esperienza come: *malattia-compagnia*; *salute-solitudine*; *malessere-attenzioni particolari*; *salute-"puoi fare da solo"*.

Ma il bambino (ognuno di noi da bambino) ha bisogno di essere sostenuto, curato, incitato, accompagnato nella crescita, ha bisogno di protezione e di modelli con cui identificarsi. Ha bisogno dei grandi per diventare grande, ha bisogno di sentirsi protetto e importante perché possa riconoscere e sviluppare in sé l'idea, il significato, il pensiero, il sentimento della significatività del suo vivere, del diritto di esistere.

Le "radici" del nostro carattere

Sono le esperienze dell'infanzia quelle che creano le basi del nostro carattere, della nostra personalità. Un edificio può innalzarsi e svilupparsi, in altezza e in larghezza, a seconda delle fondamenta e del terreno su cui poggia. Possiamo paragonare l'edificio alla vita, le fondamenta all'esperienza infantile e il terreno all'ambiente che ha "circondato" la nostra infanzia, soprattutto al rapporto con i nostri genitori. Le nostre radici, quindi, "condizionano" e "determinano", comunque, il nostro essere adulti.

Se l'infanzia è stata positiva, "sana" e "bella", nessun problema. L'adulto sarà aperto alle esperienze, positivo verso se stesso e verso gli altri, disporrà di energia, interesse, sarà motivato a vivere.

L'origine del "malessere"

«L'infanzia» infatti «è attesa di eventi luminosi e lieti, eroici, santi e belli». Ma «se l'infanzia è stata buia, triste, grigia, spaventata, nessun drago, fantasma o mostro all'improvviso sconfitto, nessuna luce; l'adulto cresce ma, dentro di lui, il bambino aspetta, murato nel semisonno dell'attesa. Aspetta che l'infanzia sia magica, bella e santa. Bisogna illuminare l'infanzia per farlo crescere».[3] Il malessere psicofisico di molti adulti è il malessere del bambino che essi portano in loro, che è ancora impaurito, sospettoso, insicuro. Il "Pensiero Bambino" che ci accompagna, nell'età adulta, se caratterizzato dall'antica sofferenza ci spinge a difenderci, per evitare nuove ferite: un bambino che ha sperimentato nell'intimità, con le figure genitoriali, un rapporto doloroso, sarà un adulto che si avvicinerà con diffidenza e paura all'esperienza di un'intimità affettiva, ad esempio con il proprio partner.

Contemporaneamente, però, il *bambino dentro di noi* desidera che il problema infantile sia risolto e, quindi, spinge l'adulto a ricercare analoghe situazioni, nella speranza e nell'illusione di raggiungere finalmente il successo. Un bambino che ha avuto genitori poco attenti potrà essere un adulto interessato e attratto da persone che si mostrano disinteressate a lui, spinto dal desiderio e dall'illusione di riuscire finalmente a suscitare negli altri i sentimenti di affetto e di interesse dei quali, durante la sua vita infantile, non ha potuto godere. In questo suo sforzo potrà raggiungere il suo obiettivo conquistando l'attenzione dell'altro, oppure cadere in un ulteriore fallimento che potrebbe aggravare il suo senso di solitudine. Ma la "nuova conquista" sarà, comunque, una copia, un sostituto dell'originale e, a lungo andare, non potrà, comunque, sanare l'antico vuoto. A questo punto potremmo ritenere che il comportamento adulto sia poco "adattivo" o addirittura "irrazionale". Ma ciò non corrisponde a verità!

Informazioni "utili"

Nessuno di noi dubita sull'utilità del "riconoscere" quotidianamente gli oggetti che ci circondano; raggruppandoli in categorie astratte, ci rapportiamo agli oggetti appartenenti al-

---

[3] Maria Rita Parsi, *Album*, Savelli, 1982.

lo stesso gruppo in modo analogo. Ad esempio usiamo le "sedie" per "sederci" anche se queste sono rosse o verdi o gialle; se sono alte o basse; di ferro, di legno, di tela. Altrettanto "utile" è stato ed è rapportarci a noi stessi, agli altri e al mondo in un modo "tipico" che ci appartiene e che conosciamo bene, in un modo tutto nostro che possiamo definire "carattere".

Informazioni "inadeguate"

Ipotizziamo, però, che qualcuno ci abbia fornito sull'uso delle posate un'informazione errata, ci abbia educato, ad esempio, a impugnare la forchetta con tutta la mano: a casa nostra tutti la usano così! Più tardi ci confrontiamo con gli altri, ad esempio a scuola, e notiamo che il loro comportamento è diverso, ma ormai a noi viene spontaneo e più comodo usare le posate nel solito modo.

Da bambini possiamo essere stati "educati" a diffidare degli altri, ad avere attenzione ai nostri bisogni solo nei momenti di sofferenza, a pensare che valiamo poco, che nessuno è interessato a noi. Da adulti possiamo notare che altri adulti si fidano, sono allegri, "prendono la vita" diversamente, ma ormai, concludiamo, siamo fatti così, è il nostro carattere. Ma la "rigidità" del pensiero adulto può essere superata e risolta recuperando e stimolando in noi, il Pensiero Bambino, la "voce" di quella parte bambina che è racchiusa dentro di noi.

Il Pensiero Bambino

Il Pensiero Bambino non è soltanto il pensiero dei bambini. È quel modo, né forte, né fragile, "unico" di affrontare il piano di realtà, l'architettura dell'immaginario, l'espressione del corporeo che ciascuno di noi adulti ha in sé quale patrimonio interiore e specialissimo legato alle esperienze dell'infanzia.[4]

---

[4] Maria Rita Parsi, *Il Pensiero Bambino*, Mondadori, Milano 1991.

Il Pensiero Bambino è un pensiero creativo perché è aperto all'esperienza, ogni oggetto, evento, persona sono "nuovi" e "unici" nel pensiero dei bambini. Il bambino non ha preconcetti, può usare un legno come spada di fuoco per combattere il nemico, come cavallo per correre lontano, come scopa per volare nel cielo.

Il Pensiero Bambino può trovare e sperimentare seduzioni nuove, mai considerate, che partono dalla realtà, da ciò che si vede, si sente, si tocca, per legarlo a ciò che ancora non c'è, ma che forse potrà essere domani, nel futuro, "da grandi". Attraverso il Pensiero Bambino è possibile ogni cambiamento, ogni soluzione, ogni "divenire".

Perché la Psicoanimazione

Cenni storici

Su queste basi poggia saldamente l'elaborazione metodologica della "Psicoanimazione - terapia a mediazione creativo - corporea"[5] che s'ispira, sintetizza ed elabora l'impostazione teorica e metodologica di altre scuole quali: l'animazione culturale francese e in particolare "l'animazione creativa"; lo psicodramma e il sociodramma moreniano; la psicologia umanistica americana, europea e italiana; il Mental Research di Palo Alto.

Recuperare il Pensiero Bambino, "illuminare l'infanzia" significa, in Psicoanimazione, decodificare, analizzandoli, gli scenari (i "copioni") che hanno caratterizzato la vita infantile collegandoli a quelli che caratterizzano la vita adulta. «Laddove il mondo e le dinamiche infantili invadono la condizione adulta, alterandola e nevrotizzandola, bisogna porre il rimedio della "crescita". Essa avviene soltanto quando il

---

[5] MARIA RITA PARSI, *La principessa degli specchi*, O.S., 1984.

soggetto si conosce e può specchiarsi interamente come bambino e come adulto».[6]

Ma l'analisi e la chiarificazione dei vissuti infantili e di come questi si ripropongono nella vita adulta non è l'obiettivo finale della Psicoanimazione. Analisi e consapevolezza sono unicamente l'inizio di un processo terapeutico che ha come obiettivo la realizzazione di un armonico rapporto con se stessi e con l'ambiente.

La metodologia della Psicoanimazione segue un percorso che si snoda attraverso cinque fasi successive e consequenziali.

Le fasi del "cambiamento"

La prima fase viene denominata "radicamento" o "delle radici" e prevede una raccolta di dati attenta e articolata del soggetto intorno a se stesso, al suo ambiente familiare e sociale, alla sua realtà infantile e attuale (ma può riguardare anche temi, problemi, situazioni diversi dall'indagine su se stessi e relativi alla società).

La seconda fase è una fase di riflessione, di analisi, di formazione e organizzazione del materiale raccolto.

La terza fase prevede l'elaborazione critica, individuale e/o collettiva, della "ricerca" condotta precedentemente.

La quarta fase è una fase altamente creativa nella quale le tracce e i ricordi di esperienze passate o recenti vengono rielaborati in forma nuova per la creazione "di un diverso modo di essere e di mostrarsi". Si chiama "fase del progetto".

Nell'ultima fase, detta fase del "feed-back", si propone una verifica, un confronto, uno scambio sull'esperienza fatta. Il soggetto o il gruppo mostrano il nuovo prodotto agli altri e

---

[6] Maria Rita Parsi, *I quaderni delle bambine*, Mondadori, Milano 1982. *Il mondo creato dai bambini*, Mondadori, Milano 1982. *Animazione in borgata*, Savelli, 1976. *Lo scarico*, Savelli, 1978.

ne ricevono informazioni: sensazioni, emozioni, vissuti, idee, pensieri...

Tutto ciò può stimolare un nuovo ciclo, un nuovo processo di attività psicoanimatoria sempre articolato nelle cinque fasi.

L'importanza della produzione creativa

La metodologia della psicoanimazione ha come momento centrale quello della "produzione creativa" perché, se gli obiettivi di questo processo sono il cambiamento, la trasformazione, la crescita, non è sufficiente riconoscere e portare alla consapevolezza le cause del problema, del malessere psico-affettivo o psico-fisico. È fondamentale elaborare una soluzione, sperimentarla e verificarne i risultati (vedi una delle tecniche centrali della Psicoanimazione: "Soluzioni di vita"). Solo un'esperienza positiva, nuova e consapevole, volontariamente e ripetutamente cercata, costruita e vissuta può servire a rielaborare e a sanare la "ferita" dell'infanzia. L'antico pensiero tracciato dolorosamente nella memoria del corpo, della mente e dell'immaginario, può essere integrato e sostituito da un nuovo pensiero, da una nuova traccia che porta i segni di una risoluzione realmente sperimentata, non più solamente sperata o fantasticata. Per poter elaborare nuove soluzioni dobbiamo fare appello al "Pensiero creativo". Un pensiero anticonformista, al di fuori degli schemi, "originale". Un pensiero del tutto simile al pensiero dei bambini, capace di rivedere e riutilizzare, in forme nuove e diverse, le solite "cose" della vita di sempre.

Come recuperare il Pensiero Bambino

Ma il Pensiero Bambino è spesso lontano, nascosto, sommerso nella mente e nell'animo degli adulti. Così, in Psico-animazione, sono state elaborate e messe a punto ben 77 tecniche che, nella loro ricchezza e varietà, costituiscono un formidabile strumento per tutti coloro che hanno difficoltà a esprimere il loro pensiero creativo, che sono "ingabbiati" nell'antico dolore, che, inconsciamente, sono costretti a ripetere vecchi copioni mai risolti. Ogni tecnica della Psicoanimazione è articolata secondo le fasi della metodologia precedentemente esposta e utilizza tutti i linguaggi della comunicazione e dell'integrazione sociale.

Gli studi di psicologia sperimentale e delle scienze dell'educazione hanno, infatti, dimostrato che ognuno di noi è sensibile, in maniera differenziata, ai vari canali di comunicazione: c'è chi predilige il canale uditivo, chi quello verbale, chi quello visivo, chi quello tattile.

Utilizzando tutti i linguaggi, e non soltanto quello verbale, lo psicoanimatore riesce a entrare in "contatto" con i singoli o con i gruppi in maniera immediata e autentica. Non solo, utilizzando nuovi linguaggi, i soggetti o i gruppi possono già sperimentare soluzioni nuove di comunicazione e arricchire le proprie capacità relazionali.

Tutte le tecniche della Psicoanimazione sono riconducibili a tre livelli:

– *sensomotorio e psicomotorio*

Il gioco, il gioco-dramma, il rumore, il suono, il ritmo, la musica, il gesto, la danza, l'azione mimica, la pantomima, ecc.

– *pittorico, plastico, figurativo, filmico, fotografico*

L'uso del colore, le maschere, i murales, la pittura, i manifesti, i collages, la trasformazione di materiali per ottenere oggetti d'uso, la trasformazione di materiali per ottenere simboli, le fotografie, i filmati, l'album, ecc.

– *simbolico verbale e scritto*

La narrativa individuale e di gruppo, la gabbia, la spettacolarizzazione, il teatro didattico, lo psicodramma, l'onirodramma, l'ansiodramma, la drammatizzazione, la poetazione, la diarizzazione, la scrittura automatica, la fiabazione e le fiabe di iniziazione, ecc.

IL PENSIERO BAMBINO

Il PENSIERO BAMBINO non è soltanto il pensiero "dei bambini". È quel modo, né forte né fragile ma "unico", di affrontare il piano di realtà, l'architettura dell'immaginario e l'espressione del corporeo che ciascuno di noi adulti ha in sé quale patrimonio interiore e specialissimo legato alle esperienze dell'infanzia.

Allo sviluppo del PENSIERO BAMBINO contribuiscono, pertanto, sia quegli **adulti** (genitori, insegnanti, educatori, artisti, sportivi, psicoterapeuti, medici, scienziati, editori, economisti, magistrati, uomini politici, di fede e di cultura) che riconoscono e rispettano i bambini che sono "intorno a noi" e il bambino che è "in ciascuno di noi" e intendono dare spazio ai bambini e al bambino "interiore" di ciascuno attraverso gli strumenti di comunicazione, di intervento e di potere che sono in loro possesso; sia i **bambini** stessi con la loro voce, la loro "creatività", la loro azione diretta.

Il PENSIERO BAMBINO vede, pertanto, uniti gli adulti in qualità di promotori, mediatori, diffusori, garanti del "Pensiero Bambino" in famiglia, nel sociale di fronte alla legge e alle organizzazioni del mondo e i bambini, in qualità di ideatori, ispiratori, promotori e artefici del Movimento stesso.

L'ipotesi di chi sostiene questa "filosofia" è che **solo il Pensiero Bambino è capace di "fare anima", di "dare anima all'anima"** superando e trasversalmente attraversando ogni ideologia, divisione politica, ogni confine territoriale, ogni frantumazione di razza, ceto e appartenenza sociale, ogni legame di fede, religione, clan (i bambini sono bambini, ovunque e comunque!).

Il PENSIERO BAMBINO è olistico, tende all'integrazione – è fatto di domande, di ricerche e di scoperte –, conquista il futuro.

Il PENSIERO BAMBINO semplifica ciò che è complicato poiché lo riconduce al fondamentale bisogno umano: quello di riconoscersi nell'amore, nella solidarietà, nella crescita e nel cambiamento come alternativa e trasformazione positiva della collettività tutta.

I bambini e, con loro, gli adulti che "riconoscono" la saggezza e la forza del PENSIERO BAMBINO dentro di loro, possono, se vogliono, costituire la leva di ogni cambiamento, trasformazione, speranza nel mondo.

Il PENSIERO BAMBINO con le sue idee, le sue proposte, i suoi progetti può, infatti, ispirare da vicino tutte le forze politiche, culturali e sociali del nostro Paese (e non solo!) e costituire un Movimento di opinione capace di stimolare azioni, scelte, soluzioni sempre migliori e più efficaci dirette al miglioramento, alla riforma, alla trasparenza delle istituzioni educative famiglia e scuola e, più ampiamente, di tutte quelle istituzioni del sociale nonché dei mezzi di comunicazione di massa che, grandemente, incidono e condizionano lo sviluppo psichico e fisico dei bambini, futuri adulti.

Fa parte del PENSIERO BAMBINO l'esigenza di confermare e rinforzare ciò che ha valore per la comunità umana e che è, pertanto, "necessario" che sia "stabile" e collettivamente condiviso per sconfiggere l'anomia, il degrado umano e sociale, la perdita di ogni umano valore e affinché la vita infantile (e la vita delle persone tutte!) si sviluppi con armonia e nel benessere dell'anima e del corpo. Tali valori che debbono essere stabili e affermarsi sempre di più sono: la libertà, la giustizia, la solidarietà e il rispetto della vita umana, la possibilità, per tutti coloro che vengono al mondo, di crescere, di essere curati, di studiare e lavorare; l'uguaglianza di tutti gli esseri umani nella società del mondo senza discriminazione di razza, sesso e religione; il sostegno e la priorità da riconoscere, nel mondo, alla famiglia, alle istituzioni educative, a quelle spirituali, ecc.

I bambini, infatti, hanno bisogno, per crescere e diventare adulti consapevoli, civili e pacifici, di tutele, di garanzie umane, sociali, giuridiche, universalmente accettate e riconosciute.

Pertanto è alla filosofia del PENSIERO BAMBINO che oggi si potrebbe far riferimento per individuare nuove strategie e soluzioni ai problemi del mondo. Il PENSIERO BAMBINO, infatti, è creativo, innovativo, concreto; contiene ed esprime esigenze, speranze, aspettative di cambiamento e di crescita, che hanno, peraltro, caratterizzato in questi anni tutti i movimenti di pensiero, di opinione, di lotta (Movimenti femministi, pacifisti, ecologisti; Movimenti spirituali e di rinnovamento sociale), tesi a trasformare in modo positivo, umano, civile, interrazziale, pacifico, ecc., il mondo.

Poiché il Pensiero Bambino è la radice del pensiero umano.
È la rosa e l'antenato di ogni rosa.
È il pensiero e l'origine di ogni pensiero.
Abbiamo bisogno del Pensiero Bambino per tornare a pensare.
Per imparare a pensare.

OBIETTIVI DEL MOVIMENTO BAMBINO

Il Movimento Bambino si propone di:

1) **diffondere e sviluppare** la "Cultura dell'infanzia" attraverso l'opera di genitori, insegnanti, operatori sociali, artisti, psicoterapeuti, scienziati, economisti, uomini politici, di fede e di cultura; dare adesione e collaborazione a tutte le iniziative indirizzate all'infanzia collaborando con organizzazioni, enti, associazioni, fondazioni, ecc. pubblici e privati;

2) **incrementare** le tutele sociali e giuridiche a favore dei bambini;

3) **promuovere** la ricerca, l'approfondimento e la progettualità su temi e problemi relativi alla famiglia, alla scuola, all'infanzia e all'adolescenza in collaborazione con le Università e gli Istituti di Ricerca pubblica e privata. Fondare "**Università della Famiglia**" in ogni Regione italiana;

4) **promuovere** la realizzazione del "Pensiero Bambino" e la diffusione della "Cultura dell'Infanzia" utilizzando tutti i linguaggi per la comunicazione e l'integrazione sociale;

5) **mettere** in atto, con il contributo di tutte le forze sociali, culturali, religiose e giuridiche, una sistematica azione di prevenzione della devianza minorile e dello sfruttamento fisico, psichico e sessuale dei minori;

6) **promuovere** su tutto il territorio nazionale in collegamento con realtà analoghe in Europa, nella Svizzera italiana e, più ampiamente, nel mondo tutte le possibili azioni e progettualità tese a scardinare "alle radici" il fenomeno della pedofilia e della violenza sessuale nei confronti dei bambini. In tal senso il Movimento Bambino ha stilato e diffuso un progetto in dieci punti per affrontare il fenomeno della pedofilia, della violenza sessuale sui bambini e dello sfruttamento economico del loro corpo attraverso la pornografia;

7) **facilitare** le attività creative dei bambini favorendo la loro partecipazione alle iniziative messe in atto dal Movi-

mento e a tutte quelle iniziative che, a livello sociale e culturale, vengono indirizzate ai bambini;

8) dare vita e rendere attive e funzionanti sul territorio "**esperienze pilota**" nelle quali vengano applicate la metodologia e le tecniche di intervento psicoanimatorie del Movimento Bambino; promuovere su tutto il territorio nazionale (e, in collaborazione con analoghe realtà, in Europa e nella Svizzera Italiana) la formazione metodologica e scientifica (F.M.S.) di tutti coloro che operano a contatto con l'infanzia (genitori, educatori, operatori culturali, insegnanti, animatori, psicologi, assistenti sociali, pediatri, psicopedagogisti). L'obiettivo di questa operatività è quello di "formare i formatori" creando "**un'unità di metodo**", basata su criteri scientifici, che permetta agli operatori di affrontare, con un'adeguata progettualità, con strumenti e tecniche scientifiche e con una comune metodologia, problemi e temi collegati al mondo della famiglia, della scuola, dell'infanzia, della cultura, della giustizia, della comunicazione, dell'economia, della salute, della spiritualità, anche in relazione al contesto sociale, culturale, economico specifico nel quale si interviene;

9) **operare** un collegamento sistematico con tutti i mezzi di comunicazione di massa per diffondere la Cultura dell'Infanzia;

10) **dare vita** a "**Case di accoglienza per le donne e per i bambini violati e maltrattati**".

Per raggiungere questi obiettivi il Movimento Bambino utilizza:

1) informazione;

2) formazione;

3) prevenzione;

4) spettacolarizzazione;

5) strutturazione e realizzazione d'interventi e progetti mirati.

PROGETTI DEL MOVIMENTO BAMBINO

Sono progetti del Movimento Bambino a cui hanno collaborato e collaborano i bambini come ispiratori e gli adulti come mediatori attenti e realizzatori:

1) "**La famiglia trasparente**" ovvero un'istituzione educativa, la prima e la più importante alla base di ogni società, capace di collegarsi, per consulenza, chiarimenti, appoggi, confronti, trasformazione, alle istituzioni e alle forze sociali e politiche presenti sul Paese e sul territorio. Una famiglia aperta al sociale, che accetti di conoscersi e di farsi conoscere; una famiglia che curi "il giardino" della sua realtà umana attingendo all'energia della collettività e della cultura.

Per sostenere questa prospettiva il Movimento Bambino organizza dal 1992:

– Corsi annuali, biennali e quadriennali indirizzati a genitori ed educatori, dal titolo: "Genitori con la Patente";

– Seminari e stage di informazioni e formazione sui temi dell'educazione, dal titolo: "Educatori efficaci";

– Fondazione di "Università della famiglia".

2) "**La scuola a tempo totale**" ovvero l'uso delle strutture scolastiche come "Centri Culturali Polivalenti", aperti al territorio e ai suoi abitanti, non soltanto per il tempo del servizio scolastico, ma durante tutto il giorno.

Per sostenere questa prospettiva, il Movimento Bambino organizza:

– Corsi per "Insegnanti Efficaci";

– Laboratori psicopedagogici all'interno delle scuole;

– Corsi di informazione e formazione sul lavoro interdisciplinare.

Il progetto "Scuola a tempo totale" si oppone, dunque, "attivamente", alla disgregazione sociale, alla contaminazione determinata da mali gravi quali la droga, la delinquenza minorile, la violenza e l'abuso sui minori e altro ancora "aprendo" la scuola al territorio e consentendo, tra l'altro, l'ingresso delle forze vive della società (Associazioni, Enti, Organizzazioni, Sindacati, Fondazioni, ecc.) a sostegno e ulteriori competenze e formazione di studenti, insegnanti, genitori.

3) "**I saggi da adottare**": progetto per la rivalutazione degli anziani, l'utilizzo delle loro energie ed esperienze nell'educazione, nella cura e nell'assistenza dei bambini presso la famiglia, nella scuola, sul territorio.

Gli anziani, insomma, come "saggi" alla cui competenza attingere.

In tal senso esiste un progetto della SIPA (Società Italiana di Psicoanimazione) dal titolo "0-90" nel quale viene articolato l'iter del rapporto tra anziani e bambini in ambito sociale, culturale, scolastico, familiare.

4) "**Il M.A.C.**" (Manuale per Adulti Competenti): si tratta di un manuale ad uso degli adulti (genitori, educatori, animatori, ecc.) per orientarsi nel mondo dei bambini e conoscere tutto quello che a livello nazionale ed internazionale è stato creato e messo a loro disposizione: enti, organizzazioni, associazioni, centri culturali e centri per lo sviluppo della creatività, centri sportivi, centri musicali e didattici, editoria, cinematografia, teatro, attività di animazione, centri terapeutici e sanitari, luoghi di cura e di vacanza, ecc. La diffusione e l'uso del M.A.C. è preceduta da seminari con adulti, genitori e insegnanti.

5) "**Più furbi di Pollicino**": progetto contro gli abusi sessuali sui minori per affrontare e debellare il fenomeno della pedofilia, dell'incesto, dell'abuso sessuale sui bambini e del loro sfruttamento nell'ambito della prostituzione e della pornografia. Il progetto prevede seminari, stage, conferenze, laboratori di informazione e prevenzione da organizzare annualmente nelle scuole dell'obbligo, nelle Università e sul

territorio e l'utilizzo mirato, competente, attento dei mezzi di comunicazione di massa per combattere questa piaga. Nell'ambito del progetto è prevista l'istituzione di case di accoglienza per le donne e i bambini maltrattati e violati da sostenere con l'aiuto pubblico e privato.

6) "**La Televisione dei bambini**" ovvero la realizzazione di una rete televisiva pubblica e di una rete televisiva sostenuta da privati che trasmettano soltanto programmi, film, servizi di informazione e formazione ad uso dei bambini, dei genitori, degli educatori. Una rete destinata soltanto all'infanzia, dal concepimento all'adolescenza piena. Nell'ambito di questo progetto è, poi, previsto il sostegno alla diffusione, dalle scuole materne alle superiori, di una materia di studio che riguarda i mezzi di comunicazione di massa, *in primis* la televisione, ovvero "Educazione all'uso del mezzo televisivo".

7) "**Gli Archivi storici del Pensiero Bambino**" ovvero archivi, da organizzarsi in ogni Comune, Provincia, Regione d'Italia, nei quali si provveda alla raccolta e alla catalogazione dei materiali prodotti creativamente da bambini e adolescenti e relativi a tutte le forme della comunicazione umana. Simili archivi sono già attivamente funzionanti dal 1975 ad opera della Cooperativa di Servizi e Produzione culturale "Collettivo G." (1975-1980), della S.I.P.A. – Il Girasole (1980-1993) del Movimento Bambino (1992 fino a oggi) e contano più di diecimila protocolli.

8) "**I Musei dell'Arte bambina**" ovvero Musei permanenti che custodiscano ed espongano la produzione grafica, pittorica e plastica dei bambini e i "**Musei dei libri per l'infanzia, dei giochi e dei giocattoli**" in collaborazione con le case editrici e con le aziende produttrici di giocattoli. In questi Musei saranno sempre attivi laboratori di ideazione e produzione con l'utilizzo di tutti i linguaggi per la comunicazione e l'integrazione sociale ad uso di bambini, adolescenti, genitori, educatori.

9) "**La Stampa e l'Editoria dei bambini**" ovvero un progetto che prevede la presenza dei bambini nei quotidiani e nei settimanali di tutta Italia e la nascita di un giornale dei bambini quotidianamente diffuso nelle edicole come i giornali degli adulti.

10) Il "**Turismo bambino**" ovvero "**Andar per fiabe**": un'agenzia turistica (come quella ideata e curata da Claudio Torrenzieri, "Assessore alla fiaba" del comune di Castrocaro Terme – Città del Sole), per promuovere un turismo centrato sugli interessi dei bambini.

11) "**Le Leggi dei bambini**" ovvero l'istituzione di un "Osservatorio sui diritti dei bambini" formato da un gruppo di esperti attenti a proporre leggi e/o a sostenere l'attuazione di quelle già esistenti e relative ai diritti legali dei bambini e/o ai diritti dell'infanzia sanciti nazionalmente e internazionalmente. Il progetto prevede la realizzazione di una "Carta dei Diritti e dei Doveri dei bambini" e di una "Carta dei Diritti e dei Doveri dei genitori".

12) **Progetto salute**. Il Progetto salute si divide in quattro filoni:

– **I bambini e la salute del corpo e della mente**: iniziative trimestrali, corsi di aggiornamento, promozione e diffusione dell'informazione sui temi della salute fisica e mentale dei bambini e sull'educazione sessuale;

– **I bambini e la "diversità"**: iniziative culturali, creative, seminariali, congressuali di informazione e formazione da proporre nelle scuole (dalla scuola materna all'università) e sul territorio (dai quartieri alle Regioni), in merito al valore, all'importanza, al significato di ogni diversità (diversità fisiche, psichiche; e differenze socioculturali, religiose, ecc.);

– **I bambini e la salute mentale**: iniziative culturali, corsi di formazione e informazione, attività seminariali e congressuali, laboratori di sperimentazione teorico-pratica sui temi: dell'equilibrio psichico, del disagio familiare e sociale, della criminalità, del disadattamento; organizzazione dell'attività di prevenzione per la tutela della salute mentale dei bambini e degli adolescenti nella scuola e sul territorio;

– **I bambini in ospedale**: progetto per animare creativamente e culturalmente i luoghi di cura e renderli a misura di bambino. Lo stesso progetto con analoghe finalità è previsto per gli adulti e gli anziani ospedalizzati.

13) "**No Violence**": progetto-intervento per l'educazione alla non violenza e al rispetto della convivenza civile da attuare nelle scuole e sul territorio di Comuni, Province e Regioni italiane.

14) "**Un mondo di tutti i colori**": progetto-intervento per l'integrazione razziale da attuare nelle scuole e sul territorio di Comuni, Provincie e Regioni italiane.

15) "**No gang**": progetto-intervento per individuare e debellare il bullismo nelle scuole.

16) "**Il Dio dei bambini**": progetto-intervento per "una spiritualità a misura di bambino" da attuarsi nelle scuole materne, elementari e medie con, anche, l'obiettivo dell'integrazione religiosa.

17) "**I bambini e il mondo del lavoro**": progetto-intervento per mettere in contatto i bambini con il mondo del lavoro, i sindacati, il mondo del commercio e dell'industria. Proposta per introdurre nelle scuole, quale materia di studio, l'"Educazione al lavoro".

18) "**Le strade nel mondo**": progetto-intervento per "l'Educazione stradale" dei bambini e degli adolescenti da attuare nelle scuole materne, elementari, medie e superiori.

19) "**L'Università dei ragazzi**": progetti mirati a realizzare, in ogni Regione italiana, un'"Università dei ragazzi" funzionante, in toto, come l'università degli adulti. All'interno di queste Università, i ragazzi potranno sperimentare un iter di studio preparatorio all'Università vera e propria e

conseguire annualmente dei "Master" su materie di loro interesse.

20) "**Psicologia e scuola**": questo progetto parte dalla considerazione che la Psicologia scolastica, in virtù di cambiamenti psicosociali dell'età evolutiva (aumento di microcriminalità, violenza sui bambini, disagi giovanili, suicidi, assunzione di droghe, ecc.), ha il dovere e la responsabilità di non proporsi più nella scuola come cura a patologia già in atto, ma lavorare ad un progetto continuo di formazione-educazione per insegnanti, genitori, alunni coordinando le strutture del territorio (enti locali, centri di aggregazione giovanili, Asl, biblioteche, ecc.) con la Scuola e l'Università. Proporsi, pertanto, "come prevenzione e non come cura".

21) "**Gillo contro le droghe**": progetto-intervento mirato a individuare e debellare il fenomeno della diffusione della droga e della tossicodipendenza all'interno delle scuole. Educazione alla salute, alla conoscenza, alla gestione, al rifiuto delle "dipendenze" (tabagismo, alcolismo, droghe, ecc.).

22) "**Fiabe dal carcere**": progetto-intervento per far conoscere ai bambini e agli adolescenti la dolorosissima realtà della vita in carcere. Azione preventiva contro il fenomeno della criminalità anche attraverso la conoscenza-consapevolezza dei vissuti nei luoghi di pena.

23) "**Lo sport nel cuore**" ovvero "**Il valore e i valori dello sport**": iniziative culturali, corsi di formazione e di informazione, attività seminariali e congressuali, laboratori di sperimentazione teorico-pratica sui temi dello sport come strumento di intervento pedagogico, di prevenzione del malessere familiare e sociale, di diffusione dei valori della corretta competizione. Organizzazione di manifestazioni sportive.

24) "**I bambini e il mondo dei cartoni animati**": progetto per promuovere un collegamento diretto e una valoriz-

zazione delle storie e dei contenuti tra bambini e adolescenti e ideatori e produttori dei cartoni animati.

25) "**Ecologicamente**": progetti di ricerca, informazione, formazione, creatività di bambini e adolescenti sul rapporto tra bambini e adolescenti e il mondo della natura, in collaborazione con Comuni, Regioni, Enti nazionali e internazionali.

26) "**Vocabolario dell'anima**": questo progetto intende stabilire un rapporto tra bambini e istituzioni psichiatriche, tra infanzia e disagio mentale degli adulti. Il Vocabolario dell'anima ha già trovato spunti realizzativi nell'organizzazione della Mostra "L'Arte dei Puri" ovvero "Chiavi di lettura per i disegni dei bambini e per quelli dei pazienti psichiatrici" (Bergamo, luglio-settembre 1999) che può considerarsi "un'esperienza pilota" in tal senso.

27) "**Posta Bambina**": progetto per l'ideazione e l'emissione di francobolli ispirati e/o creati dai bambini.

28) "**Economicamente**": progetto finalizzato alla sensibilizzazione dei bambini e degli adolescenti su temi e problemi connessi alle Scienze Economiche e sociali (teorie economiche, incidenza dell'economia sulla vita e sul pensiero degli uomini. Rapporto tra economia e cultura, tra economia e tradizioni).

29) "**I bambini e la tecnologia**": progetto finalizzato alla sensibilizzazione dei bambini e degli adolescenti in relazione a un uso "corretto" degli strumenti della moderna tecnologia (computer, Internet, videogiochi, telefonino mobile, ecc.).

30) "**Cinema, teatro, fotografia a servizio dei bambini**": laboratori, corsi, seminari, manifestazioni di cinema, teatro, fotografia destinati ai bambini e agli adolescenti.

31) "**Folk-musica insieme**": progetto per il recupero, attraverso la musica, delle radici culturali ovvero del patrimonio musicale e popolare italiano, sia contadino sia operaio sia

metropolitano, destinato ad accrescere la sensibilità sociale e il radicamento dei bambini.

32) “**Il mondo a Misura di Bambino**”: manifestazione permanente allestita dai centri e dai fulcri del Movimento Bambino di ogni Comune, Provincia, Regione italiana per fare, ogni anno, il punto sulla Cultura dell’Infanzia.

33) “**I Bambini e le Forze dell’Ordine**”: progetto mirato a far entrare in contatto, nelle scuole e sul territorio, in maniera sistematica, attraverso corsi, seminari, stage, convegni, manifestazioni, i bambini e gli adolescenti con le Forze dell’Ordine (i Carabinieri, la Polizia, la Guardia di Finanza, la Polizia Municipale, la Vigilanza Privata, i Magistrati, ecc.) accrescendo così la loro considerazione e la loro conoscenza del mondo della legge.

INDICE

Inverno

Primavera

Estate

SECONDA PARTE

Storie di bambini raccontate dai loro genitori

Manifesto del Movimento Bambino